FACULTÉ DE DROIT DE PARIS

ÉTUDE HISTORIQUE SUR LA FORMATION DU MARIAGE EN DROIT ROMAIN ET EN DROIT FRANÇAIS

THÈSE POUR LE DOCTORAT

PAR

LÉON DESFORGES
Licencié ès-lettres
Avocat à la Cour d'Appel

« *A le bien façonner, il n'est point de plus belle pièce en nostre société.* »
(Montaigne-Essais, L. III, chap. v.)

PARIS
LIBRAIRIE NOUVELLE DE DROIT ET DE JURISPRUDENCE
ARTHUR ROUSSEAU, ÉDITEUR
14, RUE SOUFFLOT, ET RUE TOULLIER, 13

1887

THÈSE

POUR LE DOCTORAT

FACULTÉ DE DROIT DE PARIS

ÉTUDE HISTORIQUE SUR LA FORMATION DU MARIAGE EN DROIT ROMAIN ET EN DROIT FRANÇAIS

THÈSE POUR LE DOCTORAT

L'acte public sur les matières ci-après sera soutenu le Jeudi 23 juin 1887, à une heure

PAR

LÉON DESFORGES
Licencié ès-lettres
Avocat à la Cour d'Appel

> « *A le bien façonner, il n'est point de plus belle pièce en nostre société.* »
> (Montaigne-Essais, L. III, chap. v.)

Président M. LEFÈBVRE

Suffragants MM. LABBÉ, GLASSON professeurs.
CHAVEGRIN agrégé.

PARIS
LIBRAIRIE NOUVELLE DE DROIT ET DE JURISPRUDENCE
ARTHUR ROUSSEAU, ÉDITEUR
14, RUE SOUFFLOT, ET RUE TOULLIER, 13

1887

DROIT ROMAIN

AVANT-PROPOS

L'objet de cette première étude est de rechercher comment, aux différentes époques du droit romain, le mariage s'est juridiquement formé entre personnes capables et remplissant d'ailleurs toutes les conditions exigées pour pouvoir contracter mariage.— Elle comprendra deux parties. Dans la première, on tentera de retracer l'évolution historique du mariage romain jusqu'à l'époque du droit classique. A défaut de documents certains et décisifs, on s'efforcera de résoudre la question qu'on s'est posée, en décrivant très brièvement les caractères généraux qu'a pu présenter, aux cours des âges, la constitution même de la société romaine. On ne peut nier, en effet, que le mode de formation du mariage en dépende de la façon la plus étroite. Dans la seconde, on reproduira les décisions des jurisconsultes et des empereurs, et on constatera que, malgré des divergences plus apparentes que réelles, une réponse unique se dégage de tous les textes relatifs à cette question. Quelques données très succinctes, sur la manière dont les Romains ont entendu la preuve du mariage, donneront à cette conclusion un nouve appui.

Il ne faut pas se dissimuler, au reste, les difficultés de cette entreprise. Nul ne saurait se flatter de la mener à bonne fin, car sur plus d'un point on se trouve réduit aux conjectures. Aussi pourra-t-on nous reprocher, non sans raison, de l'avoir tentée.

ÉTUDE HISTORIQUE

SUR LA

FORMATION DU MARIAGE

CHAPITRE PREMIER

HISTORIQUE DE LA FORMATION DU MARIAGE A ROME

La cité romaine paraît s'être formée[1] par une sorte de fédération de divers groupes sociaux, qu'on appelait « tribus ». Ces tribus étaient elles-mêmes des réunions de « curies », et ces curies des agrégats de familles ou « gentes ». La famille, telle était l'unité sociale. L'état, au début, ignorait les individus. Ceux ci restaient groupés sous l'autorité du chef de famille ou « pater », et sa puissance, qu'elle pesât sur la femme ou sur les enfants,

[1] Fustel de Coulanges, *la Cité Antique*, livr. III, chap. 1 et 3. — Sumner-Maine, *l'Ancien droit considéré dans ses rapports avec l'histoire de la Société primitive et avec les idées modernes*, trad. Courcelles-Seneuil. Paris, 1874, passim.

paraît s'être alors résumée dans un mot, « manus[1] ».

La famille patriarcale n'était pas constituée comme la famille moderne[2]. Le lien qui unissait ses divers membres était la parenté par les mâles, ou comme devaient dire plus tard les jurisconsultes, l'*agnation*. L'agnation et la puissance domestique étaient corrélatives. La puissance ne se transmettait pas par les femmes : nul ne pouvait se trouver soumis à deux puissances. Elles se fussent limitées ou combattues.

C'est un fait remarquable, qu'à cette époque la religion domestique, le culte du foyer tient une place importante dans la vie de la famille[3]. Tout acte est sanctifié par un sacrifice. Tous les membres de la famille participent à ce culte, et eux seuls peuvent y participer. Nul étranger ne peut approcher du foyer de famille. C'est là une religion étroite, personnelle, égoïste, si l'on peut ainsi parler. Le père ne détient pas seulement la puissance, mais aussi le sacerdoce, c'est lui qui accomplit le sacrifice, c'est lui qui est le gardien du foyer : en sa personne s'incarne le souvenir des ancêtres défunts. Est-ce là même, comme on l'a soutenu[4], le secret de cette puissance, et n'est-il le chef de la famille que parce qu'il est le représentant du culte, le prêtre du foyer ? Une telle affirmation se rapproche évidemment de la vérité. L'idée religieuse et l'idée juridique sont

[1] Ihering, *l'Esprit du droit romain*, traduction de O. de Meulenaëre, t. II, p. 157. — Maynz, *Droit romain*, t. III, p. 77, note 8.

[2] Ainsi que S. H. Sumner-Maine le fait observer, la famille patriarcale c'est la famille moderne, étendue d'un côté par la fiction de l'adoption, restreinte de l'autre par le système de l'agnation, comme il est dit. (Sumner-Maine, op. citat. p. 126).

[3] Fustel de Coulanges, *la Cité Antique*, livr. I et II.

[4] Fustel de Coulanges, op. citat. ibid.

alors absolument confondues. Mais l'étude des sociétés primitives paraît démontrer qu'elles n'ont pu se former sous la seule influence d'une religion, fût-ce même la religion domestique. L'homme apporte en naissant des besoins naturels que la société de ses semblables lui permet seule de satisfaire. Il s'incline devant la force physique, avant de reconnaître un pouvoir surnaturel. Avant de prier, il lui faut vivre, et vivre en sécurité. S'il est difficile d'admettre que les ancêtres des Romains aient pu faire exception sur ce point, toujours est-il que le culte domestique exerça une influence considérable sur le développement de leur civilisation, et c'est ce qui a pu faire illusion.

Existe-t-il une loi dans une telle société? Non[1]. C'est un ensemble très-restreint d'idées traditionnelles qui la gouverne, et chacune d'entre elles aboutit à un précepte, ou plutôt à un usage religieux. Que si l'on veut s'imaginer la fidélité avec laquelle ce précepte, cet usage était observé, qu'on se rappelle l'immense autorité qu'exerce une religion sur des esprits non encore dégrossis, alors surtout que l'idée de justice ne leur est pas encore apparue dans toute sa pureté. La toute-puissance mise au service de la vengeance, la vindicte divine, voilà ce que redoute alors l'imagination superstitieuse de l'homme. S'il vient à manquer aux préceptes de la tradition sacrée, sa conscience inquiète verra dans le moindre événement la sanction de cette loi qui n'est écrite nulle part: les signes de la colère de son dieu lui

[1] Fustel de Coulanges, op. citat. — M. Fustel de Coulanges a fort bien expliqué cette influence de la religion sur les mœurs des sociétés primitives, tout en l'exagérant peut-être.

apparaîtront sous mille formes diverses, et obséderont son intelligence... Qu'est-ce au prix de tout cela, que la justice humaine dans une société réglée, et la menace de ses sanctions toujours imparfaites ?

Telle nous apparaît la société des premiers Romains, aux âges primitifs. « L'agnation », la puissance, le culte domestique, tel est le triple lien qui unit d'un même réseau les membres de chacune des familles qui la composent.

La manière dont se forme le mariage dans cette société n'est que l'application de cette idée générale[1]. La femme sortira de la famille où elle est née pour n'y plus rentrer. Et du jour du mariage elle appartiendra tout entière à la famille de son époux. C'est au reste par une célébration religieuse que s'effectuera ce changement d'état, cette « capitis deminutio », comme on devait dire plus tard.

Un premier sacrifice, accompli dans la maison de celui à laquelle elle est attachée par l' « agnation, » la puissance et le culte, brisera pour jamais les liens qui l'unissaient à sa famille. Puis un autre sacrifice, également solennel, l'attachera pour jamais à la maison, à la famille de son mari ; c'est la « confarreatio ». Entre les deux sacrifices, la future épouse sera conduite en grande pompe de la maison paternelle à la maison conjugale. Tels sont les trois actes de ce mariage.

L'initiation de la femme au culte de son mari l'a rendue son agnate. Elle sera considérée comme sa fille,

[1] Ihering, op. citat. t. I, p. 197, t. II, p. 203. Mommsen, *Histoire romaine*, traduction de M. Alexandre, t. I, p. 78-79. Fustel de Coulanges, op. citat. Livre II, chap. II.

et comme la sœur de ses propres enfants. A ce titre, elle sera soumise à la puissance de son mari. Cette sorte de fiction est certainement l'une des preuves les plus évidentes que les premiers Romains associaient d'une manière indissoluble les deux idées de puissance et d' « agnation ».

C'est là, au surplus, un fait qui ne leur est pas spécial. On en retrouve la trace chez tous les peuples primitifs de race indo-européenne. « Le droit romain, considéré dans ses données initiales, a-t-on dit[1] avec raison, ne s'isole pas des autres droits primitifs : il en reproduit les caractères principaux, et nous le comprendrons mieux à mesure que nous le comparerons davantage aux usages des peuples jeunes. »

Les rites sacrés qui présidaient à ce mariage antique étaient définis de la manière la plus précise. Le détail nous en est connu. Ce n'est pas, à coup sûr, les jurisconsultes qui nous en ont conservé le souvenir. A l'époque où Rome vit naître des Jurisconsultes, ces cérémonies n'étaient plus, depuis longtemps, nécessaires pour former le mariage. L'usage s'en était pourtant perpétué. Ce sacrice, qu'on appelait « confarreatio », avait seul conservé son caractère primitif. S'il était encore usité à la fin de la république, c'était toujours pour donner au mari la puissance maritale, transformée elle-même et surtout atténuée, sur sa femme, et pour rendre les enfants, qui allaient naître du mariage, aptes à certaines fonctions sacerdotales. Les autres cérémonies étaient, en quelque sorte, tombées dans le domaine commun ; sans effets juridiques, elles s'adjoignirent in-

[1] P. Viollet, *Précis de l'Histoire du Droit Français*, p. 22.

distinctement à tous les mariages dont elles relevaient la pompe et augmentaient la publicité[1].

Aussi celles-là se conservèrent-elles plus longtemps encore que la « confarreatio ». Les croyances antiques s'étaient depuis longtemps affaiblies, la constitution primitive de la famille patriarcale n'était guère plus qu'un souvenir, bien qu'elle eût laissé dans le droit des vestiges ineffaçables, Rome avait étendu son empire et commandait au monde, et ces cérémonies, plus ou moins altérées par le temps, se célébraient toujours. Le sens en échappait parfois à ceux qui les accomplissaient. N'importe ! elles subsistaient, imposées par la tradition, vestige antique et respectable des mœurs patriarcales dont la forte discipline fit, aux premiers siècles, la force de la cité romaine.

Aussi les poètes étaient-ils frappés de ces solennités d'un caractère tout primitif : ils se plaisaient à les dépeindre et à les chanter. Les savants, curieux des vieux usages, en recherchaient l'origine : ils en ont fixé le souvenir dans leurs écrits. Poètes et savants[2] ont ainsi permis aux modernes chercheurs de retracer un exact tableau du mariage antique.

Parmi ceux-ci, les uns, comme le président Brisson[3] au XVIe siècle, se sont contentés de réunir, avec un luxe peu commun d'érudition, les textes innombrables, qui, dans les écrivains anciens, sont relatifs à cette célébra-

[1] M. Glasson, *le mariage civil et le divorce*, p. 167 et suiv.

[2] Les uns et les autres sont, pour la plupart, cités par Brisson. *Brissonii opera minora*, Lyon, 1749. *De ritu nuptiarum*, p. 287 et suiv. — L'archéologie a rendu aussi de grands services en cette matière. Glasson, op. citat. p. 168.

[3] Brisson, op. cit. ibid.

tion. Ils ont amassé, sans trop de critique, une quantité considérable de matériaux. D'autres sont venus, qui les ont mis en œuvre. Tel, comme M. Fustel de Coulanges, dans son livre de la « Cité antique[1] », a réuni avec choix les principales solennités de ce mariage, en a montré le caractère particulièrement religieux, et s'est plu à les rapprocher de celles qui accompagnaient le mariage en Grèce ou aux Indes. Tel, comme M. Glasson[2], dans son ouvrage sur « le mariage civil et le divorce, » s'est attaché à en montrer le caractère particulièrement romain ; il les a étudiées à une époque où ces usages avaient cessé d'être ceux d'un peuple primitif, où ils ne jouaient plus dans la formation du mariage qu'un rôle secondaire.

Tenter, après tant d'autres, une description aujourd'hui bien connue, et si souvent réussie, serait une œuvre superflue. Il est toujours facile de copier, et toujours difficile, parfois impossible de refaire.

Il est un point qui doit être relevé, car il est d'une grande importance pour le but que nous nous proposons d'atteindre. On sait que dix témoins devaient assister au mariage par « confarreatio ». Ces témoins représentaient des « gentes », ou des curies de la cité antique[3]. C'est qu'en effet toute la société patriarcale était intéressée au mariage qui allait introduire dans son sein de nouveaux membres, et perpétuer le culte d'une famille. Le mariage présentait ainsi un caractère de publicité analogue à celui qu'on remarque à cette épo-

[1] Livr. II, chap. II.

[2] Op. citat. p. 167 et suiv.

[3] Ihering, op. citat. t. I, p. 197 et s. — Mommsen, op. citat, t. I, p. 96, note 1.

que pour l'adoption, pour la confection des testaments. Ce détail prouve au reste, de façon péremptoire, que la « confarreatio » était réservée aux seuls membres de la cité antique, à ceux qui devaient bientôt former la classe aristocratique, aux patriciens ; eux seuls avaient accès aux comices par curies[1].

Ainsi le premier mariage, usité à Rome, fut un mariage religieux. Au IIIe siècle de notre ère, un jurisconsulte s'en souviendra, lorsque, définissant le mariage, il l'appellera « divini atque humani juris communicatio[2]. » Il oubliera ainsi, ou il semblera oublier que de son temps le mariage ne consiste plus dans la mise en commun d'un culte domestique, et que la loi, dégagée depuis longtemps des traditions religieuses, n'exige plus une initiation solennelle de la femme pour la formation du mariage.

Que le mariage religieux soit la forme la plus ancienne du mariage à Rome[3], c'est ce qui ne saurait faire de doute pour qui considère que seule elle convient à la société primitive des Romains, telle qu'elle était constituée, que seule elle présente un caractère de généralité tel, qu'on la retrouve presque intacte

[1] Les curies appartiennent à la constitution primitive du peuple romain, établie en dehors des plébéiens, ou mieux de cette population qui, plus tard, devait s'appeler la plèbe.

[2] Modestin, fr. 1er D. XXIII, 2. — Cf. Gordien, fr. 4, C. IX, 32. Il appelle la femme légitime celle « quæ socia rei humanæ, atque divinæ domus suscipitur. »

[3] Sic Ihering, op. citat. t. I, p. 78. Esmein, *La manus, la paternité et le divorce dans l'ancien droit romain*, p. 4. Mommsen, op. citat. t. I, p. 96, note 1. Beauchet, *Etude historique sur les formes de la célébration du mariage dans l'ancien droit français*, p. 5. — P. Gide, *Etude sur la condition privée de la femme*, Ed. Esmein, p. 20 et suiv.

chez la plupart des peuples jeunes de même origine. On verra au contraire que la « coemptio », que « l'usus » se présentent sous des aspects bien différents.

Ihering[1], dans son ouvrage sur « l'Esprit du droit romain », s'exprime ainsi : « Nous distinguons dans l'histoire du droit romain trois systèmes, parmi lesquels le deuxième, dont la floraison correspond à celle de la république, est le système spécifique romain, et résume le triomphe des vues nationales romaines en fait de droit. Les deux autres systèmes sont les deux chaînons opposés, au moyen desquels le droit romain se relie à l'histoire étrangère à Rome. Le premier représente le capital originaire que Rome a reçu de l'histoire, et le troisième, ce capital, augmenté de riches intérêts, que Rome restitue au monde. »

Le mariage religieux, qui vient d'être étudié, correspond au premier système : il répond d'une manière adéquate aux idées qui sont, alors, le fondement de la société, et satisfait ses besoins. C'est le second système que l'on doit étudier maintenant, dans l'histoire du mariage, le système original du droit romain.

Il est un fait que l'on remarque dès le début de l'histoire romaine, c'est l'établissement, auprès de la société primitive, d'une autre population, dont l'origine, très diverse, est assez mal connue. « A côté de ce peuple des maisons patriciennes, écrit M. Duruy[2], qui seul forme l'État, fait les lois, fournit les membres au Sénat, des

[1] Op. citat. t. I, p. 81.

[2] *Histoire des Romains*, t. I, p. 70. — Fustel de Coulanges, op. cit. livre IV, chap. II et suivants, Mommsen, I, p. 116 et s.

rois et des prêtres à la république, qui a tout : la religion, les auspices par lesquels il est en communication avec les dieux, les droits politiques et privés, les terres, et dans la foule de ses clients une armée dévouée ; au-dessous enfin de cette bourgeoisie souveraine, se trouvent des hommes qui ne sont ni clients, ni serviteurs, ni membres des gentes ; qui ne peuvent entrer par mariage légal dans les maisons patriciennes, qui n'ont ni la puissance paternelle, ni le droit de tester, ni celui d'adopter ; qui n'interviennent dans aucune affaire d'intérêt public et restent en dehors de la cité politique, comme ils habitent en dehors de la cité matérielle, au-delà du « pomœrium », sur les collines qui entourent le Palatin. Ces hommes, ce sont les plébeiens. Anciens habitants des sept collines, ou vaincus transportés à Rome, étrangers attirés par l'asile, clients ayant perdu leurs patrons, ils sont, comme un Appius le leur dira plus tard, sans auspices, sans familles, sans aïeux. »

Aussi toute l'histoire intérieure de Rome se résume-t-elle en un mot : c'est l'histoire des conquêtes de la plèbe sur l'ancienne société devenue une aristocratie : C'est une lutte de classes, où la classe inférieure finit par s'imposer à l'autre. Ayant pour elle le nombre, la force matérielle, puis peu à peu l'intelligence et la richesse, elle monte à l'assaut de la cité antique, et emporte, de haute lutte, tous les privilèges de l'aristocratie.

Avant tout, ce qu'elle réclame, c'est une loi, c'est un droit civil égal pour tous ; c'est l'existence juridique : plus tard ce sera l'existence politique, le droit de faire la loi, et de la faire à son profit, puis enfin les honneurs que son ambition s'efforcera d'atteindre. — Ainsi c'est un fait bien notable et qu'on ne saurait révoquer en doute sans nier les débuts de l'histoire romaine : tout le droit privé des premiers romains ne fut qu'une série de concessions de la classe aristocratique à la plèbe, et comme l'adaptation à toute une population qui les ignorait, des quelques idées juridiques qui faisaient le fond des institutions primitives de la société antique. La population inférieure ne dut apporter dans cette œuvre qui ne fut pas la sienne, que fort peu de ses propres idées, de ses propres coutumes. Vaincue, elle dût subir la loi du vainqueur, dans le sens le plus strict du mot, et, qu'on y prenne garde, ce fut elle qui demanda à la subir : car mieux vaut pour un peuple subir une loi étrangère, que d'être hors la loi[1].

Ce fait suffirait, à lui seul, à expliquer comment les institutions primitives n'ont pu se conserver à Rome qu'en s'altérant de jour en jour, si une foule d'autres faits ne venaient concourir à cette explication. La plèbe accepta la loi qu'on lui donna : elle y avait intérêt. Mais elle ne cessa de la transformer à son profit, d'élargir ses règles trop étroites, et de miner sourdement, par un travail lent et patient, le vieil édifice juridique, dont on conservait la façade intacte. Il est juste de dire qu'elle fut secondée dans cette œuvre par tous les esprits clairvoyants, même de la classe aristocratique, qui, malgré tout le respect qu'ils portaient à leurs antiques coutumes, comprenaient toutefois, d'une manière peut-être un peu confuse, qu'à une société nouvelle, il fallait

[1] Ce fut l'œuvre de la loi des Douze Tables. Giraud, *Histoire du droit romain*, p. 69. Fustel de Coulanges, op. citat. livre IV, chap. VIII.

des lois nouvelles, des institutions d'un caractère moins suranné.

C'est de ces idées très simples, et pour ainsi dire élémentaires, qu'il faut se pénétrer, si l'on veut comprendre l'histoire du mariage à Rome. C'est aussi ce qu'on a parfois négligé de faire, surtout aux siècles passés, au grand préjudice de ces études à la fois historiques et juridiques[1].

La « coemptio », ou mancipation de la femme à son futur mari, nous apparaît comme la concession de l'aristocratie à la plèbe en matière de mariage[2].

On sait qu'elle remonte à une haute antiquité, qu'elle doit être antérieure à la loi des Douze Tables. Sa création marque le premier progrès des idées juridiques à Rome, dans cette matière du mariage, le départ de la religion et du droit. La classe gouvernante ne pouvait songer à imposer à la plèbe son culte, le culte du foyer. Elle ne pouvait donc lui donner un mariage religieux, analogue au mariage par « confarreatio ». Un pouvoir humain, quel qu'il soit, est impuissant à créer une obligation religieuse. La religion puise toute son autorité dans la foi du croyant, et dans la conservation fidèle, à

[1] D'une façon plus générale les anciens interprètes n'ont pas assez souvent tenu compte des modifications historiques subies par le droit romain au cours des siècles. Le même reproche peut s'adresser à une étude de M. Troplong sur le *Mariage chez les Romains*, publiée dans la revue de Législation et de Jurisprudence, 1844, t. XXI, p. 129 et s.

[2] Fustel de Coulanges, op. citat. p. 368. Karlowa, cité par M. Esmein, op. citat. p. 5. — Pour tout ce qui suit, consulter la savante brochure de M. Esmein. Tout dernièrement M. Labbé l'a complétée par un article publié dans la *Nouvelle revue historique*, (Janv. févr. 1887), p. 1 et s.

travers les générations, des traditions sacrées, non dans un décret du législateur. Il n'en est pas de même d'une institution juridique.

Le patricien, forcé d'accorder une loi au plébeien révolté, sépara dès lors ce qui jusque-là avait paru inséparable, la religion et le droit. Ce qu'il concéda, ce fut le droit, l'existence juridique, telle qu'il l'entendait, c'est-à-dire reposant sur l'agnation et la puissance, et pour en arriver là le mariage. On emprunta une forme solennelle de contracter, la « mancipation ». La femme plébeienne fut fictivement vendue à son mari devant les cinq témoins[1] et le « libripens », à l'aide de la balance de cuivre et du morceau de métal. Et dès lors, la femme plébeienne devint, elle aussi « materfamilias. » Son mari, au moyen de la mancipation, acquit sur elle la puissance, et la fit son agnate. Les enfants qui naîtront de cette union seront légitimes, c'est-à-dire que leur père aura sur eux la puissance paternelle, en dehors de laquelle les romains ne connurent jamais de légitimité[2].

[1] Il faut noter que ces cinq témoins représentent les cinq classes du peuple romain (Accarias, Précis, 3e édit., I, no 223, p. 530, note 2). L'organisation des classes était liée à celle des comices par centuries, où les plébéiens avaient accès, à la différence des comices par curies. Si l'on rapproche cette circonstance de celle indiquée plus haut pour le mariage sacré, la « coemptio » apparait comme une institution commune aux plébéiens et aux patriciens, de même que le mariage sacré apparait comme une institution propre aux patriciens. Cette intervention des « classes » dans le mariage est du reste purement fictive, et ne saurait être considérée comme une intervention de l'autorité publique dans le mariage.

[2] Esmein, op. citat. p. 3 et suiv. — M. Labbé a démontré (*nouv. rev. hist.*, janv.-fév. 1887, p. 8 et s.) que la puissance paternelle, et par suite, la légitimité résultait surtout d'un acte volontaire du père,

Aulu-Gelle, dans ses *Nuits Attiques*, (V, 9) rapporte l'antique formule de l'adrogation : « Velitis, jubeatis, Quirites, uti Lucius Valerius Lucio Titio tam jure legeque filius sibi siet, quasi si ex eo patre *matreque familias* ejus natus esset ; utique ei vitæ necisque in eum potestas siet, uti patri endo filio est, hoc ita uti dixi, ita vos, Quirites, rogo. » Il résulte de cette formule, que celui-là seul, au début, était fils légitime et comme tel soumis à la puissance paternelle, qui était né d'un « materfamilias[1] », c'est-à-dire d'une femme tombée sous la puissance de son mari.

Que cette évolution, telle qu'elle vient d'être décrite, soit conforme à l'esprit du droit romain, c'est ce que prouve une évolution analogue, accomplie dans les mêmes conditions, pour l'institution du testament[2]. Dans la société primitive, le testament était, comme le mariage, un acte solennel, auquel concourait le peuple

qui « accueillait son enfant, le prenait dans ses bras » (suscipere liberos, tollere liberos) ou le repoussait à son gré. La maxime « pater is est quem nuptiæ demonstrant » est relativement moderne. Dès lors, le rôle de la mère dans le mariage se trouvait amoindri. Lorsque nous disons (ce qui n'a guère que la valeur d'une conjecture) qu'au début, le mariage accompagné de « coemptio » ou d'« usus » a pu seul produire la puissance paternelle et la légitimité des enfants, et par suite constituer un vrai mariage, nous n'entendons pas dire que la puissance paternelle en résultait nécessairement, mais que cette union pouvait seule permettre au père de rendre ses enfants légitimes.

[1] Tel est le sens originaire du mot « materfamilias. » Il devait se modifier par la suite (Aulu-Gelle, *Nuits Attiques*, XVIII, 6. — Cicéron, *Topiques*, 3). — Ulpien, fr. 46, p. 1, D. L. 16, appelle de ce nom la femme de mœurs irréprochables. Voy. l'étude déjà citée de M. Labbé, p. 14 et s. Pour notre savant maître, on ne saurait, cependant, tirer argument de ce mot *materfamilias*.

[2] Accarias, *Précis de Droit romain*, t. I, no 321. Beauchet, op. cit. p. 6

réuni dans ses comices par curies. Mais un jour vint où il fallut étendre la faculté de tester à ceux qui n'avaient pas accès à ces comices. Ici encore on emprunta les formes de la mancipation, dont l'esprit tout à la fois conservateur et peu inventif des premiers Romains se plaisait à user ainsi pour créer toutes sortes de liens de droit. On mancipa son patrimoine, comme on mancipait la future épouse. Le testament « per æs et libram », et le mariage par « coemptio » sont deux créations qui procèdent d'un même calcul. Et certes, pour des esprits habitués comme les nôtres à envisager en face les rapports de droit, pour des esprits ayant peine à comprendre les fictions de droit et tout leur appareil suranné de formalités gênantes, la mancipation d'un patrimoine n'est guère moins étrange que celle de la femme : dans un cas comme dans l'autre, le but que les parties se proposent d'atteindre parait fort éloigné de la nature de l'acte qu'elles réalisent.

Le caractère purement juridique, c'est-à-dire purement artificiel de la « coemptio » se montre dès lors avec une telle évidence qu'on ne saurait s'y méprendre. Elle semble bien, en effet, avoir été créée de toutes pièces par un décret du Législateur. Une vente dans les formes solennelles et compliquées de la mancipation, ce n'est pas là une institution primitive. Pour nous, par conséquent, la « coemptio » a toujours été une vente fictive : la loi n'a fait qu'emprunter, en la créant, la forme habituelle d'un contrat dès lors usité, pour y attacher des effets analogues à ceux que seul auparavant pouvait produire le mariage sacré[1].

[1] M. Esmein écrit (op. cit. p. 3) : « Il est probable que la « coemptio » est une production du génie romain, une application subtile

Tous les interprètes n'en conviennent pas, et beaucoup d'entre eux ne voient dans la « coemptio » que cette forme de mariage par vente réelle et effective de la femme, qui se rencontre au début de la plupart des civilisations européennes[1]. Partant de là, on a voulu lui assigner une origine antérieure au mariage sacré. Quelques-uns même, égarés par un texte de Cicéron[2], n'ont vu dans la « coemptio » qu'une formalité détachée de la « confarreatio ». La nature de la « coemptio », telle qu'elle vient d'être analysée, nous parait contredire ces assertions.

Toutefois, mais ce n'est là qu'une conjecture, il ne serait pas surprenant que les peuples qui occupaient primitivement le territoire romain, aient connu le mariage par vente réelle de la femme, qu'il eût été usité avant que ces peuples vaincus n'eussent obtenu de leurs vainqueurs une loi civile. Dès lors la concession faite par ceux-ci s'expliquerait plus aisément encore. Ils n'auraient fait que donner à ce mariage par vente une forme plus spécialement romaine, celle de la mancipation, et en

et détournée de la « mancipatio » et qu'elle ne procède point de la vente brutale des jeunes filles. La femme y figure comme partie contractante, non comme objet vendu ; le père, si elle est « filiafamilias, » le tuteur, si elle « sui juris, » ne figure à côté d'elle que comme « auctor. » Les termes mêmes employés attestaient le droit de la femme et empêchaient de confondre cet acte avec la « mancipatio » d'une « filiafamilias. »

[1] Kœnigswarther, *Etudes sur le développement des Sociétés humaines, Achat de la femme*, p. 25. — Cette opinion a cours surtout en Allemagne. V. Esmein, op. cit. p. 3, note 1, et Glasson, op. citat. p. 166, note 1.

[2] Heineccius, *Antiquitat. romanas*. Francfort, 1841, p. 130. — Cf. Cicéron, *pro Flacco*, 34. Heineccius a mal compris ce texte.

modifiant ainsi la forme extérieure de ce contrat, ils y eussent attaché l'effet civil du mariage, la puissance, au profit du mari sur la femme et sur les enfants.

La même puissance résultait d'une autre sorte d'union conjugale, celle qui se consommait par *usus*. L'*usus*, comme la *coemptio*, existait lors de la rédaction des Douze Tables. C'est Gaïus qui l'atteste. Fut-il antérieur à la *coemptio*? On l'a soutenu, sans apporter de preuve à l'appui[1]. Pour nous, l'*usus* est peut-être postérieur, mais n'est certainement pas antérieur à la *coemptio*. Voici pourquoi.

L'usucapion constitue un mode d'acquérir la propriété, mais ce n'est pas un de ces modes primitifs, tel que la tradition ou l'occupation. Il leur est postérieur dans la genèse des idées juridiques. Ce n'est en effet qu'après coup et par une sorte de réflexion, que l'homme a la pensée de consacrer,pour des raisons plus pratiques que juridiques, une acquisition vicieuse en droit, par une possession, c'est-à-dire par un état de fait plus ou moins prolongé. L'usucapion, ou pour parler en termes plus généraux, l'acquisition par prescription n'est admise dans une législation, que pour tenir lieu d'un mode régulier d'acquisition. Elle suppose donc la préexistence de celui-ci.

L'*usus*, en matière de mariage, est une usucapion qui s'accomplit par la possession annale de la femme. Son rôle dût être au début celui de toute usucapion. Tenir lieu de la *coemptio*, lorsque celle-ci avait été omise, ou irrégulièrement accomplie, établir entre le mari, la

[1] V. auteurs cités par M. Esmein, p. 5 et 6.

femme et les enfants à naître du mariage l'agnation et la puissance, tels furent ses effets, c'est-à-dire ceux-là même que produisait la *coemptio*.

En créant la « coemptio », on avait considéré directement la femme comme un objet de possession, et par conséquent d'acquisition. En créant « l'usus », on décidait avec raison qu'une possession de fait prolongée pendant un certain délai avait autant de valeur qu'une prise de possession solennelle. Les Romains, toujours logiques et conséquents avec eux-mêmes, poussaient ainsi leur idée jusqu'au bout : une fois la fiction admise, ils avaient soin d'en tirer tout le parti qu'ils pouvaient rigoureusement en tirer.

Grâce à l'*usus*, tout mariage se trouvait plus facilement légitimé. Ou l'on se trompe fort, ou c'était là le principal service que rendait cette institution. Elle répondait à un besoin, celui de régulariser une foule d'unions que la loi ignorait jusqu'alors, et ceci d'une manière fort simple. Les parties n'y jouent en quelque sorte qu'un rôle purement passif : elles attendent du temps la consécration qu'elles ont peut-être répugné à donner à leur union dès le début. C'est une sorte de mariage à l'essai, on l'a dit, et qui convient bien à une période de trouble et de transition. Loin donc d'y voir, comme certains auteurs[1], la preuve de la préexistence d'un mariage libre et sans « manus », tel que les Romains le concevront par la suite, on serait plutôt tenté d'y trouver la preuve du contraire. L'*usus* dut être au début, comme on l'a fort bien dit[2], « l'événement inévitable qui

[1] Accarias, *Précis*, t. I, p. 278, note 3.
[2] M. Esmein, op. cit. p. 24.

devait au bout d'un an ramener tous les mariages au droit commun.»

Toutefois cette union changea bientôt de caractère. Et elle amena un nouveau progrès dans les idées juridiques, progrès bien remarquable, on veut parler de la distinction qui allait s'établir entre les deux puissances jusque-là confondues, la puissance paternelle, et la puissance maritale ou « manus » proprement dite.

Pour la première fois en effet, grâce à l'introduction de l' « usus », l'union de deux personnes vivant comme mari et femme sans « *conventio in manum* », acquit une certaine valeur juridique. « Cette union jadis précaire (qu'on nous permette de citer encore une fois M. Esmein), devait maintenant se transformer à brève échéance en légitime mariage. Cela représentait comme un stage d'une année, pendant laquelle la femme était « *uxoris loco, cum viro sine legibus* ». De là à considérer cette épouse de fait, comme une épouse de droit, de là à considérer cette union comme légitime dès le début, et à lui faire produire la puisssance paternelle indépendamment de la puissance maritale, il n'y a qu'un pas. Et tout porte à croire que ce pas fut franchi de bonne heure, à l'aide de la théorie de l' « usurpatio ».

Les Romains, en effet, fidèles à leur méthode, après avoir admis cette sorte de prescription en matière de mariage, avaient appliqué jusqu'au bout le système de l'usucapion. En s'absentant trois nuits pendant l'année, la femme interrompait l' « usus », et elle échappait à la puissance maritale [1]. Son père ou son aïeul paternel, sous la puissance duquel elle était demeurée,

[1] Gaius, I, 111.

pouvait fort bien lui imposer cette séparation momentanée, tout de même qu'il pouvait lui imposer une séparation complète, nous n'osons pas dire encore un véritable divorce. Les agnats de la femme « sui juris » le pouvaient également, en admettant même, ce qui est contesté, qu'au début l' « usus » pût s'accomplir au profit de l'homme qui vivait avec une femme « sui juris [1]. »

Cette interruption qui portait le nom d'*usurpatio*, est consacrée par la loi des XII Tables [2]. Mais, que l'on y prenne garde, elle ne paraît y avoir été consacrée que comme un moyen d'empêcher la femme de tomber sous la puissance maritale. Elle ne fera pas obstacle à l'autre effet du mariage, et la puissance paternelle appartiendra au mari de la femme, alors même que celle-ci échappera à la « manus ».

On voit dès lors apparaître avec une grande netteté la distinction des deux puissances. Cette distinction, une fois bien établie, ira chaque jour s'accusant davantage, jusqu'à ce que la « manus » transformée vienne à disparaître, laissant la place à la puissance paternelle, considérablement atténuée.

Ainsi séparation de la religion et du droit, consommée par la création de la « coemptio », distinction des deux puissances paternelle et maritale, provoquée par l'institution de l' « usus » et de l' « usurpatio », tels sont les premiers progrès de l'esprit juridique à Rome, accom-

[1] On admit de bonne heure que l'« usus » ne pouvait s'appliquer à la femme « sui juris, » placé sous la tutelle de ses agnats (Esmein, p. 25). C'était tout à la fois l'intérêt et le devoir (V. Labbé, p. 6) des agnats de ne pas laisser tomber la femme « sui juris » *in manum mariti*. — Cf. Ihering, II, p. 184, p. 189.

[2] Gaius, ibid.

plis en ce qui concerne le mariage, — progrès qui ne furent probablement pas simultanés, mais plutôt successifs. Tous deux s'enchaînent au surplus, et l'un peut être considéré comme le précurseur de l'autre. Fixer des dates à cette double évolution, est impossible. Il faut dire avec Ihering[1] qu'en pareille matière on ne peut « procéder d'une manière absolue, c'est-à-dire en voulant scruter le temps dans lequel se placent les divers événements de l'histoire du droit », mais « qu'il faut se contenter d'en découvrir relativement la succession ».

D'après ce qui précède on a pu préjuger la solution qu'il faut donner à une question relative au mariage romain, de tous temps agitée par les interprètes, et de tous temps résolue par eux en sens divers. On a souvent posé le problème dans les termes suivants : La *coemptio, l'usus* sont-ils des formes de mariage au début du droit romain, ou bien ne sont-ils dès lors que des moyens d'acquérir la puissance maritale? — ou bien dans les termes suivants : « Le mariage libre coexista-t-il dès le début avec le mariage accompagné de « manus ? » — Tout d'abord il ne faut pas s'abuser sur les mots et dire exactement ce que l'on entend par mariage. Si en effet on donne ce nom à l'union de l'homme et de la femme, même dépourvue d'effets civils, on peut répondre hardiment que la « coemptio », l' « usus » ne furent jamais des formes nécessaires au mariage, et que le mariage libre dut exister bien avant que le législateur ne les ait imaginés. Si à l'inverse, on réserve le nom de mariage à l'union de l'homme et de la

[1] Tome I, p. 78.

femme, lorsqu'elle produit des effets civils, ou mieux le seul effet juridique qu'elle put produire au début de la législation, soit l'établissement de la puissance, il faudra, selon nous, donner une solution différente, et décider qu'au moins pendant un certain temps, la *coemptio* et l'*usus* sont les seules formes du mariage avec l'antique *confarreatio*, et que le mariage libre n'a vraiment mérité le nom de mariage, que le jour où on lui a reconnu le droit de produire la puissance paternelle au profit de l'époux, indépendamment de la puissance maritale [1]. Toute la question se ramène donc à celle-ci : A quelle époque une union, contractée sans formes pût-elle être considérée comme une union légitime produisant la puissance paternelle? Pour nous, on le sait, ce fut à une époque postérieure à la concession de la *coemptio* et de l'*usus* par l'aristocratie à la plèbe ; et par conséquent l'on peut admettre, sans trop de hardiesse, que pendant une durée qui dut être fort courte, la *coemptio* et l'*usus* furent, avec la « *confarreatio* », les seules formes de mariage reconnues à Rome.

Lorsqu'on discute cette question, on s'efforce en général de trouver un appui dans les textes très-rares qui paraissent pouvoir servir à la résoudre. Mais cette question n'ayant nullement préoccupé les anciens, il en résulte que c'est par un singulier abus qu'on invoque leur témoignage. On en jugera par la très-rapide revue qui va être faite ce ces textes. Quelque opinion que l'on soutienne, c'est lui faire tort, que l'appuyer sur des documents d'une valeur aussi équivoque.

Gaïus, dans son commentaire I, par. 111, s'exprime

[1] Cf. M. Labbé, article déjà cité.

en ces termes : « Usu in manum conveniebat quæ anno continuo *nupta* perseverabat », [1] « nupta », dit-on, voilà le mot qui tranche toute controverse. La femme était mariée, « nupta », avant que l' « usus » ne fût accompli. Donc l'union libre existait, était reconnue, était légitime dès le début, avant même qu'on eût inventé l'*usus* et, ajoute-t-on, la *coemptio*. — Mais, si l'on réfléchit que la légitimité du mariage libre fut en effet reconnu de longs siècles avant la disparition de l' « usus », on est forcé de reconnaître que la pensée de Gaïus est des plus exactes, qu'elle exprime bien l'état du droit pendant toute cette période, mais on n'a pas prouvé, car Gaïus ne le dit pas, que de tout temps le mariage libre ait existé à côté du mariage avec *manus*, et c'est là le seul point qui nous intéresse.

Les partisans de la seconde opinion écartent ainsi, avec beaucoup de raisons, le témoignage de Gaïus, mais ils invoquent à leur tour celui de Cicéron, celui d'Aulu-Gelle, puis celui de Servius, de Boèce, d'Arnobe.

Le texte de Cicéron (Topiques, chap. III, par. 14), est ainsi conçu : « Genus enim est uxor : ejus duæ formæ ; una matriumfamilias earum, quæ in manum convenerunt ; altera, earum, quæ tantummodo uxores haben-

[1] Ce texte est invoqué par M. Fustel de Coulanges, op. cit. page 369, note 1. — « La « coemptio », ajoute M. Fustel de Coulanges, était si peu une mode de mariage que la femme pouvait la contracter avec un autre que son mari, par exemple, avec un tuteur. » Cela est vrai, sans doute, à l'époque de Gaius. Mais cela ne l'était pas six ou sept siècles auparavant, à l'époque où se place cette discussion. Dans l'intervalle, « la coemptio » s'était transformée. On voit ici apparaître tous les inconvénients d'une méthode qui consisterait à étudier le droit romain, sans tenir compte de la durée considérable pendant laquelle le droit n'a cessé de se transformer.

tur [1]. » — Ne voilà-t-il pas la preuve, dit-on, qu'au cours du délai de l' « usus », il n'y a pas mariage ; au dire de Cicéron, la femme n'est pas « uxor » pendant ce délai, elle est « pro uxore » ; elle n'est pas épouse légitime, elle est « uxor injusta ».

Le sens du texte est fort clair ; « *Uxor* est le genre : ce genre comprend deux espèces : la première, celle des « matresfamilias », c'est-à-dire des femmes qui sont tombées sous la « manus » de leur mari ; et la seconde,celle des femmes qui sont seulement « uxores ». Tout ce que Cicéron a voulu dire, c'est que, de son temps, le mariage sans « manus » existe à côté du mariage avec « manus », ce que personne ne peut contester ; et dans tous les cas, il reconnait à la femme mariée la qualité d'épouse légitime, « uxor ».

C'est là précisément le contraire, il faut l'avouer, de ce qu'on prétend trouver dans ce texte. Dire que Cicéron a eu ici en vue l' « usus » plutôt que la « coemptio » ou la « confarreatio », est purement abusif, et quant aux mots « pro uxore, uxor injusta », on les lui prête. Un mot a pu cependant faire illusion, c'est le mot « tantummodo ». On l'a rapproché de « habentur », alors qu'il en est séparé par le mot « uxores » auquel seul il se rapporte. Et on a cru pouvoir traduire ainsi : « On les considère seulement comme uxores, mais (ceci serait sous-entendu) elles ne sont pas. » Le moindre

[1] Ce texte est invoqué par Mommsen, op. cit. t. I, p. 79 en note. Il le cite ainsi « uxor tantummodo habeatur, » ce qui dénature le sens. — M. Beauchet, op. citat. p. 7, le cite après Mommsen, mais tout en corrigeant l'erreur matérielle de ce dernier, il maintient le sens que Mommsen lui avait attribué, ce qui devient tout à fait inexplicable.

inconvénient d'un tel procédé d'interprétation, est de dénaturer le sens du passage, et de placer dans la bouche de Cicéron une pensée certainement inexacte [1].

Après Cicéron, c'est le tour d'Aulu-Gelle, on cite un long passage de cet écrivain [2] (Noct. Attic. III, 2.) où il est question de l' « usus » et de l'« usurpatio trinoctii », et de la manière de calculer tant le délai de l'« usus » que celui de l'« usurpatio ». On rencontre dans le texte les mots suivants « mulierem, quæ kalendis Januariis apud virum causa matrimonii esse cœpisset » — « Quintus Mucius (Aulu-Gelle cite ses paroles) Quintus Mucius est formel », dit-on [3]; « c'est d'ailleurs un jurisconsulte qui doit connaître la portée des termes qu'il emploie ». Or que dit-il? Il dit que « cette femme qui reste auprès d'un homme et que celui-ci est pour ainsi dire en voie d'usucaper, n'est pas « nupta »; elle y est « matrimonii causa », c'est-à-dire *pour devenir sa femme.* — Le mot « nupta » n'est pas dans le texte, et quant aux mots « matrimonii causa », ils n'ont pas d'autre sens ici que celui que leur donne Gaïus, (I. 114) lorsqu'il dit : « aut matrimonii causa facta coemptio dicitur, aut fiduciæ

[1] En effet, au temps de Cicéron, personne ne peut contester que le mariage existe, en dehors même de la « coemptio » et de l'« usus. »

[2] M. Beauchet, op. citat. p. 8. — Voici le texte d'Aulu-Gelle en entier : « Quintum quoque Mucium jurisconsultum dicere solitum legi, non esse usurpatam mulierem quæ kalendis Januariis apud virum causa matrimonii esse cœpisset, et ante diem quartum kalendas januarias sequentis usurpatum esset. Non enim posse impleri trinoctium, quod abesse a viro usurpandi causa ex duodecim tabulis deberet : quoniam tertiæ noctis posteriores sex horæ alterius anni essent, qui inciperet ex Kalendis. »

[3] M. Beauchet, ibid.

causa ». Ils peuvent aussi bien signifier « parce qu'elle est devenue sa femme » que « pour devenir sa femme.»

Enfin, si l'on en croit Servius[1] dans son commentaire sur les Géorgiques, et Boèce dans son commentaire sur les Topiques de Cicéron, la « coemptio » et l' « usus » auraient bien été des formes de mariage, et peut-être les seules, dans l'ancien droit romain. Mais on ne peut diviser leur témoignage. Or d'après ces auteurs aussi, la « coemptio » serait réciproque, non-seulement le mari achèterait la femme, mais la femme achèterait

[1] Ce texte est encore de ceux qu'invoque M. Beauchet et plusieurs interprètes. Il ne faut pas perdre de vue que Servius et Boèce, vivaient au ve siècle de notre ère. — Voici le texte de Servius : « Quod autem ait, *emat*, ad antiquum nuptiorum pertinet ritum, quo se maritus et uxor invicem emebant, sicut habemus in jure. Tribus enim modis apud veteres nuptiæ fiebant : usu, si verbi gratia, mulier anno uno cum viro, licet sine legibus, fuisset ; farre, cum per Pontificem Max. et Dialem Flaminem per frugem et molam salsam conjungebantur, unde confarreatio appellabatur, ex quibus nuptiis patrimi et matrimi nascebantur ; coemptione vero atque in manum conventione, cum illa in filiæ locum, maritus in patris veniebat, ut si quis prior fuisset defunctus locum hereditatis justum alteri faceret. Et bene *serviat*, ait Virgilius, qui quæcumque in manum convenerat omnia protinus quæ doti dicebantur, marito serviant. » Ad. Virg. Georg. I, 31. — Voici celui de Boèce : « Materfamilias vero esse non poterat, nisi quæ convenisset in manum ; hæc autem certa erat species nuptiarum. Tribus enim modis uxor habebatur, usu, farreo, coemptione ; sed confarreatio solis pontificibus conveniebat. Quæ autem in manum per coemptionem convenerant, eæ matresfamilias vocabantur ; quæ vero usu vel farreo, minime. Coemptio vero certis solemnitatibus peragebatur, et sese in coemendo invicem interrogabant, vir ita : an sibi mulier materfamilias esse vellet ? Illa respondebat, velle. Item mulier interrogabat : an vir sibi paterfamilias esse vellet ? Illa respondebat, velle. Itaque mulier conveniebat in manum, et vocabuntur hæ nuptiæ per coemptionem, et erat mulier materfamilias viro loco filiæ. » — Ad Cic. Top. III.

aussi le mari; seule, la « coemptio » produirait la « manus », et placerait l'épouse au rang de fille de son mari, « loco filiæ ». Enfin, d'après Boèce, la « coemptio » consisterait dans une double interrogation, les deux époux se demandant s'ils veulent se prendre pour « paterfamilias » et pour « materfamilias ». Tant d'erreurs accumulées en si peu de mots ne doivent-elles pas mettre en garde contre ces autorités, que l'on ne craint pas pourtant d'invoquer le plus gravement du monde.

Ce n'est donc pas ici dans les textes, mais dans l'origine, la nature et le caractère des institutions qu'il faut chercher des enseignements. [1]

Le législateur, on l'a vu, avait, par la création de l' « usus » et de l' « usurpatio », ouvert la porte à une nouvelle union [2]. C'était une sorte de mariage libre, libre en ce sens que sa perfection ne résultait pas de l'accomplissement d'un acte juridique, libre aussi en ce sens qu'elle ne créait entre le mari et la femme aucun lien de puissance — Dès lors, l'histoire de la formation du mariage à Rome se résume dans une double évolution, qui, commencée à peine lors de la rédaction des XII tables, s'achève aux premiers siècles de l'empire. C'est d'une part la déchéance graduelle du mariage

[1] On a quelquefois invoqué un texte d'Arnobe (Adversus gentes, libr. IV, cap. 20), pour prouver que la « coemptio » et l'« usus » furent de véritables mariages à Rome. Le voici : « Uxores enim dii habent, atque in conjugalia fœdera conditionibus veniunt ante quæsitis ? usu, farreo, coemptione genialis lectuli sacramenta condicunt ? habent speratas, habent pactas, habent interpositis stipulationibus sponsas ?... »

[2] Sumner-Maine, op. citat. p. 147 et s. M. Esmein. op. citat. p. 6 et suiv.

avec « manus », et d'autre part le triomphe progressif du mariage libre.

Les causes qui amenèrent cette double évolution furent multiples. Le mariage avec « manus », tel que nous l'avons étudié, en dehors du mariage sacré, trouvait dans sa propre origine une première cause de ruine. Concession de la classe aristocratique, adaptation à une partie de la société d'une institution qui n'était pas née dans son sein, il devait commencer à déchoir le jour même où les raisons qui lui avaient donné naissance commenceraient à disparaître. C'est ainsi que la distinction des deux puissances paternelle et maritale, fut le premier agent de cette sorte de dissolution du mariage antique. Lorsque le plébeien put acquérir la puissance paternelle, c'est-à-dire obtenir la légitimité de son mariage, indépendamment de la « manus », il délaissa celle-ci. Aussi bien n'avait-il pas les mêmes raisons que le patricien de conserver cette puissance. Alors en effet que celui-ci voulait avant tout associer la femme à son culte domestique, le plébeien, qui, lui, n'avait pas de foyer, ignorait une semblable préoccupation. Etait-il père? son intérêt et son affection le détournaient d'un acte juridique qui devait établir entre lui et sa fille une séparation absolue [1].

Ce n'est pas tout. Dès le début de la république, l'aristocratie romaine perd chaque jour de son influence. Au lendemain de la rédaction des Douze Tables, celle

[1] Fustel de Coulanges, op. citat. p. 369. — Il faut ajouter que la situation spéciale de la femme *sui juris*, placée sous la tutelle de ses agnats, a dû contribuer aussi à la disparition du mariage avec « manus. » V. M. Labbé (art. cit. p. 5 et s.)

de la classe inférieure s'affermit par un coup d'éclat. Une loi permet les mariages entre les deux ordres [1]. L'histoire atteste combien fréquents furent dès lors les mariages [2]. Or une aristocratie qui ne craint pas de se mésallier, une aristocratie ouverte, travaille à sa propre ruine. Peu à peu les plébeiens occupent toutes les avenues qui mènent aux sommets de la société. Leurs idées, leurs mœurs s'imposent avec leurs personnes, au détriment des idées, des mœurs antiques. Le culte domestique est de plus en plus délaissé, au profit de la religion officielle et démocratique de l'olympe. Bientôt l'imagination fertile des juristes inventera des fictions pour éteindre les *sacra* d'une famille [3], alors qu'aux temps primitifs on inventait d'autres fictions pour les perpétuer. Avec le culte domestique la puissance s'affaiblit, se relâche au sein de la famille. La « manus » ne répond plus au besoin d'une société nouvelle. L'avènement d'une nouvelle couche sociale prépare, plus que toute autre cause, la chûte de cette antique institution.

En même temps, par un progrès des idées commun à la plupart des peuples qui marchent à grands pas vers la civilisation, les Romains s'habituent peu à peu à reconnaître que la femme a droit à une certaine indépendance [4]. — La tutelle universelle et perpétuelle qui

[1] La loi Canuleia, de quatre ans postérieure aux XII Tables. — Les mariages fréquents entre les deux ordres, durent contribuer à perpétuer l'usage des anciennes cérémonies sacrées du mariage, autres que la « confarreatio. »

[2] Fustel de Coulanges, op. citat. p. 358.

[3] « Coemptio interimendorum sacrorum causa. » Accarias, *Précis*, I, p. 282.

[4] P. Gide, *Etude sur la condition privée de la femme*, p. 136 et suiv.

pèse sur elle dans toutes les sociétés primitives puise sa principale raison d'être dans sa faiblesse physique : incapable de se défendre elle-même dans cette sorte de lutte pour l'existence qui prélude à l'établissement de toute société, elle doit obéissance absolue à ceux qui portent les armes pour elle. Mais peu à peu, à mesure que la société s'établit sur des bases plus solides, la protection des êtres faibles cesse de peser sur les membres de la famille, et est attribuée à l'Etat. La tutelle, d'abord organisée dans l'intérêt exclusif de la famille [1], s'organise alors dans l'intérêt des personnes en tutelle. Puis, les idées s'épurant de plus en plus, on en vient à considérer, comme susceptible de protection, non plus la faiblesse physique, mais la faiblesse intellectuelle. Dès lors, et malgré ce que peuvent dire les jurisconsultes romains, la tutelle perpétuelle des femmes n'a plus de raison d'être : elle est appelée à disparaître. C'est ainsi qu'elle disparut à Rome sous l'influence des idées nouvelles. Mais l'esprit subtil des juristes se donna carrière à son sujet. Lorsque la tutelle des femmes passa définitivement au rang des institutions déchues, elle n'était plus depuis longtemps qu'une de ces fictions juridiques, si chères à l'instinct conservateur des Romains.

La *manus* primitive n'est autre chose que la tutelle, organisée en faveur du mari, analogue en ceci à la tutelle des agnats ; Avec elle et comme elle, elle devait donc disparaître.

Il est en dernier lieu un fait qu'il faut mettre en relief, car il contribua, comme ceux qui précèdent, à la déchéance du mariage avec « manus », et au succès du

[1] Accarias, *Précis*, t. I, p. 394 et 395.

mariage libre. A mesure que Rome poursuivait ses conquêtes, la sévérité des mœurs antiques allait s'adoucissant, leur simplicité et leur pureté se ternissaient de jour en jour. Or le mariage accompagné de « manus » était à peu près indissoluble [1]. C'est ce qui paraît démontré tant par ce fait remarquable que le premier divorce ne se produisit à Rome que fort tard, que par la nature même de la puissance établie par ce mariage. En tous cas est-il certain que dans une telle union, le mari seul acquiert le droit de répudier sa femme. Les définitions traditionnelles et bien connues du mariage romain [2] nous ont conservé le souvenir de cette indissolubilité à peu près complète qui exista longtemps à Rome en fait comme en droit. Le mariage libre apparaissait au contraire, dès le début, avec un caractère bien différent. Il n'établissait aucun lien de droit entre les époux. Leurs intérêts demeuraient séparés. Le père de la femme pouvait exercer sa puissance paternelle jusque dans la maison du mari et leur imposer le di-

[1] Esmein, op. citat. p. 11.

[2] Modestin le définit : « consortium omnis vitæ, » fr. 1, D. 23, 2. — Justinien « viri et mulieris conjunctio, individuam vitæ consuetudinem continens ». (Inst. I, 9, 1). Au sujet de ce dernier texte, nous nous permettrons de faire observer que « vitæ consuetudo » signifie relations, intimité, vie commune et « qu'individuam » ne peut se traduire que par le mot « inséparable. » Partant de là, nous ne saurions admettre la traduction que M. Accarias, I, p. 171, donne du texte des Institutes : « Impliquant identité de condition. » La définition de Justinien peut être « dénuée de conséquences pratiques » et ne pas rendre raison de la différence qui existe entre le mariage et le concubinat, il importe peu : toujours est-il qu'elle contient un précieux enseignement, puisqu'elle nous rappelle qu'à une certaine époque on a pu considérer, à Rome, le mariage comme indissoluble.

vorce à tous deux. Chacun des époux pouvait rompre à son gré une union qui ne reposait d'abord que sur leur affection réciproque.... On conçoit dès lors que les Romains, soumis par leurs conquêtes aux influences dissolvantes par lesquelles les peuples vaincus réagissaient en quelque sorte sur leurs vainqueurs [1], se laissaient aller plus volontiers et plus facilement que par le passé, à adopter une union qui n'imposait à leurs caractères affaiblis, ni des obligations aussi étroites, ni des liens indissolubles.

Toutes ces causes réunies, dont chacune suffirait à elle seule à expliquer la disparition du mariage avec « manus », devaient amener tout d'abord sa transformation, puis sa ruine.

Gaïus nous apprend que, de son temps, la femme « in manu » n'est plus possédée par son mari. On en a conclu, avec raison que, pendant cette dernière période de son existence, la « manus » ne produit d'effets que sur les biens [2]. Elle établit entre le mari et la femme une sorte de communauté universelle de biens, et un droit de succession réciproque. Selon l'heureuse expression de M. Gide, elle n'est plus alors qu'un « régime nuptial », régime assez incommode et préjudiciable au surplus, et qu'en conséquence, les parties répugnaient à adopter.

A cette époque deux des modes de constitution de la « manus » ont disparu. C'est d'abord l' « usus », qui le

[1] Le mot d'Horace : « Græcia capta ferum victorem cepit... » pourrait s'appliquer à plus d'un peuple vaincu par les Romains.

[2] P. Gide. *Etude sur la condition privée de la femme*, p. 119 et suiv. p. 141 et s. — La constitution de dot vient remplacer les effets que la « manus » produisait sur les biens de la femme.

premier a cédé la place au mariage libre. Au dire de Gaïus[1], son abrogation a été l'œuvre de l'usage aussi bien que de la loi.

La « confarreatio » disparut après l' « usus ». Tacite[2] rapporte, dans un texte célèbre, qu'au 1er siècle de notre ère, on n'avait pu trouver à Rome trois patriciens issus d'un mariage sacré, pour remplir les fonctions de flamines. Aussi peu de temps après, un sénatus-consulte intervint-il, qui décida que ce mariage n'emporterait plus la « manus » au profit du mari ; c'était en effet ce que redoutaient les pères de famille au dire de Tacite. Dès lors la « confarreatio » ne produisit plus que l'aptitude aux fonctions sacerdotales au profit des enfants à naître du mariage.

La « coemptio » se maintint plus longtemps. Ce n'est guère qu'à partir de Marc-Aurète que l'on n'en trouve plus trace[3]. Gaïus en parle comme d'une institution encore en vigueur. Toutefois elle aussi s'était modifiée : on y avait recours même en dehors du mariage. « La femme, dit M. Gide[4] y trouvait un moyen facile de rompre ses liens de famille et de s'affranchir de la tutelle de ses agnats. » De la sorte, « cette institution qui, dans l'origine, était un des fondements de la famille patriarcale, n'a plus servi, sous l'empire des mœurs nouvelles, qu'à consommer la ruine des pouvoirs domestiques et l'affranchissement de la femme. »

Cependant tout le terrain perdu par le mariage

[1] I, 111. — « Hoc totum jus partim legibus sublatum est, partim ipsa desuetudine oblitteratum. »

[2] Annales, IV, 16.

[3] Maynz, *Droit romain*, t. III, p. 13 .

[4] P. 121, op. citat.

accompagné de « manus » était peu à peu gagné par le mariage libre. En même temps son caractère se modifiait. L'indépendance de la femme demeurée « sui juris », la soumission de la femme restée sous l'autorité de son « paterfamilias », s'étaient atténués. On s'habituait à reconnaître au mari une autorité qui ne puisait pas sa raison d'être dans un lien d'agnation que le mariage était dès lors impuissant à produire, et qui chaque jour se relâchait davantage. C'était dans le mariage lui-même, dans les nécessités journalières de la vie commune que cette nouvelle puissance trouvait son unique fondement. Elle s'exerçait sur la femme, même à l'encontre de la puissance paternelle à laquelle elle était soumise. Et elle appartenait au mari, au mari seul, fût-il même soumis lui aussi à une puissance paternelle, à condition toutefois de consulter dans certains cas les parents de la femme [1].

Ainsi transformé, ainsi adapté aux besoins sociaux de l'époque, complété, en ce qui concerne les biens des époux, par l'organisation du régime dotal, le mariage libre subsiste seul dès le 3e siècle de notre ère [2].

Si l'on considère qu'à cette époque l'agnation, fondement de la société patriarcale, n'avait cessé de perdre de son crédit au profit de la parenté naturelle, que la puissance paternelle n'avait cessé de s'adoucir, de s'humaniser, et que ses prérogatives chaque jour contestées

[1] P. Gide, op. citat. p. 120, p. 134.

[2] Pour tout ce qui concerne la preuve du mariage, jusqu'à cette époque, les renseignements semblent faire défaut. Nous serions fort embarrassés d'exprimer à ce sujet, ne fût-ce que des conjectures. N'en avons-nous pas trop amassé dans tout ce qui précède ?

s'en allaient une à une, que la tutelle perpétuelle des femmes avait perdu son caractère primitif, de sorte que le mot de Tite-Live « feminas in manu esse parentum, fratrum, virorum », avait depuis de longues années cessé d'être vrai. Si l'on considère qu'au lieu d'une société patriarcale, stricte observatrice de ses pratiques religieuses, fermée aux étrangers, semblable, selon l'heureuse expression de Sir H. Sumner Maine[1], « à un système de cercles concentriques formés successivement autour d'un même point », l'empire romain n'est plus qu'une société large, peu fidèle aux prescriptions d'une religion officielle, ouverte à tous, formant une vaste collectivité d'individus, qu'unit seulement le lieu de l'habitation sur un même territoire[2] — on ne s'étonnera pas que le mariage se soit transformé, et qu'il ait obéi à la loi qui poussait, alors comme maintenant, les institutions sociales vers un individualisme, chaque jour plus accusé.

On s'est demandé si cette transformation avait été un progrès, et on a parfois répondu négativement[3], on a dit, qu'en l'accomplissant « la société romaine s'éloignait de l'idéal des Indo-Européens, qui fait la famille unie et forte sous le pouvoir de son chef. » Que tel soit l'idéal des Indo-Européens, c'est ce qui peut paraître difficile à démontrer : car ils semblent qu'ils aient le plus souvent pris à tâche de s'en éloigner, à mesure qu'ils marchaient vers la civilisation. — Le mariage

[1] Op. citat. p. 121.
[2] S. H. Sumner-Maine, op. citat. passim.
[3] Bernhoft, cité par M. Esmein, op. citat. p. 7.

libre, en tous cas, avait l'avantage de ne plus séparer à jamais la femme mariée de sa famille d'origine, de ne plus supprimer en quelque sorte sa personnalité juridique au profit de celle du mari, et comme tel il paraît témoigner « d'un adoucissement des mœurs et d'un progrès de l'esprit juridique ».

CHAPITRE II

DE LA FORMATION DU MARIAGE ET DE SA PREUVE D'APRÈS LES TEXTES JURIDIQUES.

L'histoire de la formation du mariage à Rome nous a révélé l'existence exclusive, à l'époque du droit classique, du mariage libre. Mariage libre, quelle est l'exacte portée de ces mots? telle est la question qui se pose maintenant et qui doit être résolue à l'aide des nombreux textes juridiques que le droit romain nous a légués sur cette matière.

On sait, et nous n'y reviendrons pas, que ce mariage n'emporte pas au profit du mari cette ancienne puissance maritale, qu'on appelait la *manus*. Mais ce n'est pas tout. Et ce qu'il faut démontrer maintenant, c'est qu'aux yeux des jurisconsultes et des empereurs, dont les décisions nous appartiennent,ce mariage était libre dans l'empire romain, en ce sens qu'il était abandonné, pour sa formation juridique,et par suite pour sa preuve, à la volonté des parties intéressées.

C'est là un point fort contesté. Et il s'est rencontré nombre d'interprètes qui se refusent à admettre une semblable doctrine. Leurs opinions seront exposées et répétées au cours de cette étude.

On s'est parfois demandé [1] si les anciens étaient tous d'accord sur ce point, et si, même à Rome, la question n'avait pas été discutée. C'est à tort, selon nous. Car, si l'on réunit tous les textes disséminés, qui, dans le « Corpus Juris civilis », ont trait au mariage, une idée générale se dégage, une conclusion s'impose, idée ou conclusion qui peut se formuler ainsi : La loi romaine ne règle pas la formation du mariage.

La loi en effet s'occupe bien du mariage avant et après sa formation. Avant, elle en définit les conditions, en fixe les empêchements. Après, elle en détermine les effets, en régit les obligations. Mais elle ne décide pas quel est l'acte juridique dont l'accomplissement imposé marquera le début de l'union conjugale. Elle laisse aux intéressés le soin de réaliser leur intention de s'unir de la manière qui leur convient. L'existence du mariage est-elle mise en doute? ce sera une question de fait, dont la libre appréciation appartiendra à qui de droit, dont la preuve pourra se faire par tous moyens.

Telle est la règle générale, que ne sauraient contredire quelques rares exceptions. Il n'est en effet que dans quelques hypothèses, tout-à-fait spéciales, que la loi paraît exiger, pour la formation du mariage, l'accomplissement d'un acte déterminé. Sans méconnaître leur importance, sans en diminuer le nombre, on verra que

[1] Accarias, t. I, p. 175.

ces exceptions ne sauraient infirmer le principe, qu'elles le confirment même.

Seul, ce principe peut expliquer la diversité des solutions contenues au « Corpus » relativement à la formation du mariage. Chacune de ces solutions vise une hypothèse spéciale, et c'est d'après les faits qui lui sont soumis que le jurisconsulte dans sa réponse ou que l'empereur dans son rescrit se prononce pour ou contre l'existence du mariage entre deux personnes déterminées [1].

Seul aussi, ce principe peut rendre raison d'une foule de décisions où la loi prononce d'une façon purement négative, que tel fait, comme la « deductio », que tel acte, comme l' « instrumentum dotale » n'est nullement exigé pour la formation du mariage. Elle ne dit pas alors ce qui est nécessaire à cette formation, ou bien elle s'en réfère au consentement des parties.

Enfin la proposition, avancée plus haut, trouve un appui direct, comme on le verra plus loin dans certains textes, ceux par exemple qui rapprochent le mariage du « concubinat ».

L'ordre à suivre dans l'examen des textes se trouve nettement indiqué par ces considérations préliminaires. On prouvera successivement que la loi n'exige, pour la formation du mariage, ni des cérémonies religieuses, ni la cohabitation des époux, ni la rédaction d'un acte écrit, ni enfin un acte juridique tel que la *deductio in domum mariti*. Puis on examinera si le mariage est un contrat, si, comme on l'a soutenu, on peut

[1] V. par ex. fr. 15. D. XXXV, 1 — fr. 6. C. V. 3 — fr. 66, C. XXIV, 1., etc.

le mettre au nombre des contrats consensuels ou des contrats réels.

Qu'aucune cérémonie religieuse ne soit nécessaire à la formation du mariage, c'est ce qui ne saurait faire de doute sérieux [1]. La rubrique du titre 2 du livre XXIII du Digeste ne doit pas faire illusion, non plus que la loi 66. 1. D. 24. 1. On sait que l'usage des cérémonies religieuses s'était maintenu en dépit de l'affaiblissement des croyances, mais il ne venait à la pensée de personne de les considérer comme un élément juridique nécessaire à la perfection du mariage. Une constitution de Théodose et Valentinien (Fr. 22 C. 5, 4) nous en avertit. « Si pompa...., aliaque nuptiarum celebritas omittatur : nullùs existimet ob id deesse recte alias inito matrimonio firmitatem.... ». Toutefois, ces cérémonies conservaient une importance considérable relativement à la preuve du mariage, qu'elles facilitaient singulièrement lorsqu'on y avait recours. Et c'est à ce titre que Scœvola, dans le Fr. 66 D. 24. 1, croit devoir en tenir compte.

Il est même une distinction qu'on a voulu établir entre les deux mots *nuptiæ* et *matrimonium,* et qui doit être repoussée. « Nuptiæ », selon certains interprètes [2] seraient les cérémonies religieuses, « matrimonium », l'acte juridique. C'est là une pure distinction de langage, absolument dépourvue d'intérêts pratiques ; mais, en admettant même qu'elle ait pu être exacte à une

[1] Certains interprètes ont cru cependant pouvoir l'affirmer. M. Troplong les cite dans un article publié dans la *Revue de Législation et de Jurisprudence,* auquel nous avons déjà fait allusion.

[2] V. Troplong, article cité plus haut.

époque fort reculée, elle a certainement cessé de l'être à l'époque du droit classique. Les Jurisconsultes emploient indifféremment les deux mots pour exprimer le sens purement juridique du mot mariage. L'épithète *justæ*, c'est-à-dire conformes aux droit, juridiques, qu'on rapproche souvent de *nuptiæ*, en fournit une preuve excellente.

Un homme et une femme remplissaient toutes les conditions exigées par la loi pour contracter mariage. Ils se sont unis sans recourir aux cérémonies religieuses, imposées par l'usage. Faudra-t-il pour que le mariage existe entre eux, qu'ils aient cohabité, que leur union, comme on dira plus tard, soit consommée? Non, répond la loi 15 D. XXXV. 1. « Un legs a été fait sous cette condition : si le légataire se marie...., la condition paraît accomplie, aussitôt que l'épouse a été emmenée, bien qu'elle n'ait pas encore pénétré dans la chambre de son mari. Ce n'est pas en effet le commerce charnel, mais le consentement qui fait le mariage. « Nuptias enim non concubitus, sed consensus facit ». Une loi nous indique une conséquence de cette règle, (Fr. 7. D. 23. 2), énoncée deux fois au Digeste [1] : c'est qu'une femme pourra tout à la fois être veuve et avoir conservé sa virginité.

La même règle résulte, au surplus, des textes qui permettent à un homme absent de se marier. Le mariage sera formé aussitôt après que la femme aura été conduite au domicile du mari.

Si la cohabitation n'est pas nécessaire pour la formation du mariage, elle n'est pas non plus nécessaire

[1] Cf. fr. 30 D. L., 17.

à sa conservation. C'est Ulpien qui l'affirme (Fr. 32. par. 13. D. XXIV. 1.) « Une femme et son mari, dit-il, ont habité longtemps séparément, mais en se donnant réciproquement la qualité d'époux..... J'estime que les donations qu'ils se sont faites sont nulles, comme faites pendant la durée du mariage; ce n'est pas en effet le commerce, qui fait le mariage, mais l'affection conjugale (maritatis affectio).... »

On a parfois contesté ces solutions à l'aide du raisonnement suivant. Plusieurs textes (Fr. 4. D. XXV. 7.—Fr. 31. pr. D. XXXIX, 5,) [1] observent qu'il n'existe de différence entre le mariage et le concubinat que celle qui résulte de l'intention des parties. Par suite, a-t-on dit, la cohabitation, nécessaire au concubinat, est nécessaire aussi au mariage. — Il suffit, pour repousser cette manière de voir, de faire une double observation. Tout d'abord, est-on bien sûr que la cohabitation soit nécessaire pour former le concubinat? Aucun texte ne le prétend. Et si on laisse pour un instant de côté les idées modernes, avec lesquelles il n'est pas toujours bon de juger les institutions antiques, si on réfléchit que, comme il est vraisemblable, le concubinat n'était à Rome qu'une sorte de mariage inférieur, d'union morganatique, a-t-on dit parfois, que la loi reconnait et que la morale ne réprouve pas, comment peut-on sans texte, exiger la cohabitation pour la formation du concubinat? — En outre il est clair que les textes, cités plus haut examinent la question à un point de vue qu'on ne saurait négliger. Ils comparent d'un côté deux personnes vivant en état de mariage, de l'autre deux

[1] Joindre Paul, sent. II, 20.

personnes vivant en état de concubinat. Ceci posé, comme,dans l'immense majorité des cas,il y aura cohabition de part et d'autre, le jurisconsulte se croit fondé à décider qu'il n'existe de différence entre les deux unions que celle qui résulte de l'intention des parties ou de l'affection qu'elles se portent.

Le mariage peut donc se former en l'absence de cérémonies religieuses, et avant que les époux n'aient cohabité. Mais ne sera-t-il pas nécessaire alors, de rédiger un acte, constatant soit le mariage lui-même, soit la constitution de dot faite à la femme? Ici encore, la réponse est négative, et elle est écrite dans une foule de textes. Tous expriment en termes différents la même pensée que l'empereur Probus, lorqu'il dit (Fr. 9. C. V, 4) : « Quamvis neque nuptiales tabulæ.... factæ sunt, non ideo minus veritas matrimonii..... suam habet potestatem ». Il n'a pas été fait d'écrit : le mariage existe néanmoins.

On peut même se demander pourquoi les Jurisconsultes croient devoir si souvent rappeler une vérité, qui semble tout-à-fait hors de conteste. La raison en est que ces écrits accompagnaient fort souvent le mariage. Il en résultait que certaines personnes se demandaient s'ils n'étaient pas nécessaires à la formation du mariage, et soumettaient leurs doutes aux jurisconsultes ou aux empereurs.

Il est juste de rappeler que, dans le dernier état du droit romain, un acte écrit est, dans certains cas spéciaux, exigé à l'occasion du mariage. A ce titre, et comme moyens de preuve obligatoires ou facultatifs, les *tabulæ nuptiales* et les *instrumenta dotalia* présentent un intérêt spécial, et devront arrêter plus loin notre attention.

Toutes les solutions qui précèdent peuvent à bon droit être considérées comme incontestables. Elles sont, du reste, à peu près incontestées. Il n'en est pas de même pour celles qui vont suivre. Elles ont donné lieu à des controverses célèbres.

M. Glasson écrit[1] : « Les justes noces étaient un acte purement civil, formé par le consentement et la *deductio uxoris in domum mariti*, en dehors de toute intervention de l'autorité publique. »

La *deductio uxoris*, on s'en souvient, formait une des trois cérémonies principales de l'ancien mariage sacré. A un certain point de vue, c'était peut-être même la plus importante. En effet, entre les deux sacrifices accomplis au foyer paternel de la femme, et au foyer paternel de l'époux, la « deductio » était, en dehors même de toute idée religieuse, l'acte public du mariage, la manifestation extérieure par laquelle son existence s'affirmait aux yeux de tout un peuple. Chacun pouvait en être témoin, chacun pouvait voir le cortège nuptial s'avancer dans les rues de la cité. Aussi de toute antiquité, épouser une femme, à Rome, c'était l'emmener au domicile conjugal « ducere uxorem ». Et jusqu'au dernier jour de la civilisation romaine, le langage usuel traduisit de la sorte, et d'une manière fort exacte, ce qui, dans l'accomplissement du mariage, frappait avant tout l'imagination populaire[2]. — L'importance de la

[1] *Le Mariage civil et le divorce*, p. 156.

[2] Il se produisit même ce fait assez remarquable, que le sens figuré de cette expression en est devenu le sens le plus usuel, et qu'on ne craint pas de l'employer, alors même qu'il ne saurait être ques-

« deductio », importance qu'elle conserve à l'époque même où le mariage religieux n'est plus exigé que par les convenances sociales, résulte bien de ces indices. Mais elle se dégage encore mieux de la plupart des textes qui, au Digeste, au Code, ou dans les fragments épars des jurisconsultes, traitent de la formation du mariage. La plupart en effet, ou au moins un grand nombre d'entre eux, font allusion à la *deductio*.

Est-ce là cependant un motif suffisant de décider que la « deductio in domum mariti » est un acte obligatoire, que, sans elle, il ne saurait y avoir de mariage, que c'est elle qui marquera, dans tous les cas, le début de l'union conjugale? S'il en était ainsi, on pourrait voir dans la « deductio » une sorte de célébration du mariage, célébration toute privée, il est vrai, mais enfin célébration nécessaire, et l'on serait mal venu à répéter encore que le mariage est un pur fait, que ne règle en aucune façon la loi civile.

Hâtons-nous de le dire, il n'en est rien, et on ne saurait admettre la doctrine dont M. Glasson se fait l'interprète dans la définition citée plus haut.

C'est qu'en effet elle rend inexplicables une foule de textes, où il est dit expressément que le mariage se forme par le consentement des parties. « C'est le consentement qui fait le mariage », dit Ulpien (fr. 30,D. L. 17). « Consensu licita matrimonia posse contrahi... præcipimus » disent les empereurs Théodose et Valentinien (fr. 8, C. V. 17). « Ex affectu omnes introducuntur nuptiæ » dit encore Justinien. On verra le sens exact de ces

tion de « deductio » proprement dite. Ainsi fait Pomponius (fr. 5, D. 23,2). Quand il dit : « ex litteris vel nuntio duci uxorem non posse. »

textes, et comment l'on peut dire que le mariage se forme par le seul consentement. Mais ce que l'on aperçoit dès maintenant, de la façon la plus claire, c'est qu'ils excluent tout autre élément juridique que le consentement, de la formation du mariage.

On insiste cependant, et l'on oppose les textes aux textes. On invoque un texte de Paul (Sent. XIX, 8) commenté par Pomponius (fr. 5, D. XXIII, 2). « Un homme absent peut se marier : une femme absente ne le peut pas » dit Paul. Et Pomponius en donne la raison : « Un homme est absent : la femme sera conduite à son domicile, car c'est le domicile conjugal. Il y aura mariage. Une femme est absente : l'homme ne saurait être conduit au domicile de celle-ci, car ce n'est pas le domicile conjugal : il faut qu'il y ait *deductio* au domicile conjugal. » On ne peut nier, en présence de ce texte, que la « deductio » soit nécessaire, conclut-on, et cela suffit.

Non, cela ne suffit pas. Il s'agit ici (on ne l'a pas remarqué) d'une hypothèse spéciale, qui semble imaginée à plaisir par un juriste, et dont la pratique du mariage, si étrange qu'elle fût parfois dans l'empire romain, ne devait fournir que peu d'exemples. Quoi qu'il en soit, dans le cas invraisemblable où un homme voudrait se marier, bien qu'absent, la «deductio» sera nécessaire, on en convient, mais ce n'est là qu'une exception. Ce qui le prouve, c'est un autre texte qui, lui aussi, exige la *deductio* dans un autre cas spécial, et qui laisse fort bien entendre que tel n'est pas le droit commun. Ce texte, assez rarement cité, éclaire celui de Pomponius, et cette seconde exception montre bien la portée de la première.

Il s'agit d'une constitution contenue au code Théodosien (Const. 6 Livre 7°, titre 14 « de tironibus »)[1] qui exempte de la capitation les femmes des jeunes soldats *tirones* qui ont fait cinq années de service, mais cette faveur n'est accordée qu'à celles qui ont été « deductæ, » « eâ scilicet servandâ ratione, ut quam sibi uxorem copulaverat affectu, et in priore lare derelictam memoraret, improbatam census sarcinam sustineat. » N'est-ce pas dire, en termes formels, que le mariage, valable en règle générale, alors même que la femme n'a pas quitté le domicile de ses parents ou son propre domicile, ne pourra produire ses effets, ou tout au moins celui qui y attache cette constitution, que s'il y a eu *deductio in domum mariti*.

La loi, dans cette hypothèse, a voulu éviter les abus qui peuvent naître d'un mariage supposé après coup, couper court aux fraudes qui en pourraient résulter. Pour nous, c'est le même but que Paul et Pomponius ont poursuivi dans leurs décisions relatives au mariage des personnes absentes. Peut-on imaginer un cas où le mariage serait moins public, où les tiers seraient moins à l'abri de l'erreur, que celui où deux personnes contracteraient mariage, bien qu'éloignées l'une de l'autre, par lettre ou par l'intermédiaire d'un messager? Frappés des inconvénients qui seraient l'inévitable consé-

[1] (Ed. Hænel, col. 651) : « Si oblatus junior fuerit, qui censibus tenetur insertus, ex eo tempore, quo militiæ sacramenta susceperit, proprii census caput excuset, ac, si quinquennii tempus fida obsequii devotione compleverit, uxoriam quoque capitationem merito laborum præstet immunem, ea scilicet servanda ratione, ut, quam sibi uxorem copulaverat affectu, et in priore lare derelictam memorarit improbatam (ou improbata) census sarcinam sustineat. » Cf. la glose d'Hænel.

quence d'une pareille union, les Jurisconsultes décident avec beaucoup de raison que, dans cette hypothèse exceptionnelle, l'existence du mariage devra s'affirmer par un fait public et notoire, un fait qui ne saurait tromper personne, l'entrée de la femme au domicile du mari absent.

Et, qu'on y prenne garde, ce n'est pas une idée moderne que nous prêtons ici arbitrairement aux Jurisconsultes romains. A notre époque, la publicité du mariage apparaît comme une nécessité sociale. Les Romains ne pensaient pas de même, puisqu'ils n'avaient rien fait pour assurer cette publicité. Mais il est manifeste qu'ils sentirent peu à peu les inconvénients d'un pareil état de choses. Incapables d'y remédier d'une manière efficace, impuissants à remonter le courant moral qui emportait le mariage, les Jurisconsultes et les Empereurs ne laissaient pas que de tenter de temps à autre un effort en faveur de la publicité du mariage. Nous n'en voulons d'autre preuve, outre les textes qui exigent la *deductio in domum mariti* que deux constitutions de Probus et des empereurs Théodose et Valentinien qui semblent exiger, pour la validité du mariage, qu'il ait été contracté en présence des amis de la famille (fr. 22, C. V,4 in fine) en présence des voisins ou de témoins quelconques, (fr. 9, C. V, 4). Un rescrit de Constantin est encore plus formel (fr. 7,C. V, 17). Il est vrai qu'il ne vise qu'une hypothèse tout à fait spéciale. D'après ce texte, lorsqu'une femme, dont le mari est parti pour la guerre, n'a pas reçu de ses nouvelles depuis quatre ans, elle peut se marier après avoir rempli certaines formalités, mais son mariage ne doit pas être clandestin, il doit être publiquement accompli, en présence de témoins « quia... nec temere, nec *clanculo*, sed publice contestatione deposita nupsisse firmatur. » Enfin il est plusieurs décisions de l'empereur Justinien, qui, elles aussi, ont pour but d'assurer une certaine publicité au mariage. Mais, comme ces dispositions sont plutôt relatives à la preuve du mariage qu'à sa formation, c'est plus loin qu'elles seront examinées.

On le voit, les Romains n'ont pas été aussi étrangers qu'on pourrait le croire, à toute idée de rendre le mariage public. Faut-il aller plus loin, et dire avec J. Godefroy que « les mariages clandestins étaient interdits à Rome[1] » ? Faut-il conclure avec le même auteur, des textes relatifs à la *deductio*, que « s'il s'agit d'exécuter la volonté des contractants, ou de qualifier l'affection qu'ils se portent, il n'est nullement besoin de la « deductio » ; mais que s'il s'agit au contraire de remplir la volonté de la loi ou d'un tiers, la « deductio » est absolument exigée ? » Nous ne le croyons pas. Et il faudrait, pour nous en convaincre, des textes plus clairs, plus précis que ceux qui paraissent s'attacher à cette idée, il faudrait surtout effacer des recueils toutes les dispositions qui décident, sans distinguer, que le mariage se forme valablement par la simple réalisation que les parties donnent à leur intention.

Si donc on laisse de côté quelques hypothèses très rares, la « deductio » ne paraît pas avoir été nécessaire

[1] J. Godefroy. Commentaire sur la loi 3 au Code Théodosien, III, 7, et loi 22. C. V. 4. — Voir aussi son Commentaire sur la loi 6, Code Théodosien, VII, 13. — « Clandestinæ proinde nuptiæ his verbis prohibentur, » dit-il. — *Cod. Theodos.* Lipsiæ, 1736, p. 322. Cf. p. 378.

à la formation du mariage. Ce n'est pas à dire cependant qu'elle ne fût pas usitée dans la plupart des cas, et que fort souvent son accomplissement ne marquât pas le début de l'union conjugale. C'est qu'en effet, emmener dans sa maison une femme dont on veut faire son épouse, c'est témoigner, de la façon la plus naturelle et la plus claire, qu'on entend dès maintenant l'associer à sa propre existence, c'est, à proprement parler, inaugurer la vie commune par un acte sensible et manifeste. Lors donc que cet acte se sera produit, s'il s'agit de déterminer le moment précis où a commencé le mariage, c'est le plus souvent, au moment même de la « deductio » qu'il faudra s'attacher.

Telle est l'exacte portée de deux textes qu'il faut citer. Le premier s'exprime en ces termes (fr. 6, C. V, 3) : « Une donation vous a été faite le jour de votre mariage, et on peut mettre en doute si celui qui vous l'a faite était alors votre fiancé ou votre mari. Il faut faire la distinction suivante : si c'est dans votre maison que vous avez reçu la donation, elle semble être antérieure au mariage : que si vous l'avez reçue de votre fiancé chez lui, il peut en réclamer le montant, vous étiez alors son épouse. » Qu'on remarque le mot *videatur*. Les empereurs n'affirment pas que la donation soit antérieure au mariage, c'est qu'en effet le mariage aurait pu, à la rigueur, commencer avant ou même sans la « deductio ». L'autre texte (fr. 15, D. XXXV, 1) donne une solution semblable dans une hypothèse différente : « Un legs a été fait à quelqu'un sous cette condition : si le légataire se marie dans telle famille. La condition est accomplie aussitôt que l'épouse a été conduite au domicile du mari, alors même qu'elle n'a pas encore pénétré dans ses appartements. Ce n'est pas en effet la cohabitation, mais le consentement qui fait le mariage. »

Ce texte fournit encore une preuve à l'appui de l'opinion qui ne considère pas la *deductio* comme une formalité nécessaire. Aussitôt après avoir décidé que, dans cette hypothèse, la *deductio* a marqué le moment précis de la formation du mariage, le jurisconsulte proclame que seul le consentement est exigé pour sa validité. Peut-on dire plus clairement que la *deductio* a seulement la valeur d'un fait qu'il est loisible aux parties d'omettre ou de réaliser ?

La même conclusion s'impose après la lecture d'un texte fort connu de Scævola, la loi 66. D. XXIV, 1. Le « principium » en est ainsi conçu : « Seia, qui devait épouser Sempronius à certain jour fixe, lui a donné tant de pièces d'or, avant d'être conduite au domicile de son mari, et avant la signature du contrat dotal, je demande si cette donation est valable. — Réponse : Le moment importe peu, que l'on considère celui de la « deductio », en supposant la donation antérieure, ou celui de la signature du contrat, car ces deux actes sont souvent postérieurs au mariage : voilà ce qui résulte des termes de la demande. Aussi la donation ne sera-t-elle pas valable, si elle n'est faite avant que le mariage soit contracté, et ceci est affaire d'intention. » La pensée du jurisconsulte est donc la suivante : Vous semblez considérer, que lorsqu'il y a « deductio », ou lorsqu'il est rédigé un écrit constatant le mariage, ces deux actes déterminent forcément le début du mariage : c'est une erreur, le mariage pourra commencer avant, si les parties le veulent. » Le jurisconsulte admet donc, sans hésiter, des hypothèses où la « deductio » est postérieure au mariage : elles sont même fréquentes, s'il faut l'en croire.

C'est le cas contraire que prévoit le paragraphe 1er, ainsi conçu : « Une jeune fille a été conduite dans des jardins appartenant à son futur époux trois jours avant que leur mariage n'y fût célébré : elle y a vécu dans un appartement séparé, et le jour du mariage, avant d'entrer chez son futur époux et d'y être reçue par l'eau et le feu (c'est-à-dire avant la célébration du mariage), elle lui a fait donation de dix pièces d'or : voici la question qui se pose : après le mariage, il y a eu divorce, le montant de la donation peut-il être répété? — Réponse : D'après les termes de la demande, c'est une donation avant mariage, par conséquent le montant n'en peut être retenu sur la dot. » Dans ce cas, le mariage est postérieur à la « deductio. »

Trois conclusions se dégagent de cette double décision de Scævola[1]. La première, c'est que la *deductio* n'est pas nécessaire à la formation du mariage, comme on l'a prétendu ; la seconde, c'est que la *deductio*, alors même qu'on y a recours, n'est pas le signe irrécusable de cette formation ; la troisième enfin, c'est que la volonté des parties est ici souveraine, et qu'il n'appartient qu'à elle seule de fixer le moment précis de la formation du mariage.

[1] On a parfois critiqué ce texte, en prétendant que les deux décisions qu'il donne sont contradictoires, et les partisans des divers systèmes en honneur sur la formation du mariage ont invoqué tantôt le « principium, » en rejetant le paragraphe, tantôt le paragraphe en rejetant le « principium. » D'autres, ont tout simplement déclaré que les deux décisions s'annulaient réciproquement (Sic Accarias, *Précis*, t. I, p. 177, note 1, *in fine*).

Tout ceci ne revient-il pas à proclamer comme nous le faisions en débutant que la loi ne règle pas la formation du mariage, que le mariage, à l'époque classique, est un simple fait, et non un acte juridique.

Cette idée trouve une dernière confirmation dans les textes relatifs au concubinat[1]. Ces textes, on le sait, n'établissent entre cette union et le mariage d'autre différence que celle qui résulte de l'intention des parties ou de l'affection qu'elles se portent. Or, quelque opinion qu'on se fasse du concubinat, qu'on le considère comme une sorte de mariage inférieur, ou comme une union réprouvée par la morale et condamnée par les bienséances, on ne peut contester qu'il trouve son fondement et son point de départ dans un fait dépouvu de tout caractère juridique. On n'a jamais soutenu, en effet, et l'on ne conçoit guère qu'un acte civil, de quelque nature qu'il soit, puisse lui donner naissance. Il en est donc de même du mariage. — Ce qui le démontre au surplus, c'est la manière dont les Romains entendent que le concubinat puisse se transformer en légitime mariage. Il suffit en effet, pour que cette transformation se produise, que les parties en aient l'intention arrêtée. Un homme et une femme vivent en concubinat. Le jour où naîtra entre eux l'affection conjugale, *affectio maritalis*, le jour où ils se donneront librement les noms respectés de *dominus* et de *domina*, le jour où cet ensemble de devoirs réciproques que les Jurisconsultes appellent *maritalis honor* viendra, par son accomplissement volontaire, relever le caractère de leurs re-

[1] Voir notamment fr. 4, D. XXV, 7. — Paul, sentent. II, 20. — fr. 31, pr. D. XXXIX, 5.

lations, ils se trouveront engagés dans les liens des justes noces. Dès lors la concubine prendra le rang qui appartient dans la société à l'épouse, elle jouira des dignités et des prérogatives de l'homme qui devient ainsi son époux. Leur seule volonté, en dehors de toute cérémonie, de tout acte juridique, a pu opérer cette métamorphose. Quant aux faits matériels par lesquels cette volonté s'est traduite et réalisée, la loi ne s'en occupe pas plus que des faits qui ont marqué le début du concubinat. Seul, le juge devra en apprécier la portée, si l'existence du mariage vient à être mise en doute.

La volonté des parties, ou, si l'on préfère, leur consentement, est donc le seul élément juridique que l'analyse la plus consciencieuse permette de découvrir dans la formation du mariage. Est-ce à dire que le mariage se forme par le seul consentement, comme la vente ou le mandat, est-ce à dire qu'il faille le ranger au nombre des *contrats consensuels* ou pour parler un langage plus romain, au nombre des simples pactes?

Les Romains ne l'ont jamais pensé. Le mariage à Rome n'est pas une convention, qui ait pour but de donner naissance à des *obligations*. Qu'un accord de volonté soit nécessaire à sa formation, c'est hors de doute, mais là n'est pas la question. Le point important, c'est que cet accord de volontés n'a pas pour but de produire des obligations. Le but que deux personnes, qui conviennent de s'unir en légitime mariage, se proposent d'atteindre, est plus rapproché, plus immédiat; elles veulent établir entre elles deux des relations d'une nature particulière, qui se résument dans un mot le *consortium*. Elles veulent unir leurs deux existences au point qu'elles n'en fassent plus qu'une seule. Des obligations, et des obligations nombreuses, naîtront entre elles de ce concert de deux vies. La loi les sanctionnera : mais, qu'on y prenne garde, elles ne seront qu'une conséquence de la vie commune établie par le mariage. On ne se mariait pas à Rome, à l'époque du droit classique, en vue de s'assurer, par une sanction juridique, la fidélité d'une femme, ou en vue de conserver le droit de reprendre le montant des donations qu'on pourrait lui faire dans un moment d'égarement. — Et cela est si vrai que la loi romaine n'a pas toujours reconnu l'existence des obligations qui peuvent ainsi résulter du mariage. On l'a vu dans la première partie de cette étude, le mariage romain n'a, durant une longue période de temps, produit que des effets directs et immédiats, ceux qui se résumaient dans l'établissement de la puissance et de l'agnation entre les époux.

Ce n'est pas tout. Il existait, même à Rome, une certaine liberté des conventions. Les parties pouvaient modifier, à leur gré, dans de certaines limites, les effets de leurs contrats. On n'a jamais pu modifier les effets du mariage. La loi les a toujours définis de telle sorte qu'on ne pût s'y soustraire.

Le mariage n'est donc pas un contrat. C'est une « pratique de vie », a-t-on dit dans un style plus exact qu'élégant[1], c'est un état de vie, une condition sociale, pourrait-on dire, — « c'est un rapport continu entre deux existences, » a dit en fort bons termes notre savant maître, M. Labbé[2].

Il s'en faut donc de beaucoup que les Romains aient

[1] Thèse de doctorat sur le mariage.

[2] Appendice II sur le premier vol. de l'explication des Instituts

jamais considéré le mariage comme une sorte de contrat consensuel, ou de pacte. Le consentement des parties y joue en effet un rôle un peu différent de celui qu'il remplit dans ces contrats. S'il est exigé, c'est comme condition du mariage, au même titre que le consentement des parents, lorsqu'il est nécessaire, au même titre que la puberté. Ce consentement n'est pas ici, à proprement parler (qu'on nous permette cette expression) l'agent même de la formation du mariage. C'est là une distinction qui peut paraître subtile : elle n'est pas inexacte. Une courte comparaison aidera peut-être à la saisir.

Les fiançailles, dans le droit classique, sont un pacte[1]. L'obligation réciproque de se prendre pour époux naît du seul échange des consentements. « Sufficit nudus consensus ad constituenda sponsalia » dit Ulpien. (Fr. 4, pr. D. XXIII, 1). Voilà qui est clair. Que l'on compare à ce texte, celui de Justinien qui dit : « ex affectu omnes introducuntur nuptiæ ». (Fr. 26. C. V, 4), ne saisit-on pas une nuance entre les deux expressions? L'affection conjugale d'où résulte le mariage, n'est-ce pas plus que le simple consentement, *nudus consensus ?* N'est-ce pas comme un commencement d'exécution donné à la volonté des parties? C'est là un fait moral, qui peut, comme le fait matériel de la « deductio », ou d'une célébration religieuse, marquer le début du mariage, être,

d'Ortolan (12e édit. p. 684 et suiv.). — M. Labbé a démontré cette vérité juridique à l'aide d'autres textes empruntés notamment à la théorie du *postliminium* en cas de mariage.

[1] Depuis la loi Julia qui donne le droit de cité à tous les Latins. Accarias, I, 174, note 1. — Jusque-là elles se contractaient par stipulation.

comme on disait, il n'y a qu'un instant, l'agent de la formation du mariage.

Mais d'autre part, comme ces faits, moraux ou matériels, n'ont pas un caractère juridique, qu'ils ne sont déterminés que par la volonté souveraine des époux, on ne saurait en vérité critiquer le langage des Jurisconsultes, lorsqu'ils disent, comme ils le font en maint endroit, que le mariage se forme par le consentement. Partant de cette idée, nombre d'interprètes ont cru pouvoir donner à la forme de mariage qui nous occupe, le nom de « mariage consensuel ». Nous ne l'avons pas employé, au cours de cette étude, car il ne nous paraît pas répondre d'une façon tout à fait exacte, aux idées romaines en matière de mariage.

Les notions qui précèdent trouvent une application intéressante dans deux décisions consignées au Digeste qui suffiraient, à elles seules, à nous empêcher de voir dans le mariage, ne fût-ce que l'apparence d'un contrat consensuel. Les contrats qui se forment par le seul consentement ont en effet ce principal avantage sur les autres contrats, qu'ils peuvent se conclure entre absents, au moyen de lettres, ou par l'intermédiaire d'un messager. Aussi Ulpien (fr. 4, D. XXIII, 1), aussitôt après avoir proclamé la règle que les fiançailles résultent du seul consentement des parties, en tire-t-il immédiatement cette conséquence logique, qu'elles peuvent se conclure entre absents : « Ceci, ajoute-t-il, se voit même tous les jours ». On sait qu'il n'en est pas de même du mariage, et que pour des raisons peut-être étrangères à sa nature, il ne saurait se produire entre absents que dans un seul cas, et encore à l'aide de la « deductio in domum mariti ».

Les contrats consensuels présentaient une autre particularité. De même que le consentement des parties suffisait à les former, ce même consentement suffisait à les dissoudre, tant que les obligations qui en étaient nées n'avaient reçu aucun commencement d'exécution. Le mariage au contraire pouvait bien se briser par un divorce, et ce divorce pouvait n'avoir d'autre fondement que l'accord des parties, « bona gratia » [1]. Mais le mariage n'était pas rétroactivement résolu par ce divorce, comme l'eût été la vente ou le louage par le *mutuus dissensus;* certains de ses effets étaient ineffaçables. Cela s'explique d'autant mieux, que le divorce ne peut briser l'union conjugale, qu'alors qu'elle existe, et que celle-ci n'existe en réalité qu'après que les parties ont commencé de réaliser en fait leur intention de s'unir.

C'est cette dernière considération qui a décidé certains interprètes à voir dans le mariage, par une sorte d'excès contraire, un contrat réel. A les entendre, le mariage se formerait *re*, pour employer le langage habituel des juristes en matière de contrats réels. Le fait, rigoureusement déterminé, qui lui donnerait naissance, serait la tradition : c'est la femme qui en serait l'objet [2].

C'est là, certes, une opinion ingénieuse, au service de laquelle un des plus savants romanistes de ce siècle a déployé toutes les ressources d'un esprit et d'un talent supérieurs. Nous ne saurions pourtant l'admettre. Le

[1] Justinien supprima le divorce « bona gratia. » Nov. 117, c. 10.

[2] Ortolan, Thémis, tome X, p. 496, et s. — Explication des Institutes, tome I. — M. Labbé repousse cette manière de voir. — Appendice II, (12e édit. premier vol.)

mariage, en effet, n'est pas un contrat : comment pourrait-on le ranger au nombre des contrats réels ? Aucun texte n'avance qu'il se forme *re*, à l'image du « mutuum » ou du « commodat » : On ne compte pas, au contraire, les textes qui déclarent que le mariage se forme *consensu*. La femme, au surplus, ne peut plus, à l'époque classique, être considérée comme un objet susceptible d'être possédé, et par conséquent livré, si jamais les Romains l'ont considérée comme telle autrement que par fiction. Quant à la *deductio*, qui seule peut faire illusion, nous croyons en avoir déterminé, aussi exactement que possible, l'usage et la portée.

Aussi, pour toutes ces raisons, si péremptoires, auxquelles de longs développements n'ajouteraient que fort peu d'intérêt, doit-on repousser la doctrine qui voit dans le mariage un contrat réel, comme celle qui veut y trouver un contrat consensuel.

Et pour nous, la formation du mariage romain demeure un simple fait, réalisé par les parties comme elles l'entendent, sans que la loi y intervienne autrement que pour y apporter des entraves lorsqu'elle le juge convenable, ou pour en régler les effets.

On aperçoit dès lors le caractère spécial que devait revêtir la preuve du mariage. Ici encore toute latitude sera laissée aux parties : un simple fait, dépourvu de caractères juridiques, se prouve par tous moyens. — Cette règle, d'une parfaite logique, ressort de tous les textes, qui sont relatifs à la preuve du mariage. Un rapide examen de ces textes confirmera les données qui précèdent.

Qu'il fût souvent nécessaire de prouver le mariage,

il est à peine besoin de le dire. Tantôt c'était la date du mariage qu'il s'agissait d'établir, tantôt c'était seulement son existence. — Un homme et une femme, aujourd'hui mariés, se sont fait une donation, est-elle irrévocable? voici une hypothèse où il importera de fixer le début du mariage. — Un legs a été fait à quelqu'un sous cette condition, « s'il se marie » : ici au contraire il suffira de prouver l'existence du mariage. — On pourrait multiplier à l'infini ces hypothèses. Elles durent être surtout fréquentes à l'époque de l'application des lois caducaires.

Nous examinerons successivement deux sortes de preuve : la preuve par écrit et la preuve par témoins.

C'était un usage fort répandu, paraît-il, que celui qui consistait à rédiger des actes ou tablettes, ayant pour but de constater soit la constitution de dot, soit l'existence du mariage. On leur donnait différents noms : « Instrumentum dotale, instrumentum nuptiale, tabulæ dotales, tabulæ nuptiales, dotalia documenta, nuptialia documenta », toutes ces expressions se rencontrent dans les textes. Par là, les parties s'assuraient une preuve de leur mariage, preuve plus facile à administrer que la preuve par témoins. Et, comme ils avaient un caractère tout privé, que leur rédaction devait être fort simple, on comprend aisément qu'ils aient été si fréquemment usités. Ce qui le démontre, c'est cette erreur, souvent dissipée par les Jurisconsultes, que les écrits jouent un rôle nécessaire dans la formation du mariage. « Si tibi legitimis pactam junctamque tabellis, non es amaturus.... » dit Juvénal [1], traduisant ainsi la pensée du public, ignorant de

[1] Sat. VI.

la loi. Quintilien, qui n'était pas jurisconsulte, le réfute en excellents termes : « Rien n'empêche, dit-il, qu'un mariage ne soit légitime, comme les parties l'entendent, même si l'on n'a pas signé les tablettes. » Ces écrits, qui n'étaient pas exigés pour la formation du mariage, on l'a vu plus haut, n'étaient pas non plus nécessaires pour sa preuve. C'est ce qui résulte d'un texte où Gaïus indique bien leur valeur et leur portée. Il compare (fr. 4. D. XX. 1) le mariage et le pacte d'hypothèque : «... fiunt enim de his scripturæ, dit-il, ut quod actum est, per eas facilius probari possit, et sine his autem valet quod actum est, si habeat probationem. »

Il n'existait, naturellement, aucune règle, relativement à la forme de ces actes. La loi ne décidait pas qui devait y concourir, quand on devait les rédiger, en quels termes ils devaient être conçus. Le juge avait, sur tous ces points, un pouvoir souverain d'appréciation, et c'était à lui seul de décider si, tels qu'ils étaient représentés, ils constituaient une preuve suffisante.

Cependant, si l'on en croit St Augustin, en plusieurs passages de ses œuvres [1], ils devaient contenir habituellement l'attestation que le mariage était contracté « liberorum procreandorum causâ » antique formule, qui conservait, après bien des siècles, la trace d'une idée commune aux peuples primitifs, celle que le mariage n'a d'autre but que de perpétuer la famille, et d'assurer le maintien des traditions sacrées du culte domestique [2]. Peu à peu, cette idée avait cédé la place à une

[1] Notamment, *De nuptiis et concupiscentia*, libr. I. — *Sermo IX*.

[2] On attribuait pourtant le nom d'« uxor procreandum liberorum causa », spécialement à la femme qui n'était pas tombée « in manu

conception un peu différente du mariage. Aux premiers siècles de notre ère, on y voyait plutôt l'association de deux vies, l'union intime de deux personnes, le « consortium ». L'acte de Spurius Carvilius Ruga, répudiant une femme qu'il aimait, parce qu'elle était stérile, ne serait plus compris à cette époque. — On se rappelle, au surplus, que ces mots *liberorum procreandorum causâ*, se rencontraient aussi dans la formule d'attestation du mariage des Latins Juniens, désireux d'obtenir la cité romaine.

Quelques autres détails nous sont parvenus relativement à ces actes privés de mariage. C'est ainsi qu'une constitution (fr. 2, C. V, 1), décide qu'il n'est nullement nécessaire que le père de la future épouse y appose sa signature. « On ne pourra vous objecter, disent les empereurs à une femme nommée Trophima, que votre père n'a pas signé l'acte qui constate le mariage ».

C'est ainsi encore que, s'il faut en croire Scævola (fr. 66. D. XXIV, 1), ces actes étaient le plus souvent signés après le mariage; ce jurisconsulte en tire même cette conséquence qu'il ne faut pas se référer au moment de la signature pour fixer la date du mariage.

On peut se demander en dernier lieu quelle était exactement la valeur de cette preuve. D'après les textes, elle établissait le fait que l'on voulait démontrer jusqu'à preuve contraire, et la preuve contraire pouvait se faire par témoins. On ne dérogeait pas ici à la règle

mariti. » — V. M. Labbé, Nouvelle Rev. Histor. — Janvier Févr. 1887, p. 19. *Du mariage romain et de la « manus. »*

écrite au Code (fr. 15. C. IV, 21). « In exercendis litibus, eamdem vim obtinent tam fides instrumentorum, quam depositiones testium ». C'est qu'en effet, pour employer le langage de Papinien (fr. 31, pr. in fine D. XXXIX, 5), « l'écrit ne fait pas le mariage » — « Un écrit rédigé, sans qu'il y ait eu mariage, ne saurait suffire à le prouver, puisque la réalité le contredit, » disent encore les empereurs Dioclétien et Maximien (fr. 13, C. V, 4) « Qu'importe, dit enfin Quintilien (Instit. Orat. V, 11), qu'on ait signé un acte de mariage, s'il est prouvé qu'il n'y a pas eu intention chez les parties de contracter mariage ».

Tous ces textes supposent qu'on a prouvé l'existence du mariage à l'encontre d'un acte écrit. On peut s'étonner que l'on ait été tenté si souvent de confectionner après coup un acte relatant l'accomplissement d'un fait qu'on n'avait pas réalisé. Les lois caducaires en furent peut-être la cause principale. La simulation d'un mariage dut être l'une des fraudes, les plus simples et les plus aisées, qui permettaient d'échapper à certaines des peines édictées par ces lois.

C'est un point assez curieux à noter que les signataires de l'acte paraissent avoir pu prouver eux-mêmes qu'il était mensonger. Une espèce, rapportée aux réponses d'Adrien (§. 11) le démontre. — Une femme soutenait que la distribution d'argent (congiarium) due à son fils, avait été touchée par un tiers. Celui-ci, se disant le père de l'enfant, prétendait avoir droit à cette distribution, et il invoquait à l'appui de sa demande des « tabulæ nuptiales » qui constataient son mariage avec la plaignante. Celle-ci se défendit en alléguant qu'elle avait seulement signé un acte de mariage, mais qu'elle n'avait pas épousé cet homme « tabulas solum conscripsisse, nuptam autem non fuisse ». Elle prouva son dire, et son adversaire dut alors prouver que l'enfant était bien son fils. Il n'y parvint pas, et Adrien lui ordonna de restituer la distribution.

La preuve du mariage par un acte écrit acquit sous Justinien une importance nouvelle ; cet empereur, jaloux d'assurer dans certains cas la preuve du mariage, la rendit parfois obligatoire.

C'est ce qu'il fit notamment en ce qui concerne le mariage des comédiennes, retirées du théâtre, et celui de leurs filles. Justinien achève de lever, dans la loi 23, C. V, 4, les prohibitions qui pesaient sur leur mariage avec certaines personnes appartenant aux classes les plus élevées de la société. Mais en retour de cette liberté qu'il leur rend, il exige que leur mariage soit en tous cas prouvé par un « instrumentum dotale » « dum tamen omnimodo dotalibus instrumentis non sine scriptis tale probetur conjugium ».

A en croire Justinien (*ibidem*) la même prescription eût été imposée par d'anciennes lois, à tout mariage entre personne d'inégale condition, mais c'était là un point douteux en droit, il l'avoue lui-même, et il coupe court à toute difficulté, en supprimant cette exigence.

Mais par la suite, sentant de nouveau la nécessité d'assurer la preuve du mariage dans le plus grand nombre de cas possible, il rétablit la même règle pour le mariage des personnages ayant rang d' « illustres » par la novelle 74, cap. 4. « Les lois anciennes, dit-il, ont proclamé, et nous avons établi nous-mêmes que le mariage serait valable et parfait par le seul consentement, en dehors de tout acte dotal : mais notre empire s'est trouvé rempli de mariages simulés, car des témoins interviennent qui mentent en toute sécurité, et affirment que l'homme nommait la femme *domina*, que la femme donnait à l'homme un nom analogue..... » Les sénateurs, les « illustres » ne pourront en conséquence se marier sans rédiger un acte écrit, constatant l'apport d'une dot et d'une donation « ante nuptias ». D'autre part, les soldats, les laboureurs et d'une façon générale tous les pauvres gens continueront de se marier comme auparavant, sans acte écrit.

La même novelle établissait en même temps un mode de preuve assez curieux, à l'usage des personnes qui, appartenant à l'armée où elles occupaient des grades importants ou à certaines professions relevées, ne voulaient cependant pas rédiger d' « instrumentum dotale ». Dans ce cas les futurs époux étaient tenus de se présenter dans une église, devant le *defensor ecclesiæ*, et celui-ci constatait devant trois ou quatre clercs faisant office de témoins, qu'à telle date les parties s'étaient présentées devant lui, et avaient contracté mariage. Cette constatation était couchée par écrit, signée des parties, du « defensor » et des témoins, et elle était déposée dans les archives de l'Eglise.

Cette disposition fut bientôt abrogée par la novelle 117 (cap. 4), laquelle ne maintînt que l'obligation de constater le mariage par « instrumentum dotale » et seulement pour les sénateurs et les illustres. Toutefois il est intéressant de voir dans cette disposition de Justinien comme une application prématurée du système de preuve admis pour le mariage par nos lois modernes. Présence des futurs époux, assistance des témoins, concours d'un officier public, rédaction, signature et conservation d'un acte de mariage, on retrouve ici tous les éléments nécessaires à la constitution des actes de l'Etat Civil.

Il est à remarquer que dans ces cas exceptionnels où Justinien crut devoir exiger que le mariage fût prouvé par écrit, cette prescription aboutissait en somme à exiger la confection d'un acte écrit pour la formation du mariage. Un fait que l'on ne peut invoquer en justice, dont le juge devra nier l'existence, en l'absence de certaines preuves, ne saurait en effet produire aucune conséquence juridique. Le langage même de la loi (nov. 117, cap. 4 in fine) en donne une preuve, puisque, après avoir dit que l'acte écrit n'est exigé que pour la preuve, elle ajoute que les personnes qui échappent aux prescriptions de la loi, pourront comme auparavant se marier « ex solo affectu ». C'est cette même idée qui ressort des paroles de Gaïus (loi 4, D. XX, 1), lorsqu'il dit qu'un acte, mariage ou pacte d'hypothèque, est valable « si habeat probationem ».

Telle nous apparaît la preuve de mariage par écrit; à son défaut c'était à la preuve testimoniale qu'on avait recours.

Celle-ci est de deux sortes : — Tout d'abord, il arrivait le plus souvent que le mariage fût célébré solennellement en présence des parents, des amis de chacune des deux familles. L'existence du mariage était-elle plus tard mise en doute? Ceux-ci pouvaient attester en justice que les intéressés s'étaient unis, et qu'ils avaient même voulu traduire aux yeux de tous l'échange de leurs consentements par des cérémonies sacrées. On peut croire que, dans ce cas, non-seulement l'existence, mais aussi le plus souvent, la date du mariage se trouvait établie d'une manière certaine. Plus d'un des textes que nous avons cités fait allusion à ce mode de preuve du mariage.

Mais en admettant même que le mariage se fût formé sans le concours de ces solennités, la preuve testimoniale pouvait encore suffire à le prouver. — Un homme et une femme vivent publiquement en état de mariage. Ils ont l'un pour l'autre les égards que comporte cette union ; chacun a pu le constater, et pourra, le jour où besoin sera, en rendre témoignage.

C'est là le mode de preuve que le langage des lois modernes appelle la preuve par possession d'état. Preuve qui est aujourd'hui considérée comme dangereuse, car ce sont les époux qui se la créent à eux-mêmes. On ne saurait la critiquer dans une législation qui laisse aux époux le soin de réaliser à leur gré l'union dans laquelle ils entendent vivre. Que les Romains aient connu ce moyen de prouver le mariage, c'est ce qui résulte du fr. 9. C. V. 4. « Au vu et au su de vos voisins, ou d'autres personnes, vous avez eu dans votre domicile une femme légitime dans le but d'engendrer des enfants, et une fille est née de cette union ; bien que vous n'ayez pas rédigé d'acte écrit à l'occasion du mariage, ou de la naissance de votre enfant, l'existence de votre mariage, la naissance légitime de votre fille ne s'en trouve pas moins établie ». Justinien, dans un passage de la nov. 74, que nous avons cité, fait aussi allusion à ce mode de preuve du mariage.

Dans quelques cas cependant le juge devra tenir compte de certains indices, en dehors même des faits prouvés par témoins. Il peut en effet devenir fort délicat de distinguer le concubinat du mariage. C'est le cas que prévoit Papinien (fr. 31, pr. D. XXXIX, 5). Il suppose qu'un homme et une femme ont d'abord vécu en concubinat, puis se sont mariés. Il peut être difficile de décider à quel moment le mariage a commencé. Il faudra dans cette hypothèse s'attacher non-seulement à la nature et au caractère de leur union, mais comparer le rang qu'occupent les deux intéressés dans la société, « personis comparatis ». — La loi 24, D. XXIII, 2, fournit une règle plus générale : « Les relations avec une femme libre doivent faire présumer le mariage, non le concubinat, à moins qu'elle ne se soit vendue ». — De même la loi 3 pr. D. XXV, 7, décide qu'une femme ingénue, et de vie honorable ne saurait s'unir en concubinat, sans une déclaration spéciale faite devant témoins. En l'absence de cette preuve particulière, elle sera présumée vivre en état de mariage, à moins qu'il n'y ait « stuprum », ce qu'il faudra prouver.

Faut-il aller plus loin et dire avec certains interprètes que toute union entre personnes d'égale condition fera présumer le mariage. Cela serait peut-être raisonnable ; mais en l'absence de textes, une pareille affirmation nous parait trop hardie. On a bien invoqué à ce propos une constitution des empereurs Théodose et Valentinien (fr. 22, C. V, 4). C'est à tort, selon nous, le texte n'entend dire qu'une chose, c'est qu'il n'existe pas d'empêchement au mariage de deux personnes de condition égale. Il fait allusion à certains empêchements qui ont existé fort longtemps à Rome entre certaines personnes de condition supérieure comme les sénateurs, et d'autres personnes de condition vile, telles que les femmes de mauvaise vie... On peut d'autant moins conclure de ce texte qu'il y a présomption de mariage entre personnes de condition égale, qu'il semble bien exiger que dans cette hypothèse même le mariage soit prouvé par témoin « amicorum fide firmatur ».

Faut-il voir dans ces textes la trace de véritables présomptions légales ? Nous ne le croyons pas. A les entendre, il semble que ce soit plutôt de simples indications données au juge, et dont il doit seulement tenir tel compte que de raison. Il est manifeste en tous cas que de telles présomptions succomberaient certainement devant la preuve contraire.

Ici s'arrêtent les données qu'il nous appartenait de reproduire sur la preuve du mariage en droit romain. Si sommaires qu'elles soient, on s'aperçoit aisément que, sauf les dispositions exceptionnelles et tardives de Justinien, tout ce qui concerne la preuve est en corrélation directe avec la doctrine que nous avons exposée relativement à la formation du mariage. Il ne nous reste donc plus qu'à tirer de cette étude une conclusion très générale.

Les Romains sont arrivés par une série de transitions plus ou moins lentes à se faire une théorie très simple de la formation et de la preuve du mariage. Théorie que l'on pourrait qualifier de négative, car elle ne tend à rien moins qu'à laisser ces questions dans le domaine des faits, en les excluant du domaine purement juridique. Liberté absolue laissée aux parties, abstention volontaire et calculée de la loi, telles sont les deux idées qui se dégagent des textes du Corpus Juris . Elles dominent toute cette matière et inspirent les décisions des jurisconsultes et des empereurs.

C'est faute de les avoir envisagées assez franchement, qu'on s'est parfois abusé sur la nature du mariage romain, que souvent on a voulu en faire un acte juridique, tantôt sous l'apparence trompeuse d'une sorte de célébration publique, tantôt sous la forme plus simple d'un contrat réel ou consensuel.

Il faut bien le dire, toutes les idées modernes, que nous considérons comme autant de principes, conspirent pour maintenir une semblable illusion. Peut-on concevoir aujourd'hui le mariage sans l'intervention d'un officier public, sans une *célébration* quelconque, sans un caractère de publicité certaine? Peut-on admettre que son existence soit abandonnée au caprice des parties, sa preuve livrée aux incertitudes des témoignages privés, aux hasards de la possession d'état? Une nation policée a-t-elle pu jamais s'accommoder d'un pareil ordre de choses? Les objections s'élèvent en foule contre la doctrine que nous croyons être la seule romaine, et aussi les reproches[1]... Chose curieuse! on s'imagine volontiers que de tout temps, dans notre société, le mariage a revêtu ces caractères qui nous semblent indispensables aujourd'hui à sa sauvegarde.

On verra qu'il n'en est rien. Et quand on aura constaté qu'il n'y a guère plus de trois siècles, un simple

[1] Ces reproches sembleront moins mérités, si l'on réfléchit que l'institution du divorce, telle qu'elle était comprise et pratiquée dans l'empire romain, faisait du mariage une union, le plus souvent temporaire, que la seule volonté des parties pouvait dissoudre, en tous cas, de même qu'elle suffisait à l'établir.

échange de consentements, fût-il tenu secret, suffisait, même aux yeux de l'Église, pour unir nos ancêtres en légitime et indissoluble mariage, on sera peut-être plus disposé à comprendre, à apprécier, et si l'on veut, à excuser le législateur romain.

Ce sera, ce semble, un spectacle intéressant, que de voir ainsi notre ancien droit français servir à expliquer et à juger le droit romain.

DROIT FRANÇAIS

AVANT-PROPOS

Comment se forme juridiquement le mariage entre personnes capables? telle est la question qui fait l'objet de cette étude. Question très-facile à résoudre de nos jours, mais qui a présenté jadis quelques difficultés. Non-seulement la réponse qu'il y faut faire varie aux différentes époques de l'histoire de France, mais la question elle-même se présente sous des aspects divers.

Au moyen âge, le mariage se forme entre personnes capables par un simple échange de consentements. — La question relève du droit canon ; il suffit d'interroger ses textes pour en trouver la solution.

Depuis la fin du XVI*e* *siècle, il se forme par une célébra-*

tion publique, en présence d'un ministre de la religion.— A cette époque, la question relève tout à la fois du droit canon et du droit civil. On n'en peut découvrir la solution qu'en consultant les dispositions combinées du concile de Trente et des ordonnances et les arrêts rendus par les parlements.

Au XVIIIe *siècle, il se forme pour toute une classe de la société, les protestants, tantôt par une célébration clandestine, tantôt par un simple échange de consentements.—Ce sont les faits eux-mêmes qu'il faut scruter : la loi est muette, ou ses dispositions ne sont pas appliquées.*

Depuis la Révolution, le mariage se forme par une célébration publique accomplie par un officier civil.— La question ne relève plus que du droit civil. Un décret de 1792 *et quelques articles du code civil y ont pourvu.*

Toutes ces solutions, en apparence si différentes, se relient entre elles. Il ne sera pas toujours aisé d'en découvrir l'enchaînement. Pour y parvenir, on devra noter certains faits qui pourront au premier abord paraître s'écarter de l'histoire juridique. Il ne faudra pas s'en étonner. Une institution telle que le mariage tient autant aux mœurs et à la religion d'un peuple qu'à son droit civil. Son histoire juridique ne peut donc se borner à l'étude des lois civiles qui l'ont réglée, et des arrêts qui ont appliqué ces dernières. On ne peut, en pareille matière, sous peine d'avoir une vue non-seulement incomplète, mais inexacte des faits de l'ordre juridique, laisser de côté certains faits de l'ordre moral ou religieux, qui ont exercé une influence décisive sur le développement du droit.

L'attrait et l'utilité que peut présenter une étude telle que celle qui a été entreprise, se résument dans ce mot très-sage d'un éminent historien du droit français : « L'homme, quoi qu'il fasse, se débat dans son passé[1]. »

[1] P. Viollet. *Précis de l'Histoire du droit français*, avant-propos, p. VII — Notre sujet a déjà été traité en partie par un savant professeur de la Faculté de Nancy, M. L. Beauchet, dans une série d'articles publiés dans la nouvelle Revue historique du droit français et étranger, 1882, et réunis sous ce titre : « *Etude historique sur les formes de la célébration du mariage dans l'ancien droit français*. Paris. 1883, Tout en utilisant ce travail, nous avons dû repousser plusieurs de ses conclusions.

ÉTUDE HISTORIQUE

SUR LA

FORMATION DU MARIAGE

CHAPITRE PREMIER

LE MARIAGE CANONIQUE

A partir d'une certaine époque qu'on peut fixer vers le IXe siècle de notre ère, on ne rencontre en France qu'un seul mariage, le mariage chrétien[1]. En cette matière, l'Église a substitué sa propre loi à toutes celles qui ont régi jusque-là les habitants de l'ancienne Gaule, au droit romain aussi bien qu'aux coutumes germaines. C'est donc dans les maximes du droit canon qu'il faut aller chercher les origines immédiates de nos lois sur le mariage.

Au IXe siècle, ce droit existe : il ne forme peut-être pas encore un vérit[able] [c]orps de doctrine. Mais aux

[1] V. P. Viollet. Précis de l'histoire du Droit Français, p. 335.

siècles suivants, il va tout à la fois se développer et se préciser, à la faveur d'un travail scientifique dont les deux recueils de Gratien et de Grégoire IX demeurent les principaux monuments. Nous ne rechercherons ni comment son domaine s'est étendu sur le mariage, ni à quelles sources il a puisé les premiers principes de sa législation relative à cette institution[1]. Deux points feront seulement l'objet de ce premier chapitre : quelle est la théorie juridique du droit canon en ce qui concerne la formation du mariage? — Quels caractères revêt en France la célébration du mariage avant le Concile de Trente?

I

De la formation juridique du mariage en droit canon.

L'Église, à sa naissance, n'a vu dans le mariage que l'accord de deux consentements. Pas plus que le législateur romain, elle ne paraît avoir exigé au début que cet accord fût conclu dans une forme solennelle, d'un caractère religieux ou juridique, ou qu'il se fût manifesté par un commerce charnel. — « Matrimonium quidem non facit coïtus, sed voluntas » disait au IVe siècle saint Jean Chrysostôme[2]. — « Cum initiatur conjugium, tunc conjugii nomen adsiscitur, non enim defloratio

[1] La principale, sinon la seule, est incontestablement le droit romain.

[2] Homil. 32 in Mathæum.

virginitatis facit conjugium, sed pactio conjugalis. Denique cum jungitur puella conjugium est, non cum virili admixtione cognoscitur », écrivait saint Ambroise[1] à la même époque. — « Conjux vocatur a prima fide desponsationis » disait à son tour, au commencement du ve siècle, saint Augustin[2], l'éloquent apologiste du mariage chrétien. — « Conjuges verius appellantur a prima desponsationis fide, quamvis adhuc ignoretur inter eos conjugalis concubitus » répétait saint Isidore[3] au VIIe siècle. — Au IXe siècle, le pape Nicolas Ier dans son Épître aux Bulgares où il résume les principales règles de la discipline observée par l'Église romaine ne tient pas un autre langage. Il énumère les cérémonies dont le mariage chrétien s'entoure d'habitude, puis il ajoute : « Sufficiat secundum leges solus eorum consensus, de quorum conjunctionibus agitur. Qui consensus si in nuptiis solus forte defuerit, cætera omnia etiam cum ipso coïtu celebrata frustrantur[4] ».

Le consentement des parties est donc seul nécessaire et suffisant pour former le mariage[5]. C'est à peu de chose près, l'idée romaine que l'Église emprunte au droit des jurisconsultes et des empereurs[6], et qu'elle

[1] De Instit. Virg. c. VI.

[2] De nuptiis et concupiscentiâ, I, 11.

[3] Etymologiarum IX, 7.

[4] Labbe et Cossart. *Collection des Conciles* t. VIII, col. 517.

[5] Les textes emploient indifféremment les expressions « sponsus » et « maritus », « conjux » et « sponsa » — V. par exemple un texte de Saint-Cyprien : « Si superveniens maritus sponsam suam jacentem cum altero videat, nonne indignatur, et fremit.... ? » — Décret Grat. 2a pars, c. 27, qu. 1, c. 4.

[6] Cette infiltration du droit romain dans le droit canon, apparait par exemple sous une forme matérielle, dans la reproduction au

perpétue à travers les âges. Peut-on s'en étonner, si l'on réfléchit que l'Église est née en pays romain, qu'elle a grandi à l'ombre de l'empire, qu'il existait une loi du mariage là où elle commença d'enseigner les préceptes de l'Évangile, et que ceux-ci, pour ce qui est de la formation du mariage, ne contredisaient pas celle-là ? Lors donc que saint Jérôme [1], parlant du mariage, avait dit : « Aliæ sunt leges Cæsaris, aliæ Christi ; aliud Papinianus, aliud Paulus noster præcipit », ce n'était pas le principe qui préside à sa formation qu'il entendait combattre.

Mais ce principe, si ancien et si respectable, si conforme aux données les plus élémentaires de la raison qu'il fût, vint à être contesté. Gratien lui-même dans son Décret ne parait pas l'admettre au XIIe siècle. A ses yeux, le mariage n'est parfait, « ratum » que lorsque les époux l'ont consommé. Après l'échange des consentements, il n'est en quelque sorte que commencé « initiatum ». — « Sponsæ conjuges appellantur spe futurorum, non re præsentium [2] ». — Ce qui prouve que le mariage, tant qu'il n'est pas consommé, n'est pas véritablement formé, dit-il, c'est que l'Église permet alors à chacune des parties de se démettre de son engagement, pour se consacrer à la vie religieuse, même contre le gré de l'autre. Ainsi fit saint Macaire qui, le soir même de son mariage, au moment de pénétrer dans la chambre nuptiale, s'enfuit dans le désert de la Thébaïde, où il

Décret de Gratien, d'un texte emprunté à Julien, dans son Epitome des novelles de Justinien. (Décr. Grat. 2a p., c. 30, q. 5, c. 9.)

[1] Epitre 84, aliàs 30.

[2] Décret Grat. 2a pars c. 27, q. 2, sur les c. 34 et 45.

vécut en ascète. Ainsi fit saint Alexis qui, appelé par la grâce divine le jour de ses noces, quitta son épouse, et commença de servir le Christ[1]. Les papes Eusèbe et Grégoire n'ont-ils pas décidé qu'une fille, déjà engagée par une promesse pouvait entrer au monastère[2]? — Ce qui le prouve encore, c'est la décision que donne l'Église dans une autre hypothèse qui demande quelques explications. On sait que l'Église aux premiers siècles, voyait les secondes noces avec quelque défaveur. Aussi, avait-elle, à plusieurs reprises, défendu que ceux qui auraient été mariés deux fois, ou qui auraient épousé une veuve, fussent élevés par la suite aux ordres sacrés[3]. Or il résulte d'une décrétale du pape Pélage que la seconde de ces dispositions ne s'appliquera pas, si la femme qui s'était ainsi remariée, était demeurée veuve de son premier mariage, avant de l'avoir consommé [4]. Gratien semble conclure de là que l'Eglise ne considère pas comme légitimement mariés, ceux qui n'ont fait qu'échanger leurs consentements. Mais cette conclusion, les papes dans leurs décrétales, non plus que les conciles dans leurs canons, ne semblent se l'être appropriée [5]. Gratien cite, il est vrai, deux textes qui parais-

[1] C'est Gratien qui parle ainsi. — Décret 2a pars, c. 27, q. 2, sur le c. 26.

[2] Ibid, c. 27 et 28. — Après la consommation, la séparation des époux n'est plus possible que si elle s'accomplit de leur consentement réciproque, et que tous deux embrassent la vie religieuse — ibid. c. 19, 20, 21, 22, 23, 24, 25, 26 — qu. 5, c. 1, 3, 4, 6 etc.

[3] V. Décret Grat. 1a p. Distinct. 34, c. 13 et 14, notamment — Cf. Saint-Paul, Ie ép. à Timothée, III, 2.

[4] Décret Grat. 1a p. dict. 34, c. 20.

[5] Voir pourtant une décrétale d'Alexandre IV qui semble faire allusion à des décisions contraires. — Décret Grég. IX, IV, 3, c. 3

sent la consacrer, mais le premier est l'un de ces nombreux témoignages que les canonistes de cette époque n'hésitaient pas à composer de toutes pièces pour les besoins de leur cause. Il est, comme la plupart de ses semblables, attribué à St-Augustin, mais les « correctores romani » avouent ne l'avoir pas rencontré dans les œuvres de ce saint [1]. Quant au second, qui appartient au pape Léon Ier, Gratien a pris soin d'y introduire une négation qui en dénature le sens et la portée [2].

Quant à ces deux règles de la discipline ecclésiastique, dont il prétend tirer argument en faveur de son système, il est facile de les expliquer sans bouleverser toute la théorie de la formation du mariage. L'union des corps crée en effet un lien de plus, et le plus intime qui soit, entre les époux, elle achève et complète en

« Quamvis aliter a quibusdam prædecessoribus nostris sit aliquando judicatum » dit-elle. — A vrai dire, il s'agit là d'un cas un peu spécial, qui sera expliqué plus loin.

[1] On ferait un volume des textes qui couraient alors sous le nom de saint-Augustin. Le décret de Gratien en est rempli. Nous en rencontrerons deux autres par la suite. — Décret Grat. 2a p., c. 27, q. 2 c. 51. — Ibid. c. 30, q. 5, c. 4 (Capit. de Benedictus Levita, VII, 179.)

[2] Décret Gratien 2a p. c. 27, q. 2, c. 16 et 17, ainsi conçus : « non est dubium illam mulierem non pertinere ad matrimonium, cum qua commistio sexus non docetur fuisse » — « Cum societas nuptiarum ita a principio sit instituta, ut præter commistionem sexuum (non) habeant in se nuptiæ conjunctionis Christi et Ecclesiæ sacramentum, non dubium est illam mulierem non pertinere ad matrimonium, cum qua docetur non fuisse nuptiale ministerium. » — Gratien obéit évidemment à un parti pris ; on en trouvera une nouvelle preuve dans la série de textes, tous apocryphes tronqués ou falsifiés, qu'il invoque à l'appui de sa distinction entre le mariage « initiatum » et le mariage « ratum ». Ibid. c. 35, 36, 37, 38.

quelque sorte l'union des esprits et des cœurs. C'est seulement après qu'elle s'est produite, que le mariage réalise ce type suprême dépeint par ces mots de l'Ecriture, répétés par St-Paul : « Et erunt duo in carne unâ[1] ! » Quoi d'étonnant, si l'union déjà indissoluble, devient plus étroite encore? L'homme et la femme ne peuvent plus se donner à Dieu, que tous deux ensemble, et de leur consentement réciproque, car c'est alors surtout qu'on peut répéter ces paroles de l'Apôtre : « Le corps de la femme n'est plus à elle, mais à son mari, de même que le corps du mari ne lui appartient plus, mais appartient à sa femme ».

Ce n'est pas tout. Si le mariage n'était pas valablement formé avant sa consommation, il faudrait admettre qu'un mariage publiquement et solennellement célébré, celui-là même que Gratien qualifie quelque part de « ratum » et de « legitimum[2] » n'a pas d'autre valeur qu'une simple promesse réciproque, qu'il peut se dissoudre... Personne n'a jamais osé le soutenir.

Quoi qu'il en soit, il est certain qu'à l'époque où Gratien rédigeait son Décret, c'est-à-dire vers le milieu du XIIe siècle, la doctrine qui ne voit dans la formation du mariage que l'échange de deux consentements ne rassemblait pas tous les suffrages. Quelques années plus tard, elle ne pourra plus être contestée.

C'est surtout aux papes Alexandre III et Innocent III, qui occupèrent la chaire de St-Pierre, le premier de 1159 à 1181, et le second depuis 1198 jusqu'en 1216,

[1] Genèse, 2. — Paul, Ephes. V. 31.
[2] Décret Grat, 2a p., c. 28, q. 1, c. 17 (v. la glose.)

qu'il appartînt de la fixer, et d'en préciser toutes les applications. Il suffit, pour s'en rendre compte, de feuilleter le recueil de Grégoire IX. — Pour eux, comme pour le pape Nicolas Ier, trois siècles et demi plus tôt, le mariage résulte du seul consentement : « Sufficit solus consensus » répètent-ils après lui, empruntant les termes mêmes de la *Consultation aux Bulgares* [1]. « Matrimonium solo consensu contrahitur » dit encore Alexandre III. « Matrimonium in veritate contrahitur per legitimum viri et mulieris consensum » reprend à son tour Innocent III [2]. Ce consentement, il est loisible aux parties de le donner verbalement ou par signes [3]. Au premier cas, elles pourront s'exprimer en ces termes : « Ego te in meam accipio, et ego te accipio in meum » en français : « Je te prends à épouse — Je te prends à époux ». Parfois les parties joignent à ces paroles un serment solennel [4]. Après cette double promesse, le mariage est formé, les époux sont indissolublement unis. Ses effets sont ceux du mariage ; à vrai dire, elle est le mariage même.

« Une femme se plaint à nous, dit une décrétale [5],

[1] Décret. Grég. IX, IV, 4, c. 5 ; IV, 1, c. 23 (Innocent III, 1210).

[2] Ibid. IV, 1, c. 14 — IV, 1, c. 25.

[3] Ibid. IV, 1, c. 25 — Les sourds muets peuvent en effet valablement contracter mariage — ibid IV, 1, c. 13.

[4] Ibid. IV, 1, c. 31 — IV, 4, c. 3.

[5] « Ex parte C. mulieris nobis intimatum est, quod Andreas juramentum præstitit, quod eam ab eo tempore pro conjuge teneret, et ei sicut uxori suæ fidem servaret. Ipsa quoque eidem Andreæ juravit, se illum pro marito habituram, et fidem ei tanquam viro proprio servaturam : quo facto prænominatus A. reliquit eamdem. Quia igitur nemini licet uxorem suam sine manifesta causa fornicationis dimittere, et nunc eam sibi reconciliare debet, aut ipsa vivente, con-

qu'André lui a juré de la considérer dorénavant comme sa femme légitime, et de lui conserver sa foi comme à son épouse, qu'elle-même a juré à André de le traiter comme son mari, et de lui demeurer fidèle comme à son époux, mais que par la suite André l'a abandonnée. — Personne, répond le pape Alexandre III, ne peut répudier sa femme légitime que pour cause bien établie d'adultère. André doit donc se réconcilier avec cette femme, ou conserver la continence tant qu'elle vivra [1]; nous lui ordonnons en conséquence de renvoyer celle avec laquelle il s'est uni après coup, de retourner à sa véritable épouse, et de la traiter avec toute l'affection qu'un mari doit à sa femme ». Ce mariage, c'est le mariage par promesses de présent, « per sponsalia de præsenti », disent les décrétales; « espousailles de présent », disaient nos pères.

Or on peut aussi engager sa foi pour l'avenir. Les contractants, au lieu de s'exprimer *au présent*, ont pu parler *au futur*. « Ego te recipiam in meam ». « Ego te recipiam in meum [2]. On dit alors qu'ils se sont « espousez de futur ». C'est là, dans le langage des papes, les « sponsalia de futuro ». A la vérité, il n'existe pas de

tinere; mandamus, quatenus eumdem, ut superinducta dimissa ad uxorem suam redeat, et eam maritali affectione pertractet, monitione præmissa per Eccles. cens. cogatis. » — Décret. Greg. IX, IV, 1, c. 9.

[1] Remarquons en passant qu'Alexandre III paraît bien admettre ici, a contrario, le divorce en cas d'adultère de la femme, conformément au célèbre texte de saint Mathieu. On sait du reste que le Concile de Trente a adopté la solution contraire, après saint Augustin et la plupart des Pères de L'Eglise.

[2] Ibid. IV, 1, c. 31.

différence de nature entre ces deux sortes de promesses. La première produit son effet immédiatement, la seconde ne le produit qu'à l'expiration du terme le plus souvent indéterminé [1] que les parties se sont imposé pour son exécution. Mais la promesse est la même. Ce qui le démontre, c'est que le langage juridique ne connaît qu'une seule expression, « sponsalia », pour la désigner dans les deux hypothèses. Ce qui le démontre encore et surtout, c'est que pendant fort longtemps, la doctrine ne distingue pas la promesse pure et simple, et la promesse affectée d'un terme, la promesse « de præsenti » et la promesse « de futuro ». A peine est-il fait allusion à cette distinction dans un texte ajouté après coup au décret de Gratien [2]. Et, on le constatera par la suite, c'est faute d'avoir établi cette distinction, que ce dernier semble avoir été amené à ne considérer le mariage comme parfait, qu'après sa consommation [3].

On pourrait objecter que du jour même où la distinction s'établit, la promesse « de futuro » produit des effets bien différents de ceux de la promesse « de præsenti ». Ce serait mal comprendre les décrétales d'Alexandre III et d'Innocent III.

[1] Innocent III prévoit dans un texte le cas très-rare d'un terme certain — Décret. Grég. IX, IV. 1, c. 22.

[2] 2a p. c. 27, q. 2, c. 51 (palea). Friedberg, *Corpus* I, 1078 — V aussi Décret. Grég. IX, IV, 3, c. 1.

[3] Nous ne prétendons pas que la distinction entre les fiançailles et le mariage en droit canon ne remonte pas au-delà du temps d'Alexandre III et d'Innoc. III. Mais la notion même de cette distinction s'était certainement obscurcie. On était arrivé à ne considérer toute espèce de promesse que comme des fiançailles, et on cherchait l'élément qui, venant s'y ajouter, formait à proprement parler le mariage. Des canonistes avaient cru le trouver dans le commerce charnel.

Ainsi, l'un d'eux décide que les deux parties, engagées par une promesse de futur, peuvent d'un commun accord se délier de leur obligation [1]. Rien n'est plus logique, puisque la formation d'un lien indissoluble est l'un des effets du mariage, et que ces effets ne pourront se produire qu'à l'expiration du terme. — De même, il résulte de plusieurs décrétales que la simple promesse de futur crée entre chacun des promettants et les parents de l'autre un empêchement dirimant de mariage, l'empêchement « d'honnêteté publique [2] », ne voilà-t-il pas, dira-t-on, la preuve que les deux promesses diffèrent essentiellement? Il ne devrait exister, si ces deux promesses se confondaient réellement, qu'un seul empêchement, celui qui résulte de l'affinité, et celui-ci ne pourrait naître que du jour où le mariage serait formé. Pour nous l'existence même de cet empêchement d'honnêteté publique est une nouvelle preuve de la confusion primitive des deux promesses. Au temps en effet, où elles n'étaient pas distinctes, cet empêchement se produisait dans tous les cas : une foule de canons rapportés au Décret de Gratien le démontrent [3]. Lorsqu'on posât les deux termes de la distinction, on crut devoir maintenir l'empêchement dans les deux hypothèses, mais, au cas d'une promesse de futur, on ne pouvait le maintenir, et on ne le maintînt en effet

[1] Décret. Grég. IX, IV. 1. c. 2.

[2] Décret. Grég. IX, IV, 1, c. 4 et 8 — Les enfants nés des mariages contractés en violation de cet empêchement sont illégitimes et ne peuvent succéder. Ces mariages étaient fréquents, paraît-il — ibid. IV, 17, c. 10.

[3] Décret Grat. 2a pars, c. 27, q, 2, can. 11, 12, 13, 14, 15, 31, 32, etc.

qu'à raison des convenances, « honestatis causa », l'affinité ne devant s'établir qu'au jour où cette promesse recevra son exécution. — Ce jour-là aussi se produira l'empêchement qui résulte du « lien conjugal ». Jusque-là chacune des parties se trouvant obligée par sa promesse ne peut impunément contracter mariage avec un tiers [1]. Mais, si elle vient à violer la foi jurée, le mariage qu'elle aura contracté sera néanmoins valable. La promesse « de futuro » ne fait naître entre chacun des promettants et les tiers qui ne sont pas parents de l'autre, qu'un empêchement « simplement empêchant » comme on disait alors, ou prohibitif. — Enfin, si l'on veut achever la comparaison entre les deux sortes de promesses, on devra noter que les promesses de présent ne peuvent être échangées qu'après l'âge de puberté [2], tandis que les promesses de futur sont valables, après l'âge de sept ans [3]. Mais ici encore, l'identité de nature apparaît entre elles. Car si deux impubères s'unissent par promesse de présent, leur engagement ne peut sortir tout son effet, mais il aura la valeur d'une promesse de futur [4].

[1] On lui impose une pénitence. « Pœnitentiam debet agere de fide mentita » dit le c. 1. Décret. Grég. IX, IV, 3. — ibid. IV, 1, c. 22 et 31. Cette pénitence n'est pas imposée au cas d'un terme certain, s'il n'a pas dépendu de la partie qui contracte mariage avec un tiers, de tenir sa première promesse dans le délai (Innocent III) — Décret. Grég. IX, IV, 1, c. 22.

[2] Les canonistes admettaient en général la règle romaine : 12 ans pour les filles, 14 ans pour les fils. Saint Isidore tenait pour le système des Sabiniens. Décret Grég. IX, IV, 2, c. 3 — et sa doctrine a laissé des traces dans le droit canon. v. infra.

[3] Décret. Grég. IX, IV, 2, c. 2, 4 etc.

[4] Ibid. IV, 2, c. 14. — Cette décrétale ne décide que pour le cas du

La promesse de futur constitue donc une sorte de mariage à terme, et il importe de fixer le moment précis ou ce mariage produira ses effets. Rien n'est plus aisé. Ce moment sera parfois celui où l'homme et la femme échangeront une nouvelle promesse, cette fois par paroles de présent. Le plus souvent ce sera celui où des relations corporelles s'établiront entre eux : « Sponsalia de futuro transeunt in matrimonium par carnalem copulam subsecutam [1] », disaient les canonistes. « La promesse et la copule font le mariage parfait » répétaient nos vieux auteurs, et tous se référaient à la célèbre décrétale *Veniens* du pape Alexandre III. En voici le texte : « Veniens ad nos Gu. sua nobis relatione monstravit, quod in domo suâ mulierem quamdam recepit, de qua prolem habuit, et cui fidem coram pluribus præstitit, quod eam duceret in uxorem. Interim autem cum apud domum vicini sui pernoctaverit, ejus filia nocte secum concubuit; quos pater puellæ simul in uno lecto inveniens, ipsum eam per verba de præsenti desponsare coegit. Ideoque mandamus, quatenus si inveneris, quod primam post fidem prestitam cognoverit, ipsum cum ea facias remanere; alioquin secundæ (nisi metu coactus, qui posset in virum constantem cadere, eam desponsaverit) adhærere facias, ut uxori [2].

mariage d'une personne pubère avec un impubère. — Une décrétale de Boniface VIII de 1298, contenue au Sexte, libr. IV, t. II, cap. un. §. I donne la même décision pour le cas du mariage de deux impubères.

[1] C'est la rubrique de la décrétale 30. Décret Grég. IX, IV, 1. — ibid. c. 15 — a contrario du c. 5 in fine ibid. — La simple tentative « visus carnalis copulæ » était insuffisante pour former le mariage, ibid. c. 30 et 32.

[2] Décrét. Greg IX, IV, 1, c. 15. — Cf. ibid c. 30.

Cette décision n'est pas isolée. Il faut la considérer comme l'application particulière d'une règle générale que le droit canon paraît avoir admise dans presque toute son étendue, règle qui pourrait se formuler ainsi : « Toutes les fois que le consentement au mariage est atteint par une modalité, ou affecté par un vice, le commerce volontaire parfait ce consentement, et le mariage se trouve dès lors formé ». On en a vu un exemple dans le cas de promesse à terme. En voici d'autres. — Un homme et une femme ont contracté mariage, purement et simplement ou sous un terme indéterminé, mais en soumettant dans les deux cas l'exécution de leurs promesses réciproques à l'arrivée d'une condition. Puis des relations corporelles s'établissent entre eux avant l'arrivée de cette condition. Ils se trouvent dès lors bien et dûment mariés. Ainsi l'ont décidé les papes Alexandre III et Innocent III [1]. — Un homme ou une femme a contracté sous l'empire de la violence [2] : la consommation volontaire du mariage, ou la cohabitation prolongée qui la fait présumer, valide leur union et les rend non-recevables à en contester la validité [3]. — Deux impubères se sont mariés. S'ils ont des rapports charnels, même avant qu'ils aient atteint l'âge

[1] Décret. Greg. IX, IV, 5, c. 3 et 6.

[2] Les mariages contractés sous l'empire de la violence étaient fort nombreux. Ils avaient dû l'être encore plus par le passé, on s'en rendra compte en parcourant les Décrets de Grég. IX. Voyez IV, titre 1, c. 13, 14, 21, 28 ; titre 2, c. 6, 9, 11 ; titre 19, c. 4 etc. Il s'agit le plus souvent de filles mariées avant l'âge par leurs parents contre leur consentement. L'Eglise s'efforce de faire respecter leur liberté.

[3] Ibid. IV, 1, c. 21 — a contrario de c. 28 ibid. — IV, 19, c. 4.

légal [1] (ce qui arrive généralement, dit la décrétale), ils sont dès lors indissolublement unis [2]. Et pourtant, disent les textes, s'il est interdit de se marier avant un certain âge, c'est que jusqu'à cet âge la loi répute les parties incapables de donner un plein et entier consentement [3].

Telle est la place que les papes Alexandre III et Innocent III laissèrent à la consommation de l'union conjugale dans leur système juridique sur la formation du mariage au moyen du seul consentement. En la circonscrivant ainsi d'une façon plus précise que ne l'avaient fait leurs prédécesseurs, ils prévenaient le retour des anciennes controverses, et ils rendaient une

[1] De là le vieux dicton : « Malitia ætatem supplet ». Il est reproduit notamment dans une décrétale de Boniface VIII au Sexte, libr. IV, t. II, cap. un. § I. — Mais on le rencontre surtout dans une décrétale d'Alex. III. (Décret. Grég. IX, IV, 2, c. 9.) C'est là un vestige du système Sabinien sur la manière de déterminer l'époque de la puberté.

[2] Beaumanoir, parlant du mariage des impubères s'exprime ainsi (Ed. Beugnot, t. II, p. 37) : « Nous créons que le départie en pot bien estre fete, mais que ce soit avant que compaignie carnelle ait esté entr'eus, car de l'aage que li uns puist avoir compaignie à l'autre, ne se doit nus accorder que li mariages soit départis por cause de sous aage. »

[3] Décret. Grég. IX, IV, 2, c. 6 et 8.— Il est juste de remarquer que cet exemple peut se rapprocher du premier, puisque, comme il a été dit, les mariages contractés par des impubères étaient considérés comme promesses de futur. Toutefois ces deux décrétales appartiennent à Alexandre III (années 1170 et 1180) et à cette époque, on ne peut affirmer que l'assimilation ait été déjà faite. Des deux décrétales qui l'établissent, la première est d'Innocent III (A° 1210) et la seconde de Boniface VIII (A° 1298) au Sexte, loc. cit. — Vide suprà.

nouvelle vigueur à l'ancien principe, que ces dernières n'avaient pas laissé intact.

Une dernière question reste à résoudre. Il pouvait arriver, et il arrivait fort souvent en pratique, les textes en font foi, que la même personne, que ce fût ignorance de la loi ou simple inconstance, s'engageât successivement par deux promesses. « S'il advenoit, dira Bouteiller au XIVe siècle, que aulcun eust espousé deux femmes, dont la première fût de présent et la seconde de futur : le mariage tiendroit de la première ; mais si la seconde estoit de présent, et la première de futur, le mariage tiendroit à la seconde [1]. » C'est raisonner en parfait canoniste, puisque d'une part le mariage résulte des promesses de présent, et que le mariage est indissoluble, puisque de l'autre les promesses de futur ne peuvent créer qu'un empêchement prohibitif. En vertu des mêmes principes, de deux promesses de présent, la première seule est valable ; et enfin, si deux promesses de futur se suivent, il faut également s'en tenir à la première [2]. Il est un cas pourtant, où deux promesses consécutives de présent seront toutes deux valables, c'est celui où après la première promesse, et avant la consommation du mariage, l'un des époux a

[1] *Somme rural*, de Jean Bouteiller (Lyon, 1621) p. 1250.

[2] Toutes ces solutions sont données par les décrétales. — Décret. Grég. IX, IV, 1, c. 22 et 31. — IV, 4, c. 3. — Il faut supposer que le commerce charnel n'a pas suivi les promesses de futur, puisqu'une promesse de futur vaut comme promesse de présent après la « copula ». Si deux promesses de présent se suivent, il faudrait s'en tenir à la première même au cas où le premier mariage n'aurait pas été consommé, et où le second l'aurait été. Des hésitations s'étaient produites sur ce point. — Ibid. IV, I, c. 31. — IV, 4, c. 3 et 5.

embrassé la vie religieuse. Le premier mariage se trouve dissous, et l'époux demeuré dans le siècle peut se remarier ; « licitum est ad secunda vota transire », dit Alexandre III [1]. Il se produit alors un véritable divorce [2].

Telle est la doctrine qui, dans le dernier état du droit canon, règle la formation du mariage. Elle se lie, comme on a pu voir, de la façon la plus intime à la théorie des fiançailles, et c'est même là son caractère le plus remarquable. Jusqu'au concile de Trente, elle ne se modifiera plus. En France jusqu'à la fin du XVIe siècle, on n'en connaît pas d'autre, on en retrouve les traces dans quelques coutumiers, notamment dans la Somme Rurale de Bouteiller au XIVe siècle. « Mariage est un lien à proprement parler, dit-il, qui se faict par le consentement de l'homme et de la femme, puisque les cœurs d'eux se consentent à avoir l'un et l'autre à mariage ; combien que aultres solennitez de bans et de fiançailles n'en fussent faictes, mais honneste chose est de les faire en l'Eglise [3] ».

[1] Ibid. III, 32, c. 2. — Le simple vœu de vivre dans le monde en gardant la continence, ne serait pas suffisant pour dissoudre le premier mariage. ibid. c. 14.

[2] Innocent III rappelle à ce sujet que le mariage est indissoluble. Ibid. III, 32, c. 14. — Voir une décrétale d'Alexandre III (ibid. IV, 1, c. 16.) qui prescrit à une personne engagée par promesse de futur, de se marier d'abord pour ne pas violer son serment, puis d'entrer en religion avant de consommer le mariage. — Pour le cas, où, après la consommation, les deux époux se séparent de leur mutuel consentement, le pape Nicolas avait déjà dit : «Licet sit scriptum « Quod Deus conjunxit, homo non separet » Deus tamen, et non homo separat, quando divini amoris intuitu ex consensu utriusque conjugis matrimonia dissolvuntur. » Décr. Gratien 2a pars, c, 27, q. 2, c. 26.

[3] *Somme Rural*, p. 1247.

Par malheur, ce système juridique, si simple et si logique en théorie, était d'une application fort difficile en pratique. On n'y tenait nul compte de la célébration religieuse du mariage. Souvent les parties n'y procédaient qu'après avoir échangé des promesses de présent, c'est-à-dire après s'être légitimement mariés [1]. Dans une foule de cas, le mariage était contracté clandestinement, et la preuve en était à peu près impossible. Le droit canon y remédiait en partie, en admettant, comme le droit romain, tous les moyens de preuve, preuve par écrit [2], au moyen d'actes sous seing privé ou d'actes notariés, preuve par témoins dans la plupart des cas [3], car le plus souvent les promesses étaient échangées devant de tierces personnes, et surtout preuve résultant de la possession d'état. Ce dernier moyen était, à coup sûr, le plus efficace et le plus original. Il avait l'avantage de préserver en tout temps chacun des époux bien et dûment mariés et vivant ou ayant vécu comme

[1] C'est ce que prouve une décrétale fort curieuse d'Honorius III, de 1225, qui prévoit le cas suivant. Un homme et une femme viennent à l'église pour recevoir la bénédiction nuptiale. Là, la femme affirme qu'elle n'a jamais consenti au mariage. Mais le mari prouve par témoins qu'elle a déjà donné son consentement. Il ne faut pas écouter la femme, dit Honorius, et par suite, il faut célébrer le mariage. — Décret. Grég. IX, IV, 1, c. 28.

[2] Il n'en est guère question dans les décrétales. V. pourtant les décret. de Grég. IX, II, 23, c. 11. — Ce mode de preuve des promesses était fort usité en France. On en retrouve la trace dans une foule d'arrêts du commencement du XVIIe s., ou de la fin du XVIe s. et dans les ordonnances qui le prohibent.

[3] Beaucoup de décrétales y font allusion, voir notamment. Décret. Grég. IX, IV, 1, c. 22 et 28. — La preuve de la copula se faisait par témoins, on s'induisait d'une forte présomption. Ibid. — II, 20, c. 27. — II, 23, c. 12 et 13.

tels au grand jour, contre toutes les attaques dont leur état pouvait être l'objet. La présomption résultant de la possession d'état n'était pas, en effet, susceptible d'être combattue par la preuve contraire. C'était une présomption *juris et de jure* [1]. Elle tenait tout entière dans un vieux proverbe français dont Loysel nous a conservé le souvenir, et qui dissimule, sous une forme un peu rude, une des dispositions les plus sages du droit canon. « L'on disait jadis, écrit-il, dans ses Institutes Coutumières [2] »,

> Boire, manger, coucher ensemble
> Est mariage, ce me semble.... »

— « Si fama loci habet, avait dit Alexandre III, quod vir ipsam in lecto, et in mensa sicut uxorem tenuerit (cum matrimonium sit maris et feminæ conjunctio, individuam vitæ consuetudinem retinens) cogenda est mulier, ut eidem viro affectu serviat conjugali [3] ».

Ce système de preuve disparaîtra à la fin du 16e siè-

[1] Voyez Décret. Grég. IX, II, 23, c. 11. — IV, 1, c. 21 et 30 — « Licet præsumptum primum matrimonium videatur, disait cette dernière décrétale, *contra præsumptionem tamen hujusmodi non est probatio admittenda* » — Voici le texte d'une décision de l'official de Sens qui met ce point en lumière, et qui est conforme à la décrétale : « Matrimonium inter partes contractum (per sponsalia de futuro et copulam carnalem subsecutam) *præsumptione juris et de jure* præsumptum esse dicimus, ac eam ob rem partes ipsas... » etc. *Actions notables et plaidoyers de Loïs Servin*, Rouen 1629 t. II, p. 31 et s.

[2] T. II, p. 144.

[3] Décret. Grég. IX, II, 23, c. 11.

cle[1], avec le principe même de la formation du mariage par le seul consentement. « Quant à ce que l'on dit en commun proverbe que boire, manger, et coucher ensemble c'est mariage, c'est un dire à plaisir : » ainsi pourra bientôt s'exprimer un jurisconsulte[2]. Du reste, on peut considérer que cette maxime, à raison des abus qu'elle engendrait, avait cessé à cette époque de donner satisfaction à la conscience publique. Voici en quels termes indignés un éloquent avocat parle au début du 17e siècle des *mariages présumés*. « ... S'il faut entrer aux inconvénients, disait-il, on voit que d'un costé pour favoriser l'inthimée se présentent des femmes qui dient avoir couché avec des hommes auparavant que de les avoir espousez, lesquelles confessent qu'avant de monter sur le lict elles n'estoient point leurs femmes, et veulent qu'elles le soient là devenues, faisant d'un crime, et d'un crime grand, puisque c'est la pollution du Temple de Dieu[3], un des grands mystères de nostre religion. Quelle erreur, et combien insupportable! et d'autre costé on voit infinies honnestes femmes, faisans profession de pudeur et de vertu, lesquelles aimeroient mieux mille fois estre mortes que d'avoir couché

[1] Non sans laisser toutefois des traces dans la Jurisprudence des parlements, et jusque dans notre Code civil : art. 196. Cet article est une épave du système juridique qui a précédé le Concile de Trente et l'ordonnance de Blois. On peut consulter sur ce point les plaidoyers de d'Aguesseau, et le répertoire de Merlin, (v° Mariage, sect. VI.)

[2] *Maximes générallès de Droict Français* par P. Delommeau, conseiller du roy en la sénéchaussée de Saumur. Rouen, 1619, p. 449.

[3] Ce passage est inspiré d'un texte de saint Isidore, rapporté au Décret 2a p., c. 32, q. 7, c. 15.

avec un homme sans l'avoir auparavant espousé; toutes lesquelles crient avec raison contre telles conjonctions clandestines et contre les mariages présumez. Car s'ils estoient revenus en vigueur [1], il faudroit séparer chacun jour de fort honnestes femmes d'avec leurs maris, qui seroient contraints d'adhérer avec celles qui sur une promesse auroient couché avec eux, n'y ayant point de difficulté que si ceste dangereuse pratique introduicte depuis quelque siècle, et abolie par l'ordonnance conformément au Concile, reprenoit force, il s'ensuivroit nécessairement que la promesse et la copule font le mariage parfait, et que la solennité n'est essentielle, ains accessoire seulement.....! Ceste doctrine a été ostée et par le Concile et par l'ordonnance de Blois.....

— Et on veut establir parmy nous, qu'avec une demye fueuille de papier et en couchant ensemble, un mariage soit valable ! [2] »

C'est l'histoire de la « solennité », comme dit Arnauld, qu'il nous faut étudier maintenant, avant de voir comment « le concile et l'ordonnance » la rendirent « essentielle ».

[1] Ce discours est postérieur au Concile de Trente et à l'ordonnance de Blois (v. infra.)

[2] Plaidoyer d'Antoine Arnauld (père du grand Arnauld) pour Philibert Desportes, rapporté dans les *Actions Notables et plaidoyers de Loys Servin*, Rouen 1629, t. II p. 31 et s.

II

De la célébration du mariage en France avant le Concile de Trente.

Lorsqu'on étudie la théorie de la formation du mariage dans les recueils où le droit canon s'est condensé, surtout au 12e et au 13e siècle de notre ère, on serait presque tenté de croire qu'il n'existait pas alors de célébration proprement dite du mariage. Si l'on excepte une *question* assez importante du décret de Gratien, et un titre très-court des Decrétales de Grégoire IX relatif aux mariages clandestins[1], les textes, canons ou décrétales, ne font guère allusion à cette célébration. Elle existait néanmoins, mais elle n'avait aucun caractère juridique. C'est là qu'il faut chercher la raison de ce silence ; on pourrait dire d'elle ce que les empereurs Théodose et Valentinien disaient des cérémonies usitées de leur temps : « Si pompa... aliaque nuptiarum celebritas omittatur; nullus existimet ob id deesse recte alias inito matrimonio firmitatem[2]... »

Il importe néanmoins de rapporter ici les principaux faits qui signalèrent en France l'histoire de cette célébration, car le Concile de Trente allait bientôt en faire, à la demande du roi de France, une condition nécessaire

[1] Décr. Grat. 2a p., c. 30, q. 5 — Décret. Grég. IX, l. IV, t. III.
[2] C. 22, C. V, 4.

de la formation du mariage. C'était une révolution qui allait s'accomplir dans l'histoire du mariage, mais cette révolution, du moins, ne se préparait-elle pas depuis de longs siècles ? C'est là un point qu'il est peut-être intéressant d'éclaircir.

On sait que de fort bonne heure, l'Eglise avait vu, dans le mariage, l'un des sept sacrements de la loi nouvelle, c'est-à-dire l'un des « signes sensibles » par lesquels, selon la foi catholique, Dieu se met en communication directe avec l'âme humaine, et la fait participer à ses grâces. St Paul, qu'il ait aperçu dans le mariage « un mystère », ou un « sacrement », le revendique en tous cas, au nom de la religion nouvelle, comme un acte dont elle ne saurait se désintéresser [1].

Aussi dès les premiers siècles, voit-on l'Eglise intervenir dans la formation du mariage. Au Ier siècle, c'est un disciple même de St Pierre, St Ignace, qui prescrit aux fidèles de ne se marier qu'après avoir pris l'avis de leur évêque [2]. Au IIe siècle, c'est Tertullien qui tour à tour fait l'éloge du mariage chrétien « que l'Eglise pré-

[1] Pour l'Eglise, le mariage a été institué par Dieu après la création du premier homme et de la première femme. Mais Jésus-Christ l'a élevé à la dignité de sacrement, en en faisant le signe sensible de son union mystique avec l'Eglise. Cette doctrine s'appuie sur le texte de l'Evangile (Jean, II) et surtout sur les épitres de saint Paul, notamment Paul, Ephes. V. C'est là qu'on lit ces mots : « Hoc sacramentum est magnum ; ego autem dico in Christo et in Ecclesia » On peut consulter sur ce point le commentaire de saint Augustin (Ad Joannem II, tractat. IX.) — Cette doctrine a trouvé récemment une éloquente expression dans les *Conférences du Carême* de 1887 *sur le mariage*, du R. P. Monsabré, des Frères Prêcheurs. (V. 1re conférence dans l'*Année Dominicaine*, Paris, 1887).

[2] Saint Ignace, *Ep. ad Polycarpum*. Cette lettre est authentique (Migne, Patrologie Grecque, V, col. 718.)

pare, qu'elle confirme par un sacrifice et qu'elle consacre par une bénédiction » — et blâme en termes sévères les unions clandestines [1]. Au VIe siècle, c'est St Ambroise qui veut que « le mariage soit sanctifié par la cérémonie du voile et la bénédiction » [2]. Au VIIe siècle enfin et au IXe, c'est St Isidore [3], puis le pape Nicolas 1er [4] qui tous deux dépeignent, expliquent et commentent toutes les cérémonies du mariage religieux — Mais il n'y a pas lieu de s'arrêter plus longtemps à ces textes, car tous, sauf peut-être le dernier, semblent n'avoir eu en vue, en recommandant la célébration solennelle du mariage, que le bien spirituel des âmes, et la satisfaction des consciences chrétiennes [5].

C'est au contraire le bien général de la société que semblent avoir poursuivi, dès le début, en France, les divers actes qui prescrivent aux fidèles de recourir à cette célébration. Jusqu'au milieu du IXe siècle, ils sont, au reste, fort peu nombreux. C'est d'abord en 524, un canon d'un concile d'Arles : « Nullum sine dote fiat conjugium : juxta possibilitatem fiat dos, nec sine publicis nuptiis quisquam nubere, vel uxorem ducere præsumat [6]. » Puis en 755 un canon d'un concile de Verneuil : « Ut omnes homines laici publicas nuptias fa-

[1] Tertullien, *Ad Uxorem*, II, 8 — *De Pudicitia*, cap. 4.

[2] Saint Ambroise, *Epistola XXIVa ad Vigilium* (Epistolarum libro III.)

[3] Saint Isidore, *De Officiis*, II, 20, § 5 à 7.

[4] Labbe et Cossart, Collection des Conciles, t. VIII, col. 517. — *Epistola ad Bulgaros.*

[5] Il en est de même d'un canon arabe, et non authentique du Concile de Nicée. V. Labbe et Cossart, II, 367.

[6] Labbe et Cossart, t. IV, col. 1626. — can. 6.

ciant, tam nobiles quam ignobiles [1] » — puis en 802, un capitulaire, adressé par Charlemagne à ses « missi dominici » : « Ut omnes omnino episcopos et presbyteros suos omni honore venerentur in servitio et voluntate Dei, et, ne incestis nuptiis et se ipsos et cæteros maculare audeant, conjunctiones facere non præsumant antequam episcopi presbyteri cum senioribus populi consanguinitatem conjungentium diligenter exquirant, et tunc cum benedictione jungantur [2]. »

On aperçoit dans ces textes les deux principaux services, que la société pouvait, à cette époque, attendre de la célébration du mariage, les deux progrès que pendant de longs siècles l'Eglise s'efforça de réaliser : assurer d'une part à la femme des avantages pécuniaires qui la mettent à l'abri du besoin, obtenir de l'autre le respect des empêchements dirimants du mariage, surtout de l'empêchement résultant de la parenté. — La dot dont il s'agit ici n'est vraisemblablement pas la dot au sens romain du mot, c'est la dot d'origine germanique, constituée par le mari à sa femme, celle que plus tard on appellera le douaire. Cette dot, dans laquelle étaient venus se confondre la « dos » et le *mor-*

[1] Ibid. t. VI, col. 1668. — can. 15. Capitula Synodi Vernensis, Baluze I, 174. Cette décision est souvent citée comme capitulaire de Pépin. Elle fait partie d'une série de textes connus sous le nom de Pippini regis Capitula synodalia. Baluze, ibid. p. 159, s'excuse presque de les avoir insérés dans son recueil. — Ce Concile fut assemblé par Pépin dans un palais royal, et presque tous les évêques de France y assistèrent.

[2] Capitularia data missis dominicis, Baluze, I, 373. — On ne peut s'empêcher de voir dans cette sorte d'enquête que Charlemagne veut généraliser l'origine des publications de bans.

gengabe des Germains, résultait d'une promesse solennelle faite par le mari à la porte de l'Eglise, « du moustier », dit un vieil auteur, avant la célébration du mariage [1]. Elle avait été convenue par avance entre les parents du mari et ceux de la femme. Beaumanoir en rapportera, au XIIIe siècle, la formule : « Du doaire qui est devisé entre mes amis et les tiens, te deu [2], » disait le mari. Peu à peu, l'église s'efforce de rendre cette dot, ce douaire, légal et obligatoire ; et c'est bien avec ce caractère qu'il apparaît déjà dans quelques textes du 9e siècle qui vont être étudiés. Or en prescrivant la célébration du mariage, l'Eglise se réserve un moyen de s'assurer que le mari s'est conformé à ses prescriptions et a « doué » sa femme — Tout mariage contracté en violation de l'empêchement dirimant de la parenté, constitue un inceste, et se trouve par suite entaché de nul-

[1] « Ecclesia dotes protegere tenetur viduarum » — « Ecclesia in causis viduarum se favorabilem debet exhibere » dira plus tard une décrétale de Clément III. Décret. Grég. IX, IV, 20, c. 6. — C'est dans les vieux actes de mariage qu'il serait intéressant d'aller retrouver la trace de cette intervention de l'Eglise dans la constitution du douaire. Voici un exemple relativement moderne : c'est un acte de mariage de 1176 : « Ego igitur Arnulphus de Monceaux, SS. Patrum exemplis instructus, tantis etiam nuptiarum privilegiis invitatus, dilectissima sponsa mea nomine Agnes, legali et firmo matrimonio *te mihi uxorem conjungo*, doque tibi *jure dotalitio* optimam partem de his quæ possideo scilicet... : ut igitur hoc in pace possideas, *ea tibi feci sigillo domini nostri Rogeri Laudunensis episcopi confirmari* et subscriptorum testimonio roborari. (suivent les signatures) — Ailleurs cette dot est appelée sponsalitium, ou donatio propter nuptias, souvenir du droit romain (*Spicilegium*, de Dom Luc d'Achery, t. XII p. 163.)

[2] « Et bien apert que le coustume estoit tele anciennement, par une parole que le prestres fit dire à l'omme, quand il espouse, car il dit : « Du doaire... » Coutumes de Beauvoisis, t. I p. 216.

lité. La loi religieuse qui les prohibe n'est donc pas dépourvue de sanction. Mais cette sanction, toujours appliquée dans une société réglée et policée comme la nôtre, devait sans doute être moins bien respectée dans une société aussi troublée que pouvait l'être la société française au IXe siècle de notre ère. Puis en supposant même qu'il ait existé alors des tribunaux ecclésiastiques pour prononcer la nullité de pareils mariages, n'est-on pas en droit d'affirmer en général qu'il est du devoir de tout législateur de prévenir les infractions à la loi, aussi bien que de les réprimer [1] ? Or ici, le meilleur et le plus efficace de tous les moyens préventifs sera d'exiger des futurs époux qu'ils reçoivent la bénédiction nuptiale. En leur ouvrant les yeux sur l'empêchement qui s'oppose à leur union, le prêtre les empêchera le plus souvent de s'abandonner par ignorance à un commerce illégitime.

Telles sont les deux pensées qui paraissent avoir dicté la plupart des dispositions qui prescrivent à cette époque la célébration du mariage. Au IXe siècle, les unions clandestines étaient très fréquentes [2]. Et le per-

[1] Surtout quand la répression présente les inconvénients qui résultent toujours de la dissolution d'un mariage nul.

[2] On en trouve une preuve dans le traité *De Institutione Laïcali*, de Jonas, évêque d'Orléans, qui mourut en 843. — II, 2. (Migne, Patrologie latine, tome 106e, p. 117) « Quidam laïcorum..., dit Jonas, benedictione qua Deus copulæ primorum hominum benedixit, et ea quæ nunc in ecclesia per sacerdotum ministeria secundum canonicam auctoritatem, et sanctæ ecclesiæ romanæ morem nupturis exhibetur, se privant. *Unde enim damnanda consuetudo inolevit, ut perraro sponsus et sponsa in missarum celebratione secundum præmissum ordinem benedicantur*; nam et filii qui ex tali concubitu generati sunt, licet uterque parens liberæ conditionis, in hæreditate tamen

sonnage mystérieux qui se cache sous le nom de Benoît le Lévite semble avoir été animé d'un vif désir d'y remédier. Son *Capitulaire* contient un grand nombre de décisions, qui ordonnent aux chrétiens de recevoir la bénédiction nuptiale. Quelle est l'origine de ces textes? C'est là une question fort délicate, dont il ne nous appartient pas de rechercher la solution. Il se trouve parmi eux des canons de conciles dont le souvenir s'est perdu, et il s'en trouve aussi, ceci n'est guère douteux, qui sont l'œuvre de Benoît. Tous sont conçus dans le même esprit, et tendent aux deux buts qui viennent d'être signalés. Il faut se garder d'en conclure, comme le faisait Pothier [1], que les mariages clandestins aient été à cette époque, considérés comme nuls. Mais on peut les étudier, tout au moins, comme des manifestations intéressantes de l'esprit juridique. Du reste, la plupart de ces textes, adoptés par la suite par des conciles, ou accueillis par les papes, soigneusement rassemblés en tous cas par les auteurs des recueils canoniques, acquirent souvent la valeur législative qui avait pu leur faire défaut dans le principe. Voici la teneur de quelques-uns d'entre eux.

cum fratribus ex legitimo matrimonio natis, quod dolendum est minime juxta mundanæ legis censuram, succedere valeant. » Ce texte, à lui seul, pourrait fournir un long commentaire.

[1] *Traité du Contrat de mariage*, IV pie, chap. 1er, sect. III, § 2. — « Ces capitulaires, dit-il, comprennent dans une même défense les mariages entre parents, et ceux qui se contractent sans bénédiction nuptiale, ou au moins sans l'intervention du curé; il s'ensuit que *cette défense est faite à peine de nullité*. Le capit. 463 du livre 7e s'en explique formellement, en rapportant la bénédiction nuptiale parmi les choses nécessaires pour la validité du mariage d'une fille. Tout

« Ne christiani ex propinquitate sui sanguinis connubia ducant, nec sine benedictione sacerdotis cum virginibus nubere audeant, neque viduas absque suorum sacerdotum consensu, et conhibentia plebis, ducere præsumant ». Ainsi s'exprime le cap. 408 du livre VI [1]. A cette époque la célébration du mariage se confondait avec la bénédiction nuptiale. Or on voit ici apparaître l'idée d'une célébration publique pour un cas où l'Eglise défend de donner la bénédiction nuptiale, c'est-à-dire lorsqu'il s'agit du mariage d'une veuve [2].

« Sancitum est ut publicæ nuptiæ ab his qui nubere cupiunt, fiant ; quia sæpe in nuptiis clam factis gravia peccata, tam in sponsis aliorum, quam et in propinquis sive et adulterinis conjugiis, et quod pejus est dicere, consanguineis adcrescunt vel adcumulantur..... Et hoc ne deinceps fiat, omnibus cavendum est. Sed prius conveniendus est sacerdos in cujus parochia nuptiæ fieri debent, in ecclesia coram populo. Et ibi inquirere una cum populo ipse sacerdos debet si ejus propinqua sit, an non, aut alterius uxor, vel sponsa, vel adultera. Et si licita et honesta omnia pariter invenerit, tunc per consilium et benedictionem sacerdotis, et consultu aliorum bonorum hominum eam sponsare et *legitime dotare debet*....[3] » Tels sont les termes du cap. 179 du

ceci avait été ainsi ordonné pour empêcher la clandestinité des mariages. C'est ce que nous apprend le capit. 179 du livre 7°. »

[1] Baluze, I, p. 1003. — Rapprocher libr. VI, 130 et 327. (ibid. p. 945 et 978).

[2] Cette défense qui remonte à la plus haute antiquité et qui subsiste encore de nos jours se voit dans d'autres cap. de Benoit : VI, 130, par exemple : « neque sine benedictione sacerdotis, *qui ante innupti erant*, nubere audeant. » V. aussi VII, 179. — Baluze I, 945 et 1062.

[3] Baluze I, p. 1062 — Voir la suite de ce capitulaire qui est fort

livre 7°. On peut remarquer ici que ce n'est plus seulement l'empêchement de parenté, mais d'une façon générale tous les empêchements dirimants qu'on veut faire respecter à l'aide de la célébration publique du mariage. On peut aussi noter que Benoit, s'il est l'auteur de ce texte, considère le douaire comme une institution légale.

« Decretum est ut uxor legitime viro conjungatur. Aliter enim legitimum.... non fit conjugium, nisi ab his qui super ipsam feminam dominationem habere videntur, et a quibus custoditur, uxor petatur, et a parentibus propinquioribus sponsetur, et *legibus dotetur*, et suo tempore sacerdotaliter, ut mos est, cum precibus et oblationibus a sacerdote benedicatur.... » Telles sont les dispositions les plus importantes du cap. 463 du livre 7°. Elles sont sensiblement semblables à celles du cap. 179. A en croire Hinschius, le savant commentateur des Fausses Décrétales, Benoit l'a peut-être composé en utilisant ce dernier [1].

Ces deux derniers capitulaires sont de beaucoup les

long. Le texte qui y est attribué à saint Augustin n'est pas l'œuvre de ce saint. On ne voit guère ce père de l'Eglise recommandant l'usage du douaire dans l'église d'Afrique. Nous avons du reste cherché ce texte dans ses œuvres, sans aucun succès (Ed. Venise in-f° 1833-1862). C'est là probablement l'un de ces nombreux textes apocryphes, attribués à ce saint, dont nous avons déjà dit un mot.

[1] *Decretales Pseudo-Isidorianæ*, Lipsiæ, 1863, pars prior, p. CXLIX, pars secunda, p. 87 (en note). — M. Beauchet, dans une étude que nous avons déjà citée, se demande sérieusement « si les unions contractées, en dehors de la présence du prêtre, étaient illégitimes ? c'est ce qui semble, dit-il, résulter du capitulaire 463... mais je ne crois pas, ajoute-t-il, que la législation des Carlovingiens ait été rigoureuse à ce point » (p. 31-32).

plus importants, les plus précis, les plus riches en renseignements[1], de tous ceux qui dans le recueil de Benoît concernent la célébration du mariage. Ils eurent une singulière et brillante fortune.

Au commencement du xe siècle, le premier était adopté de toutes pièces par un concile provincial célébré à Trosli en Soissonnais par l'archevêque Hervé de Reims et ses onze suffragants[2]. Puis Burchard de Worms, Anselme de Lucques, et Ives de Chartres en détachaient une partie, celle que Benoît attribue à Saint-Augustin et en faisaient une décrétale du pape Léon ; c'est sous cette forme, et non sans avoir subi plus d'une retouche, que cette moitié de capitulaire vint à son tour prendre place au Décret de Gratien[3].

Le second fournit une carrière plus honorable encore. Pseudo-Isidore s'en empara[4] et se mit en devoir de l'introduire dans son célèbre recueil de Décrétales. Il dut pour en arriver là, lui imposer une véritable transformation. Il lui fallut tout d'abord l'attribuer à un pape,

[1] Nous citerons ici, pour mémoire, un cap. de l'*additio quarta*, de Benoit-le-Lévite, qui punit d'une amende de cent sous d'or, ou d'une peine de cent coups de fouet, à recevoir en public, quiconque se marie sans recourir à la bénédiction sacerdotale. — Baluze, I, 1189. Là encore, il s'agit de faire observer l'empêchement de parenté et l'obligation de constituer une dot (douaire).

[2] Labbe et Cossart, IX, col. 543-544, Concilium Trosleianum, a. 909.

[3] Décret, 2a p. c. 30, q. 5, c. 4. — Cpr. c. 32, q. 2, c. 12, in fine.

[4] Benoît-le-Lévite dut composer son recueil entre les années 840 et 847 (Migne, Patrologie latine, tome 130, prolegomena, p. VIII). Pseudo-Isidore dut composer le sien vers 851 ou 852. (P. Viollet, *Précis*... p. 47.) — Il est à peu près certain, en outre, que c'est Benoît qui a été mis à contribution par Pseudo-Isidore (Hinschius, pars prior, p. CXLIX).

et ce fut l'un des premiers successeurs de saint Pierre qu'il choisit; puis il lui donna toutes les apparences d'une épître, ajoutant quelques formules, comme « Charissimi fratres » et quelques détails qui conviennent mieux au ton d'une lettre qu'au style d'un canon, et cette épître fut adressée aux évêques d'Afrique[1]. Enfin il rectifia la pensée de Benoît qui n'était guère conforme au droit en vigueur[2]. En dehors des formes prescrites, avait dit ce dernier, il n'y a pas de mariage légitime... « à moins, ajouta Pseudo-Isidore, que la volonté des époux ait été formelle et leurs intentions irréprochables. » Et voilà comment un capitulaire probablement apocryphe de Charlemagne ou de Louis le Débonnaire, se métamorphosa en décrétale du pape Evariste qui occupait la chaire de saint Pierre, au commencement du second siècle de notre ère[3]. A ce titre, il a conquis droit de cité dans les recueils de Polycarpe, d'Anselme de Lucques et d'Ives de Chartres. Gratien lui a donné la place d'honneur dans sa *question* sur les mariages clandestins[4]. Et pendant de longs siècles, on l'a invoqué comme le précieux témoignage d'une discipline dont l'Eglise s'était relâchée[5].

[1] Recommander l'usage du douaire aux fidèles des évêques d'Afrique, au IIe siècle de notre ère! — Pseudo-Isidore n'y mettait guère de malice.

[2] Il ne faut pas, d'ailleurs, attacher une importance exagérée à ce mot : « legitimum » qui, dans la langue canonique, n'était pas synonyme de « valable, » mais bien de « conforme aux lois. » — Voir à ce sujet une glose de Gratien, 2a p. c. 28, q. 1, c. 17.

[3] Hinschius, *Decretales Pseudo-Isidorianæ*, 2a pars, p. 87.

[4] Décret, 2a pars, c. 30, q. 5, c. 1. — On retrouve aussi au Décret le capit. 130 du livre 6. — 2a pars, c. 35, q 2, c. 19.

[5] De bonne heure cependant on en contesta l'authenticité. Un au-

On peut encore citer comme exemple le canon 14 d'un concile tenu à Rouen en 1072, qui, lui aussi, a pour but de faire respecter les empêchements résultant du lien et de la parenté : « Item nuptiæ non in occulto fiant neque post prandium ; sed sponsus et sponsa jejuni a sacerdote jejuno in monasterio benedicantur : et antequam copulentur, progenies utrorumque diligenter inquiratur. Et si infra septimam generationem aliqua consanguinitas inventa fuerit, et si aliquis eorum dimissus fuerit, non conjungantur. Sacerdos qui contra hoc fecerit, deponatur[1]. »

Toutes ces prohibitions plus ou moins authentiques des mariages clandestins, on l'a déjà constaté, n'échappèrent pas à l'attention de Gratien[2]. Il eut la curiosité d'en rechercher la cause, et il la trouva dans cette circonstance que, faute de preuves certaines, un mariage clandestin, valable en droit, courait le risque de passer pour nul en fait. S'il convenait en effet à l'une des parties de convoler à une nouvelle union qu'elle célébrait publiquement, le juge se voyait obligé, lorsque la validité du

teur du XVIIe siècle, reproche vivement à un théologien de s'en être servi dans un discours prononcé au Concile de Trente (V. *Recueil chronologique de diverses ordonnances concernant les mariages clandestins*. Paris, 1660.)

[1] Coleti, *Collection des conciles*, XII, 212.

[2] Par une de ces distinctions qu'il affectionne, il appelle « ratum » le mariage qui résulte d'une simple promesse, « ratum et legitimum », celui qui est célébré dans toutes les formes, avec constitution d'un douaire (« a sponso dotatur. ») Il y a là une idée très-juste qui ira sans cesse en se développant, celle d'un mariage, qui, tout valable qu'il est, n'est pas contracté conformément aux lois. Tel nous apparaît le mariage clandestin du XIIe au XVIe siècle. (Décret 2a p., c. 28, q. 1, glose sur c. 17.)

second mariage venait à être contestée, de maintenir les nouveaux époux dans une situation où d'une part le salut de leur âme était fort compromis, où de l'autre les principes les plus élémentaires du droit se trouvaient violés. Ceux-ci étaient tenus de vivre, de par l'autorité de justice, en état d'adultère perpétuel. La validité des mariages clandestins amenait en pratique, le retour d'une sorte de divorce, et du pire de tous, puisqu'il n'était subordonné qu'au caprice des intéressés [1]. De tous les inconvénients des mariages clandestins, celui-ci était le plus grave, il ne cessera d'être allégué jusqu'au Concile de Trente. Et c'est lui surtout qui décidera les pères de ce concile à prononcer la nullité de pareils mariages [2].

Il ne semble pas cependant avoir préoccupé les jurisconsultes qui sous Alexandre III et Innocent III établirent en termes si précis la théorie des promesses de présent et de futur, si toutefois l'on excepte les dispositions relatives à la présomption de la possession d'état. Le 4e Concile œcuménique de Latran, qui fut célébré sous Innocent III, fut surtout frappé de la nécessité de remédier à l'abus des unions incestueuses. On sait que ce concile avait abaissé du septième au quatrième degré (de computation canonique) l'empêchement dérivant de la parenté. Par contre, il s'efforça de généraliser l'usage

[1] Gratien, Décret, 2a p., c. 30, q. 5. — V. les gloses sur c. 9 et 11. Gratien ne paraît pas reconnaître la présomption résultant de la possession d'état. — Souvent aussi les personnes mariées clandestinement, sollicitaient des bénéfices ecclésiastiques et les obtenaient, ce qui donnait lieu, après coup, à de véritables scandales.

[2] Voyez chap. suiv. les loc. cit. dans Pallavicini, l'historien du concile de Trente.

de la célébration publique du mariage, précédée des publications de bans, et poursuivit des peines les plus sévères les personnes qui, même par ignorance, contracteraient des mariages incestueux, ainsi que les clercs réguliers ou séculiers qui oseraient y assister, ou qui ne mettraient pas tout en œuvre pour les entraver [1].

Les actes de ce concile donnèrent l'essor en France à un mouvement remarquable en faveur de la publicité du mariage. Du commencement du XIIIe siècle jusqu'à la fin du XVIe, on voit des conciles, assemblés sur tous les points du royaume préciser peu à peu la loi de la célébration solennelle du mariage, et interdire sous les peines les plus graves les mariages clandestins. Ce mouvement commence à Rouen, en 1223, quelques années à peine après la clôture du concile de Latran ; il s'étend en 1231, en 1253, en 1270 à la province archiépiscopale de Tours, en 1234, à la province d'Arles, en 1286, à la province de Bourges, en 1304 et en 1326, à la province de Reims, en 1368 et en 1374 à la province de Narbonne, en 1429, à la province de Sens[2]. En 1449, il pro-

[1] Quatrième concile de Latran, 1216, c. 51. Labbe et Cossart, t. XIII, col. 987.

[2] Voici la liste de ces conciles. Nous n'avons nullement la prétention de la donner complète : Rouen, 1223 (Coleti, XIII, 1085). — Château-Gontier, 1231 (ibid. XIII, 1261 et 1266). — Arles, 1234 (ibid. XIII, 1311 et 1314). — Saumur, 1253 (ibid. XIV, 144-145). — Angers, 1270 (Mémoires du clergé, V, 627 et s.) — Bourges, 1286 (Coleti, XIV, 881-882). — Compiègne, 1304 (ibid. XIV, 1366). — Rouen, 1321 (XV, 236). — Senlis, 1326 (ibid. XV, 338). — Evreux, 1367 (ibid. XV, 831). — Lavaur, 1368 (ibid. XV, 896). — Narbonne, 1374 (ibid. XV, 936). — Paris, 1429 (ibid. XVII, 138). — Angers, 1448 (ibid. XIX, 84. — Sens, 1528 (ibid. XIX, 1200). — Narbonne, 1551 (mém.

duit sa manifestation la plus imposante dans un canon du concile national assemblé à Lyon. « Pro generali utilitate ecclesiæ gallicanæ, interim dum per concilia provincialia major speratur, disait le préambule, visum est reverendissimis dominis patribus archiepiscopis et episcopis Lugduni congregatis sequentes articulos diligenter esse observandos, nec non in conciliis provincialibus et synodis episcoporum promulgandos » ; puis le canon 14e était conçu en ces termes : « Ad evitanda clandestina matrimonia, prælati in suis diœcœsibus subditis suis prohibeant, *ne contrahant matrimonium per verba de præsenti nisi intra fores ecclesiæ parochialis* matrimonium contrahere volentium vel alterius ipsorum, quando benedictio nuptialis debet fieri, et quod ille matrimonii contractus fiat per ministerium curati proprii, vel ejus vicarii, aut ab eo commissi, sponsalibus et tribus bannis prius per ipsum curatum proprium vel ejus vicarium, aut ab eo commissum publice et alias debite factis ; nec faciliter dispensent ipsi prælati super bannis. Si quis autem matrimonium in capellis vel ecclesiis exemtis contraxerint, aut contra præmissa in toto vel parte attentaverint *excommunicentur*, et deinde pro excommunicatis publice nuntientur, vel alias se-

du clergé, ibid.). — A la même époque, on voit les évêques poursuivre la même œuvre dans leurs statuts synodaux, notamment à Paris, où Eudes de Sully, Guillaume de Paris, Jacques de Châtellier, Denys du Moulin, Etienne Poncher, Eustache du Bellay se distinguent par leur zèle. Il en est de même à Autun, à Bayeux, à Orléans, à Saint-Malo, à Verdun, etc. — (Cons. sur le point : Coleti, XIX. — Mémoires du clergé, t. V. — *Conférences ecclésiastiques de Paris, sur le mariage*, par Le Semellier. Paris, 1756, t. III, p. 199 et suiv. — *Histoire des sacrements*, par D. Chardon, de la congrég. de Saint Vannes. Paris, 1745, t. VI, p. 434 et s.

cundum quod facti qualitas aut statuta diœcesum postulaverint, puniantur [1]».

Plus d'un siècle avant le Concile de Trente, ce concile de Lyon formulait en termes rigoureux toutes les règles relatives à la célébration publique du mariage. Il y manquait bien cette sanction qu'un concile national était impuissant à prononcer : la nullité. Mais à défaut de celle-ci, le concile de Lyon, comme tous les conciles provinciaux qui l'avaient précédé et qui l'ont suivi, garantissait l'observation de la loi que tous avaient édictée, par les sanctions les plus graves dont il pût disposer. C'était surtout l'excommunication majeure, qui frappait tous les contrevenants. Or l'excommunication n'était pas alors, comme de nos jours, un châtiment purement moral. Elle emportait avec elle dans l'ordre civil des effets importants.

« Quiconques est en excommuniement, écrivait Bouteiller à cette époque, il doit perdre la communication des fils et des filles de Saincte Eglise ne nulle compaignie, ne participation ne luy doibt estre faicte, ne ne doibt avoir nulle administration des SS. Sacremens de l'Eglise, mais leur est deffendu d'estre ne demeurer

[1] Coleti, t. XIX, col. 97 et suiv. — Ce mouvement, plus prononcé en France que partout ailleurs, probablement parce que les mariages clandestins y étaient plus nombreux, dut aussi se produire à l'étranger. Chemin faisant, il nous est arrivé, sans faire de recherches, de rencontrer un concile de Londres de 1328, un concile de Salamanque de 1335, un concile de Salzbourg de 1420, deux conciles de Cologne de 1536 et 1549, un statut de l'archevêque de Cantorbéry de 1455, qui tous s'élèvent contre les mariages clandestins. —Labbe et Cossart, XII, 332 ; XIII, 1394 ; XIV, 664. Coleti, XV, 389 et 487 ; XIX, 1267. On peut également citer deux conciles d'Avignon de 1326 et 1337 (Coleti, XV, 308 et 530.

en l'Eglise tant qu'on faict le service divin. — Item ne doivent avoir compaignie en marchandise avec autre, ne ne leur doibt estre louée maison ne habitation quelconque. Item selon l'opinion d'aucuns sages, perdent respons en Cour : c'est à sçavoir qu'ils ne peuvent faire autre convenir en jugement, ne à leur demande on ne faict à respondre, ne contre eux ne doibt estre procédé ne respondu, tant qu'ils soient à ce poinct.....[1] » — Ces déchéances étaient sans doute fort rigoureuses. Cependant plus d'une fois les conciles ne craignirent pas de les aggraver. Ici les contrevenants, déjà excommuniés, étaient frappés d'une amende arbitraire ou fixe, là ils étaient privés de la sépulture ecclésiastique, ailleurs les évêques étaient invités à leur infliger telle peine qu'ils jugeraient convenable [2]. — Enfin le droit de réhabiliter publiquement son mariage était acquis à quiconque justifiait l'avoir contracté clandestinement. Et si l'autre partie s'y refusait, la prison de l'officialité s'ouvrait pour elle, jusqu'au jour, où, sous bonne escorte, on la conduisait à l'église voisine, recevoir après coup la consécration solennelle de son union [3].

[1] *Somme rurale*, p. 1302.

[2] V. les conciles déjà cités de Château-Gonthier, de Saumur, d'Arles, de Bourges, de Compiègne, de Lyon.

[3] Brodeau sur Louet, t. II p. 122. — Le promoteur en l'officialité délivrait contre elle, une citation « in causa incepti et consummati matrimonii ». Après le Concile de Trente et l'ordonnance de Blois, le parlement supprimera ces citations et fera défense aux promoteurs d'en délivrer à l'avenir. arr. 11 févr. 1606. — Joindre arrêts de 1603, 1604, 1611, 1612, etc. Brodeau sur Louët. II, p. 205).

Si on jette un coup d'œil sur le mariage en France au moment où se réunit le Concile de Trente, on s'aperçoit aussitôt qu'il est soumis à deux influences opposées. D'une part, c'est l'influence du droit canonique qui en se développant et en se précisant, a pris soin de n'entraver sa formation par aucune prescription gênante, de garantir une liberté aussi complète que possible aux intéressés et d'assurer un plein effet à leur seul consentement. De l'autre, c'est l'influence des relations sociales, qui, devenant chaque jour plus étroites et plus régulières, ont exigé peu à peu que la formation de l'union conjugale fût entourée de solennités capables d'imposer à tous le respect du mariage, en le sauvegardant contre toutes les attaques dont il peut être après coup l'objet, propres surtout à préserver des lois d'utilité sociale contre des infractions que l'ignorance plus que toute autre cause tend à multiplier. — Ces deux influences vont se rencontrer, se heurter même, au Concile de Trente, et c'est la seconde qui triomphera non sans peine. Nous savons dès maintenant que sa victoire était préparée de longue main. La réforme apportée par le Concile peut, à bon droit, être considérée comme la consécration suprême d'une idée de préservation sociale qui a été toujours grandissant en France, mais dont les premières manifestations se rencontrent, par-delà les siècles, presque au début de notre histoire.

CHAPITRE II

LE CONCILE DE TRENTE ET LES ORDONNANCES

I

Le Concile de Trente et les mariages clandestins.

L'église de France avait épuisé, contre les mariages clandestins [1], toutes les rigueurs dont elle pouvait disposer. Une seule ressource lui demeurait : les annuler. Mais une pareille décision ne pouvait être prise que par l'Eglise universelle. Car il s'agissait là d'une véritable révolution.

Cette révolution, le roi, non plus que ses conseils, ne

[1] Nous prenons ce mot dans son acception vulgaire, celle que lui donnaient les conciles que nous avons cités au chapitre précédent.

pensait pas qu'elle pût être accomplie par le pouvoir civil. Il s'agissait, à leurs yeux, de soumettre à des conditions nouvelles la validité d'un sacrement. C'était donc à l'Eglise, alors assemblée en concile universel à Trente, qu'ils allaient solennellement demander la réalisation d'une réforme, devenue nécessaire.

Ce fut en effet une véritable requête, que le 24 Juillet 1563, les ambassadeurs français présentèrent au concile [1] : « Le roi très-chrétien demande, disaient-ils, que les antiques solennités du mariage soient rétablies aujourd'hui, et que les mariages soient célébrés ouvertement et publiquement à l'église ; et si dans certains cas on juge à propos de permettre le contraire, que du moins, un mariage ne puisse être réputé légitime, avant d'avoir été célébré par le curé ou par un prêtre, en présence de trois témoins ou plus..... [2] » — C'est là une démarche dont on ne saurait méconnaître la portée. Le roi eût pu charger un évêque français, le cardinal de Lorraine, par exemple, qui jouissait d'une grande influence au Concile et d'une autorité incontestée dans l'Eglise de France, de porter la parole en son nom. Il n'en fut rien. Ce fut à deux ambassadeurs laïques [3], véritables représentants du pouvoir temporel, qu'incomba cette mission. Au reste, la proposition faite, tous deux rentrent dans l'ombre, laissant aux pères du

[1] Pallavicini, *Histoire du concile de Trente*, (traduction française, édition Migne, tome III, p. 400) Livre XXII chap. I, N° 16.

[2] Le Plat. — *Monumentorum ad historiam concilii Tridentini... amplissima collectio*. Louvain 1786, tome VI, p. 166.

[3] Arnaud du Ferrier et Dufaur de Pibrac (Président Favre), tous deux fort peu attachés aux principes de la religion catholique.

Concile, et en particulier aux évêques de France, le soin de soutenir la légitimité et l'opportunité de la mesure dont le roi sollicitait l'adoption. Il n'importe! Il en est de ce fait comme de beaucoup d'autres, qui pour n'avoir que peu de gravité en eux-mêmes, doivent être soigneusement notés : ils dévoilent l'esprit d'un gouvernement, jettent la lumière sur toute une politique. En les enregistrant, l'histoire se donne le moyen et acquiert le droit d'en expliquer de plus considérables.

Le Concile était saisi. Les discussions commencèrent : le jour même où cette requête était présentée, le cardinal de Lorraine, proposait et défendait un projet de décret [1]. — Tout aussitôt des objections multiples s'élevèrent et trouvèrent d'éloquents interprètes. — L'Eglise avait-elle le droit d'établir de nouveaux empêchements dirimants? Avait-elle le pouvoir d'entraver la liberté des mariages, et comme on disait, de « restreindre l'efficacité du sacrement », en imposant des règles aussi sévères que la nécessité de la célébration publique, l'intervention nécessaire et active du curé, la présence obligatoire de plusieurs témoins, le consentement des parents [2]?

Parmi les pères du Concile, un grand nombre s'attaquaient ainsi à la légitimité même du décret. Des évêques français, et non des moindres, partageaient cet avis et le formulaient tout haut : tel Nicolas de Pellevé,

[1] Pallavicini, t. III p. 461. Ce projet exigeait la présence du curé et de trois témoins. Un premier projet s'était borné à exiger la présence de trois témoins (Pallavicini, p. 418.)

[2] Pallavicini, livre XXII, passim.

alors archevêque de Sens, plus tard archevêque de Reims et cardinal, tel encore Eustache du Bellay, alors évêque de Paris [1]. D'autres contestaient l'opportunité du décret. D'autres enfin, admettant tout à la fois et la légitimité et l'opportunité du décret proposé, estimaient trop rigoureuses les conditions exigées par le projet du cardinal de Lorraine [2].

Il fallait trouver une sorte de transaction. Ces derniers en offrirent une, en proposant de subordonner désormais la validité du mariage à la présence de deux témoins. Mais, objectait-on, que l'un d'eux vienne à mourir ou à disparaître, il devient impossible de prouver le mariage : un seul témoin est toujours récusable [3]. On revint donc tout d'abord au chiffre primitif de trois témoins. C'était reculer la difficulté, non la résoudre. « Ne pouvait-il pas arriver que le mariage fût contracté devant trois personnes vagabondes et inconnues à l'épouse, et par le départ de ces témoins, ne retomberait-on pas dans la même impossibilité de constater le mariage [4] ? »

Ce fut alors que l'idée vint à quelques pères d'obliger les futurs époux à choisir pour l'un des trois témoins,

[1] Tous deux reconnurent par la suite que l'Eglise avait le droit d'annuler les mariages clandestins. Pallavicini XXII, 4. (t. III, p. 415, note 3.)

[2] Pallavicini, ibid.

[3] A cause de la règle : «Testis unus, testis nullus », règle d'origine hébraïque, formulée dans le Deutéronome et dans l'Evangile, qui « a dominé toute la matière des témoignages et des enquêtes pendant tout le moyen âge et jusqu'aux temps modernes » (P. Viollet, *Précis de l'histoire du Droit Français*, p. 26.)

[4] Pallavicini, t. III, p. 461 et suiv.

une personne domiciliée dans l'endroit même où le mariage serait célébré. Cette personne en dresserait acte sur un registre qui demeurerait entre ses mains, et à l'aide duquel chacun des époux pourrait toujours administrer la preuve du mariage. C'était fort bien. Mais à qui allait-on confier cette mission? aux curés? point du tout. Ce fut aux notaires qu'on songea tout d'abord. N'était-ce pas les notaires qui constataient les conventions des particuliers, en dressaient acte et en conservaient minute [1]?

Détail bien remarquable! La constatation civile du mariage par un officier public, tenant sa fonction du roi, c'est-à-dire du pouvoir temporel, faillit être établie au XVIᵉ siècle par un concile. Le roi demandait à l'Eglise de donner cet attribut de la puissance civile aux ministres de la religion. L'Eglise proposait de la confier à des fonctionnaires de l'ordre civil. Que si la proposition eût été adoptée, les catholiques eussent été dès lors soumis, de par le Concile de Trente, à la double obligation qui les astreint aujourd'hui en France, d'une part l'obligation morale et religieuse de demander à l'Eglise la bénédiction de leurs mariages, de l'autre l'obligation juridique de le faire constater, en présence de témoins, par un officier de l'Etat.

Mais cette proposition fut écartée à son tour. Les notaires étaient fort nombreux, et deux époux auraient pu s'accorder, pour celer le mariage qu'ils avaient contracté, et contracter ailleurs, chacun de leur côté, une nouvelle union. D'ailleurs ils offraient peu de garanties. Le concile s'était déjà plaint de leur impéritie, et avait

[1] Pallavicini, ibid.

ordonné aux évêques de les surveiller de fort près [1]. Etait-on assuré au surplus qu'ils refuseraient toujours leur ministère, lorsqu'il existerait, à leur connaissance, quelque empêchement au mariage? Finalement on leur préféra les curés. Et c'est ainsi qu'après bien des discussions [2], le concile adopta un décret qui se rapprochait sensiblement de celui qu'avaient proposé les Français [3].

Il s'en rapproche ; il ne lui est pas identique. L'intervention du propre curé est désormais imposée à peine de nullité, mais cette intervention sera toute passive. Au cours des débats, le curé a pris la place de l'un des trois témoins dont le projet primitif exigeait la présence. Il ne présidera pas à la formation du mariage, il y assistera. « Contrairement aux Français, dit Pallavicini [4], qui voulaient que le prêtre présidât (*præfuerit*) au sacrement avec autorité, les Pères, pour maintenir le plus qu'ils pouvaient la liberté du mariage, voulurent qu'il n'y concourût que comme simple témoin, dût-il n'y être présent que malgré lui, jugeant que cela suffisait pour constater que le mariage avait eu lieu. » Ainsi s'explique cette circonstance, qu'en dehors du

[1] Session XXII, cap. X.

[2] Ces discussions occupèrent le concile depuis la fin de juillet 1563 jusqu'à la fin d'octobre, tant en congrégations qu'en conférences. Les théologiens du second ordre s'en étaient occupés dès le mois de février. Peu de questions furent discutées avec plus d'ardeur. — Pallavicini t. III, p. 151 et s. 415 et s. 453 et s. 467 et s. (XX, 2; XXII, 4, 8, 9.)

[3] Concile de Trente. Sessio XXIV, celebrata die II nov. 1563. Decretum de reformatione matrimonii.

[4] T. III, p. 462 (XXII, 8.)

curé, la présence de deux témoins sera désormais suffisante et nécessaire.

Telle est la valeur exacte et juridique de la réforme apportée par la session 24e du Concile de Trente. Depuis lors, toutes les fois qu'un curé célébrera un mariage et donnera la bénédiction nuptiale, l'analyse la moins subtile découvrira en lui un double caractère : d'une part, celui de témoin « qualifié », comme disent les juristes, dont la présence est nécessaire et suffisante pour la validité du mariage; de l'autre, celui de ministre de la religion, chargé par l'Eglise, de temps immémorial, de sanctifier l'union conjugale par ses prières et sa bénédiction. A ce dernier titre, son intervention active et volontaire est exigée par la loi religieuse sous les peines les plus rigoureuses : elle ne l'est pas à peine de nullité. Toutes ces idées, dont l'exposé a pu paraître minutieux, trouveront leur application par la suite.

Telle était cette loi, « d'où sont résultés beaucoup d'avantages, dit quelque part l'historien du Concile de Trente, et nul inconvénient ». Le 11 novembre 1563, la 24e session du concile l'avait adoptée. Il se trouva encore, ce jour-là plus de cinquante pères qui s'opposaient au décret, et parmi eux on comptait deux des légats. Presque tous soumettaient néanmoins par avance leur décision à celle du souverain pontife. Le 30 Décembre, Pie IV confirmait tous les décrets du concile. Et peu de temps après, il ouvrait des négociations avec la plupart des états catholiques en vue d'en obtenir la réception officielle et la publication [1].

[1] Pallavicini, t. III, p. 567 et suiv. 670 et suiv. (XXIII, 9. XXIV, 9.)

II

L'Article 40 de l'ordonnance de Blois. 1579.

C'est qu'en effet, pour obliger les catholiques français, le Concile de Trente devait être l'objet d'une double publication. — La première devait être l'œuvre du roi, c'est-à-dire du pouvoir civil. Ainsi promulgués, les décrets du concile deviendraient lois du royaume. Tous les sujets du roi seraient tenus en droit de s'y conformer. — La seconde devait être l'œuvre de l'Eglise, c'est-à-dire de l'autorité ecclésiastique. Le concile lui-même l'avait prescrite : elle devait se faire dans chaque paroisse. Un mois après cette publication, tous les fidèles seraient obligés en conscience de se soumettre aux décisions du concile [1]. — En fait ces deux publications pouvaient n'en faire qu'une, et résulter du même acte. Une ordonnance royale, enregistrée aux parlements, eût solennellement reçu les décrets de Trente, et prescrit à tout le clergé de France d'en accomplir la publication. C'est là ce que souhaitait le pape, ce que voulait l'Eglise de France. C'est ce que ni les demandes adressées à la couronne par les légats du St-Siège, ni les

[1] Ce délai ne concerne que le décret de reformatione matrimonii (q. v. in fine) — C'était un détour imaginé par le Concile pour marquer qu'il n'entendait pas refuser aux protestants le droit de se marier, la réception et la publication du Concile ne pouvant les toucher.

remontrances exprimées par le clergé dans ses assemblées ne parvinrent jamais à obtenir. C'eût été en quelque sorte sceller à nouveau le pacte qui avait uni si intimement l'Eglise et l'Etat pendant de longs siècles: l'Etat s'y refusa toujours.

Avant la clôture du concile, des difficultés s'étaient déjà élevées. Du Ferrier, ambassadeur du roi, avait quitté Trente avec éclat, et s'était retiré à Venise. Le cardinal de Lorraine avait en vain protesté contre sa conduite [1]. A peine revenu en France, il s'efforça d'en atténuer le mauvais effet, et d'obtenir la publication du concile. Il n'y parvint pas. Tout son crédit, qui était considérable, se heurta contre une résistence invincible. Dans le conseil du roi, Michel de l'Hôpital, alors chancelier, en était le plus haut représentant [2]. Les parlements faisaient entendre leurs doléances, et déclaraient bien haut qu'ils n'enregistreraient pas une ordonnance qui viendrait à recevoir le concile. Du Moulin, inspiré, dit-on, par Michel de l'Hôpital écrivait un libelle intitulé: «Conseil sur le fait du Concile de Trente» [3] qui lui coûta la liberté pendant de longs mois. Il y maltraitait le concile en véritable huguenot. Duplessis-Mornay [4], au nom des

[1] Pallavicini XXIII, 4 (t. III, p. 520 et s.) — V. dans Le Plat, Monumentorum... t. VI p. 280 une lettre écrite en novembre 1563 par le cardinal à la reine-mère Catherine de Médicis.

[2] La Reine-mère assembla à Fontainebleau un conseil extraordinaire, auquel furent convoqués les présidents et le procureur général du parlement de Paris. Le Plat. t. VI, p. 320. — Pallavicini XXIV, 11 (tome III, p. 690 et s.) (Voyez aussi A. Desjardins, *Le Pouvoir civil au Concile de Trente*. Paris 1870, p. 119 et s.)

[3] Molinæi opera. Parisiis 1681, tome V, p. 351 et s.

[4] *Un avertissement sur la réception et la publication du Concile de Trente.*

protestants, Guy-Coquille [1], au nom des hommes de loi, joignaient leurs protestations à celle de Dumoulin. Enfin toute une partie du clergé venait donner un appui nouveau aux partisans de la résistance : c'étaient les chanoines des chapitres [2], qui, estimant que le concile portait atteinte à leurs privilèges, firent cause commune avec les hommes d'état, les parlements, les jurisconsultes et les protestants [3].

Dix années s'étaient écoulées depuis la clôture du concile ; ses décrets n'étaient pas reçus en France, et la nouvelle loi du mariage demeurait lettre morte. Et pourtant les abus qu'elle devait réprimer demeuraient les mêmes. C'est alors qu'on vit la jurisprudence des officialités montrer quelque audace, et devancer la décision du législateur. Etait-ce ignorance des principes, ou désir de remédier à une situation devenue intolérable? elle essaya d'appliquer le décret du Concile de Trente. En 1576, l'official de Soissons annulait un mariage, parce qu'il avait été « fait sans publication de bans, et célébré non en l'église parochiale des mariés, mais de nuit, loin de leur demeure, « in villa non a proprio parocho », mais par un religieux, *en habit déguisé, avec chausses découpées et bouffantes de taffetas,* sans pouvoir ni congé [4]. » — « Conformément au

[1] *Du Concile de Trente, et de la réception et publication d'iceluy* — OEuvres de Guy Coquille, Bordeaux 1703, tome I, p. 253 et suiv.

[2] Procès-verbaux des assemblées du Clergé de France, (Chambre ecclésiastique des Etats de Blois 1576.) t. I, p. 88-90.

[3] Il faut lire l'histoire de cette lutte dans la très-intéressante brochure de M. Albert Desjardins intitulée : *Le pouvoir civil au Concile de Trente*, Paris, 1870.

[4] Brodeau sur Louët v° mariage. — Édition des *Arrêts* annotée par Guy du Rousseau de Lacombe. Paris, 1742, t. II, p. 128.

Concile de Trente », il avait jugé un tel mariage « être nul, improuvé, et déclaré être une fornication et non un mariage......, avait excommunié les mariez, et aucun de leurs parens qui avoient assisté à la célébration du prétendu mariage, pour la faute commise. » — L'affaire vint sur appel comme d'abus, à l'audience du Parlement de Paris, et sur les conclusions conformes de l'avocat-général Barnabé Brisson, la sentence de l'official fut déclarée abusive par arrêt du 11 décembre 1576.

« On void, avait dit l'illustre magistrat en prenant ses conclusions, que l'official de Soissons a prononcé que le prétendu mariage des appellans estoit nul, tant pour la clandestinité, que pour avoir esté faict contre les défenses de l'Eglise. En quoy il semble qu'il s'est fondé sur le Concile de Trente qui reçoit sa solution. Mais on n'est tenu de l'observer que trente jours, après qu'il aura esté publié. Or de publication, il n'y en a point eu en ce royaume, et n'y a aulcune loy ni ordonnance vérifiée en la cour, qui l'ait receu ny approuvé *nec in toto nec in parte*.... Et faudroit que le concile eust esté publié pour le pouvoir alléguer..... — Bien seroit désirable, ajoutait-il, pour empescher les desponsations et conjunctions clandestines, qu'il se fist une bonne et sévère loy qui punist les contractans en cette sorte d'une telle rigueur que nul ne fust en faute. Mais jusqu'à ce qu'elle soit (comme elle a esté et est encore souhaitée) et que sur les lettres-patentes du roy de l'an 1574 [1] ou sur la plaincte des

[1] Ces lettres patentes du roi Charles IX avaient confirmé plusieurs articles du cahier présenté par l'Assemblée du clergé de 1574.

Etats faicte à Blois en novembre dernier et articles extraicts des anciens conciles, et *du nouveau,* il y ait édict vérifié, ne faut donner nouveaux jugemens contre l'usance, car ils seroyent de dangereuse conséquence pour beaucoup de tels mariages qui ont été faicts en grandes maisons, et aultres dont l'estat seroit controversé, en quoy le public a intérest [1].... »

Le vœu général, qui s'était formulé en termes précis lors de l'assemblée du clergé de 1574 [2], qui s'était de nouveau affirmé aux Etats de Blois, et dont l'avocat-général Brisson se faisait ainsi l'interprète, allait bientôt recevoir satisfaction. Au mois de mai 1579, le roi Henri III rendait un ordonnance, devenue depuis célèbre sous le nom d'ordonnance de Blois, bien qu'elle eût été rendue à Paris. Le parlement de Paris l'enregistrait au mois de janvier de l'année suivante. C'était là « l'ordonnance vérifiée en la cour » qu'avait souhaitée Brisson. Car, au nombre des réformes du Concile de Trente qu'elle introduisait en France, se trouvait la nouvelle loi du mariage. L'article 40 de l'ordonnance était ainsi conçu :

« Pour obvier aux abus et inconvénients qui adviennent des mariages clandestins, avons ordonné et ordonnons que nos subjects de quelque estat, qualité et condition qu'ils soient, ne pourront valablement contracter mariage, sans proclamations précédentes de bans, faicts par trois divers jours de festes, avec inter-

L'un de ces articles n'était qu'une traduction abrégée du décret du Concile sur le mariage. (Mémoires du Clergé, Part. III, titre VIII, éd. 1769, tome V.) Aucun parlement n'avait enregistré ces lettres-patentes.

[1] *Plaidoyers de Me Loys Servin.* Paris, 1603, in-12, p. 54.

[2] Mémoires du clergé, loc. cit.

valle compétant, dont on ne pourra obtenir dispense, sinon après la première proclamation faicte..... *Après lesquels bans, seront espousez publiquement*[1] *et par leur curé parrochial;* et pour pouvoir tesmoigner de la forme qui aura esté observée esdits mariages, y assisteront quatre personnes dignes de foy, pour le moins.... *le tout sur les peines portées par les saincts conciles....* »

Cette loi était suffisante pour obliger tous les sujets du roi. Œuvre du pouvoir civil, elle était incapable de lier les consciences des catholiques. Or, à cette époque, le mariage était avant tout un sacrement. Il fallait donc que l'Eglise intervînt à son tour pour que la nouvelle loi devînt exécutoire à ses yeux, comme elle l'était déjà aux yeux de l'Etat.

III

La publication ecclésiastique du Concile.

Cette publication purement ecclésiastique du Concile fut en grande partie l'œuvre de conciles provinciaux. Dès 1564, le cardinal de Lorraine avait assemblé à Reims un grand nombre d'évêques, et tous avaient dé-

[1] Nous empruntons ce texte au *Code du roy Henry*, de Barnabé Brisson, annoté par Charondas le Caron, jurisconsulte parisien Paris, 1601. 1re partie p. 143. Ces mots : « *et par leur curé parrochial* » ne se trouvent pas dans Isambert (t. XIV, p. 391.)

claré se soumettre aux décisions des Pères de Trente. Ils n'avaient pas osé les publier [1]. — Peu à peu le clergé s'enhardit. Et en 1581 à Rouen, en 1583 à Reims, à Bordeaux et à Tours, en 1584 à Bourges, en 1585 à Aix, en 1590 à Toulouse, en 1609 à Narbonne [2], des conciles s'assemblèrent : tous publièrent le décret du Concile de Trente sur la réformation du mariage. Tous, à l'exception du Concile de Rouen déclarèrent nuls à l'avenir les mariages qui ne seraient pas contractés devant le propre curé de l'une des parties, dans les formes et avec les conditions prescrites. Seul, le Concile de Rouen n'avait pas osé prononcer cette nullité : « Nous souhaiterions, avaient dit les évêques assemblés, que le décret du Concile de Trente sur la réformation du mariage eût été tout d'abord publié dans ce royaume, afin qu'il nous fût permis d'annuler en vertu de ce décret les mariages clandestins [3] ..... » — Un pareil aveu se justifie, si l'on réfléchit que l'ordonnance de Blois venait à peine d'être promulguée, et qu'il y avait loin de sa rédaction obscure et incomplète aux décisions si nettes et si formelles du Concile de Trente. Au surplus, les évêques réunis à Rouen osaient, les premiers, publier ces dernières ; leur réserve s'explique. — Elle ne fut pas imitée néanmoins par les autres conciles. Tous comprirent que le roi, en rendant l'ordonnance de Blois, avait fait sien le décret de la 24e session.

[1] Coleti, tome XX, col. 1290 — Jager, *Histoire de l'Eglise catholique en France*, tome XV, p. 494.

[2] *Mémoires du clergé*, tome V partie III, titre VIII.

[3] *Concilia Rotomagensis provinciæ*, par D. Bessin. — Rouen, 1717, page 203.

Malgré tout, le clergé poursuivait ses efforts pour obtenir la publication officielle du Concile. — « Pendant soixante ans, écrit M. Albert Desjardins [1], le clergé ne cessa d'insister auprès de la royauté dans les mêmes termes et dans la même mesure, soit qu'il siégeât aux Etats-Généraux, soit qu'il tînt ses assemblées ou même ses Conciles provinciaux, ne se laissant décourager ni par les ajournements, ni par les fins de non-recevoir, réfutant les objections qui lui étaient faites par les rois ou plutôt par leurs conseillers, cherchant à confondre ceux-ci dans des conférences. Il prenait la résolution de saisir toutes les occasions pour reproduire sa demande. Chaque fois qu'un prélat, au nom du clergé, adressait au roi la remontrance d'usage, il trouvait le moyen de l'y placer. Richelieu n'y manqua pas en 1614 [2] ».

Sa voix ne fut pas entendue. Le 7 Juillet 1615, le clergé désespérant de voir sa persévérance couronnée de succès, publiait solennellement le Concile, *sans la participation de Sa Majesté et malgré l'opposition du Parlement*. François de Harlay, alors coadjuteur de l'archevêque de Rouen, fut chargé par l'assemblée de porter la parole devant le roi pour lui en faire part [3]. Les

[1] *Le Pouvoir civil au Concile de Trente*, p. 126.

[2] Ces efforts se renouvelèrent ainsi en 1567, 1576, 1579, 1582, 1585, 1588, 1595, 1598, 1600, 1605, 1610 et 1614. (Procès-verbaux des assemblées du Clergé de France, table vo *Concile de Trente.*)

[3] Procès-verbaux des assemblées du Clergé, t. II p. 241. — Pièces justificatives, p. 25. — La harangue de François de Harlay fut saisie et brûlée en vertu d'une sentence du Châtelet, du 22 août 1615, et l'imprimeur condamné en 500 livres d'amende. — Voir aussi Alb. Desjardins, *Le pouvoir civil au Concile de Trente*, p. 138 et suiv.

catholiques français se trouvaient dès lors obligés d'observer le Concile, puisque l'Eglise de France venait de le promulguer. Le décret sur la réforme du mariage, devenu loi de l'Eglise, comme il était loi de l'Etat, depuis l'ordonnance de Blois, était revêtu de toute l'autorité qu'il était susceptible de recevoir.

Aucun doute ne pouvait plus s'élever sur la nullité des mariages clandestins. La déclaration de 1606 venait de la consacrer. Aussi, dans la province archiépiscopale de Rouen, où, en 1581, les évêques avaient refusé, comme on sait, de prononcer la nullité des mariages clandestins, on les vit bientôt déduire cette nullité, dans leurs statuts ou leurs mandements, des prescriptions combinées du Concile de Trente et de l'ordonnance de Blois. L'archevêque de Rouen, l'évêque d'Evreux menaçaient les fidèles de leurs diocèses « des peines ordonnées par les Décrets, conciles généraux et lois du royaume [1] ».

« En résumé, dans la pratique, dit un historien [2], le pape et le clergé n'auraient rien obtenu de plus, si la royauté avait consenti à publier le Concile, en réservant les droits et les libertés de l'Eglise Gallicane. En apparence, la victoire resta au pouvoir royal et à ses magistrats. En effet, ce fut au pouvoir religieux qu'elle appartint ». — L'Eglise conservait sa juridiction sur les mariages, et l'Etat, s'inclinant devant elle,

[1] *Concilia Rotomagensis provinciæ*, par D. Bessin. Rouen, 1717. — deuxième partie, p. 122, 409, 590 et suiv. — Le mandement de Claude Auvry, évêque de Coutances, de 1644, est particulièrement rigoureux.

[2] M. Desjardins, op. cit. p. 146.

lui donnait l'ordre d'appliquer sa propre loi. L'Eglise conservait donc en droit tous ses avantages. — Mais l'Etat ou, comme on disait alors, le roi, ne renonçait pas à affirmer un jour des prétentions sur le mariage. On verra qu'à cette époque ces prétentions n'osaient encore se formuler. Le mariage était et demeurait un sacrement. Et cependant le pouvoir civil était toujours sûr d'avoir le dernier mot dans toutes les contestations relatives à ce sacrement. « Vrayement je n'estime, écrivait alors Et. Pasquier [1], parlant de l'appel comme d'abus, qu'il y ait plus grand et fort nerf de nostre République françoise, ny plus asseuré rempart que cettuy ; car auparavant qu'il fust en vogue, nous estions grandement empeschez de résister aux entreprises que l'on faisoit en cour de Rome sur nous ». Par l'appel comme d'abus, l'Etat conservait ou plutôt reprenait la haute main sur le mariage. Il lui était aisé de tenir l'Eglise en échec à l'aide d'une institution dont les règles n'étaient pas définies, dont la nature échappait à toute analyse juridique, qui enfin donnait aux parlements, par une voie détournée, la plénitude de la juridiction que la loi réservait ouvertement aux juges ecclésiastiques.

[1] Et. Pasquier. *Les Recherches de la France*, livre III, chap. XXXIII (Œuvres complètes. Amsterdam, 1733, tome premier, col. 290).

IV

Les Mariages clandestins et la Jurisprudence. L'Edit de 1606.

L'Eglise avait annulé les mariages clandestins. Elle seule en avait le droit. Le roi avait promulgué son décret : celui-ci devenait exécutoire dans tout le royaume. Les tribunaux devaient l'appliquer. Ils l'appliquèrent. La nullité n'était pas formellement prononcée par l'art. 40 de l'ordonnance de Blois : il importait peu, puisque ce n'était pas l'ordonnance, mais le Concile, ni le roi, mais l'Eglise qui en était l'auteur. L'ordonnance elle-même en faisait l'aveu, quand, après avoir prescrit la célébration publique du mariage, elle avait ajouté : « le tout, sous les peines portées par les saincts conciles ».

Telle est, en dépit de tous les raisonnements juridiques, la doctrine qui fut d'un accord unanime, enseignée par les jurisconsultes et consacrée par les arrêts, au lendemain de l'ordonnance de Blois. Nous cèderons un instant la place aux uns et aux autres.

« L'ordonnance de Blois est une loy parfaicte et conçue en termes précis et formels qui cassent et annulent les promesses clandestines des mariages, disait en 1601 l'avocat-général Servin...[1] et par cette ordonnance « idem statuitur quod a patribus Concilii Tridentini, qui tales contractus nullos esse decernunt et suo decreto irritos faciunt et adnullant », ainsi qu'il est escript en la session vingt-quatrième, au décret de reformatione matrimonii, cap. I, décret qui est passé en loy et constitution royale qui vault et oblige comme loy gallicane et sanction de notre prince..... Nous le devons suivre parce qu'il est approuvé particulièrement en tant que le Roy l'a tourné en loy, et que la Cour l'a trouvé bon, comme l'on a suivy quelques canons d'aultres Conciles, après qu'ils ont esté confirmez, et les peines portées par iceulx authorizées par ordonnances vérifiées en la Cour..... » — « Puisque les conciles et les ordonnances et statuts royaulx et arrests de la Cour estants conciliez sont conformes en ce qui regarde la décision de cette cause, en tant qu'ils déclarent les conjonctions clandestines nulles, il n'y a plus raison de doubter après l'ordonnance, laquelle se rapporte nommément aux sanctions ecclésiastiques, et dict précisément que ceulx qui contractent tels prétendus mariages en cachette, encourent les peines indictées par les Conciles..... c'est-à-dire la peine de nullité, suivant les dernières sanctions des pères de

[1] *Plaidoyers de Loys Servin*, advocat-général. Paris, 1603. — Contre un mariage clandestin, p. 34 et suiv. — On sait que Louis Servin fut l'un des représentants les plus remarquables du gallicanisme parlementaire. Ses plaidoyers de 1610, contre les Jésuites, de 1613 sur la distinction des deux puissances, ses remontrances de 1610 contre la doctrine de Bellarmin sur le temporel des rois sont demeurées célèbres. Son témoignage ne peut donc être suspecté.

l'Eglise « quæ transierunt in legem gallicanam..... » Le 12 Juillet 1601, le parlement de Paris rendait un arrêt conforme à ces conclusions. — A cette époque, ce point était déjà de jurisprudence constante : Servin nous l'apprend. On pourrait s'en rendre compte, en feuilletant les recueils d'arrêts [1]. Le 26 Juillet 1603, la Cour « sans avoir égard au prétendu contract de mariage du pénultième Aoust 1585 d'entre lesdits feü Jean de Montalambert, sieur de Vaulx et Anne de l'Estang, a déclaré et déclare ledict prétendu contract de mariage non-valablement contracté, *contre les sainctes constitutions de l'Eglise et les ordonnances* [2].... »

[1] On peut consulter notamment un arrêt « général, rendu en robbes rouges » en 1591, par le parlement de Paris qui décida que « Promesse de mariage, non suivi d'espousailles... n'est valable. » Il y avait eu promesse écrite « per verba de præsenti » et vie commune pendant de longues années. La femme demandait le partage de la communauté. Les héritiers du mari « remonstrèrent que pour ce qui estoit de la promesse, qu'elle estoit nulle, et que par les arrests l'on avait déclaré telles et semblables promesses nulles, suivant l'ordonnance de Blois conforme au concile de Trente, qui avoit été reçeu et publié en France, pour ce qui estoit des mariages clandestins... » — *Arrests de la Cour prononcez en robbes rouges depuis le parlement commençant la Saint-Martin* 1580, *jusques à Noel* 1621, *colligez et recueillis par M. Jacques de Montholon, advocat en ladite cour de Parlement.* Paris, 1622, arrêt 70, p. 148 : — « Ce sont, dit l'arrêtiste, arrêts qui se prononcent en robbes rouges solennellement, comme estant des arrêts que la Cour choisit et recognoist devoir faire loy pour la résolution des questions qui ont esté jugés par iceulx... C'est donc l'intention de la Cour que ces arrests généraux soient tenus pour règles, loix et maximes au Palais... — V. aussi dans *Actions notables...* de Louis Servin, tome 1er, p. 631. — Arrêt du 1e sept. 1605, aff. Desportes. (Ibid. tome III, p. 31-65.

[2] *Actions notables et plaidoyez* de mess. Loys Servin... Rouen, 1629, tome I, p. 631.

Le 1er Sept. 1605, un autre arrêt[1] annulait sur appel comme d'abus, un mariage contracté clandestinement plus de vingt-quatre ans auparavant, après une éloquente plaidoirie d'Antoine Arnauld, le père du grand Arnauld : « L'ordonnance de Blois, avait-il dit, ayant déclaré non-valablement contractez tous mariages qui ne sont faicts avec les formes prescriptes par icelle, dont nulle n'a esté observée au faict qui se présente ; et parce que la cause est décidée si expressément par ceste ordonnance qu'il n'y reste difficulté quelconque, il est nécessaire de transcrire icy ces mots fidellement :..... (suit le texte de l'article 40)..... L'inthimée crié que les peines des Conciles n'est pas la nullité?..... Ces paroles de l'ordonnance « le tout sur les peines portées par les Conciles répètent et inculquent ce qui avait desjà esté dit, sçavoir l'invalidité et nullité des mariages, en ces paroles du commencement de l'article « ne pourront valablement contracter mariage »..... L'ordonnance déclare tels mariages non-valablement contractez et y ajoute encore d'abondant lès Conciles qui est la nullité indubitable..... par le dernier Concile..... suivant lequel fut mis en l'ordonnance de Blois l'article 40..... Mais c'est faire tort à l'authorité des arrests de la Cour que d'insister d'avantage sur ce poinct, *puisque par plus de douze ou quinze arrests donnez tant à l'audience qu'au Conseil*, la Cour a jugé telles conjonctions faictes sans les solemnitez introduites par l'Eglise et les ordonnances nullement obligatoires et nullement valables ».

[1] Ibid. t. II, p. 31 et suiv.

Louët, dans ses arrêts qu'il publiait en 1602, ne tient pas un autre langage, et Brodeau, dans ses notes sur les arrêts de Louët, témoignera à son tour de l'exactitude de cette doctrine : « L'ordonnance de Blois, en l'article 40, dira-t-il, ne contient pas une simple commination, mais une indiction pénale, et procède par clause irritante et annulatoire de tous les mariages qui seront contractez sans les solennités prescrites par icelle..... et toutes et quantes fois que pareils mariages se sont présentez, la Cour les a perpétuellement déclarez clandestins et non-valablement contractez, et principalement depuis l'année 1595 [1] ».

On pourrait multiplier à l'infini ces citations. On retrouverait toujours nettement formulée la doctrine qu'émettait encore un siècle plus tard l'auteur des Conférences de Paris [2] : « Le décret du Concile de Trente, qui a déclaré nuls les mariages clandestins, a force de loi en France, en ce qu'il a été reçu et est autorisé dans les conciles provinciaux et par nos souverains. C'est un grand principe, que les lois de l'Eglise n'ont point de force, si elles ne sont point promulguées..... Nous ne sommes pas dans ce cas en France, et quoique nous ne voyions pas que le corps de

[1] *Arrests de Louët*, annotés par Brodeau, puis par Guy du Rousseau de la Combe. Paris, 1742, tome II, p. 124. — Les *Maximes généralles de Droict français* de Delommeau, tiennent le même langage (p. 449 et s.) « Ces formes (celles du co[illegible] de Trente), sont tellement essentielles, que si le mariage sa[illegible]elles est contracté et célébré, il est clandestin et *du tout nul*, encore que la copulation charnelle s'en soit ensuivie, et qu'il y en ait des enfants : car ce n'est que fornication et adultère... »

[2] Tome III, p. 203 205.

la discipline du Saint Concile y ait été reçu ni publié, le décret contre les mariages clandestins y est en usage, et y a été reçu et publié par l'Eglise avec l'autorité de nos rois ».

Ainsi dès 1591 [1], la jurisprudence du parlement de Paris était fixée sur la sanction qu'il fallait donner aux prescriptions de l'ordonnance de Blois. Peut-on dire « que la nullité n'y était pas expressément prononcée pas plus que dans les Capitulaires des Carolingiens.....» et que « malgré l'ordonnance, le mariage allait continuer d'être régi en pratique par les anciens principes [2] ? »

A cette époque le Parlement de Paris ne jugeait pas encore directement les questions relatives à la validité des mariages. Les décisions de l'officialité lui étaient déférées sur appel comme d'abus. Et souvent deux ou trois juges ecclésiastiques avaient déjà rendu leurs sentences. Le juge compétent en premier ressort était l'official de l'évêque, mais les parties pouvaient interjeter appel de sa sentence auprès de l'official de l'archevêque métropolitain ; quelquefois même elles appelaient de la sentence de ce dernier à l'official du primat des Gaules, l'archevêque de Lyon. La première procédure était faite à Paris, la seconde à Sens, la troisième à Lyon [3]. Or tous ces juges étaient loin de donner des so-

[1] Voir un arrêt cité plus haut. « Et de faict l'on a tenu au Palais, disait un avocat dans cette affaire, *avant que les arrests ayent été si précis*, que le concile de Trente qui déclare le mariage clandestin nul, ne s'entendait pas « pro dissolutione matrimonii. » — (*Arrests de la cour, prononcez en robbes rouges*, arrest LXX, p. 148).

[2] M. Beauchet, op. cit. p. 48.

[3] Telle fut la marche suivie notamment dans l'affaire de Bullion. Servin, *Actions notables*... 1629.

lutions identiques. Les uns, comme l'official de Soissons[1] ou l'official de Sens[2] n'hésitaient pas à annuler les mariages clandestins. Les autres, et de ce nombre était l'official de Paris[3], répugnaient à rompre brusquement avec toutes les traditions du droit canonique, et continuaient à appliquer le vieux principe qu'un avocat formulait en ces termes en 1605[4] : « La promesse et la copule font le mariage parfait, et la solennité n'est essentielle, ains accessoire seulement ».

L'appel comme d'abus eut, il faut le reconnaître, un grand avantage. Il fit du parlement, en cette matière, le régulateur suprême de la jurisprudence. Celui-ci se montrait inexorable, et fort du texte de la loi, il déclarait abusives les sentences des officialités qui n'étaient pas conformes au droit nouveau. Il sut empêcher ainsi la jurisprudence de se diversifier à l'infini, et l'ordonnance de Blois de rester lettre morte. — Il est vrai, en revanche, qu'à se montrer exigeant, on aurait pu lui contester le droit de s'attribuer ainsi la connaissance des causes de mariages. « La connaissance en appartient aux juges d'Eglise, écrivait en 1601 Charondas le Caron[5], tant pour conjoindre que pour dissoudre le mariage ». Une coutume bien des fois séculaire le

[1] Voyez l'arrêt de 1576 déjà cité.

[2] Aff. Houlbronne. *Plaidoyers de Servin* (1603), p. 1 et s. — Cpr. sentence de l'official de Sens dans l'affaire Thibaut-Desportes (Actions notables... II, 31 et s.

[3] Ibid.

[4] A. Arnauld, déjà cité.

[5] Code du roy Henry, première partie, p. 14.

voulait ainsi, et les ordonnances en avaient plusieurs fois consacré [1] le principe.

Il arriva donc que le clergé, assemblé à Paris en 1605, présenta au roi ses doléances : « Pour obvier, disait l'article 27 du cahier [2], aux scandales qui aviennent à chacun jour en ce royaume pour les entreprises que font vos officiers sur le fait des mariages, dont la cognoissance appartient aux ecclésiastiques, privatiment à tous autres juges.... Plaise à Votre Majesté ordonner qu'à l'avenir nul de vos officiers, *même des cours souveraines*, n'entreprendront la cognoissance d'iceulx, principalement et incidemment, en quelque sorte et manière que ce soit, ains seront tenus de les renvoyer en entier par-devant les juges ecclésiastiques..... » — Mais, en même temps qu'il demandait le maintien de ses antiques privilèges, le clergé protestait, dans la suite de l'article, contre les décisions prédemment données par certaines officialités, et suppliait le roy, afin d'éviter le retour de pareils abus, de renouveler en les précisant, les prescriptions du Concile de Trente et de l'ordonnance de Blois. La réponse du roi fut significative [3] : « Sa Majesté veut et entend, disait-elle, que les causes concernant les mariages soient et

[1] Voir notamment l'ordonnance de Melun de 1580 ; l'art. 25 défend aux juges royaux d'intervenir dans les causes de mariage sous prétexte de rapt. Isambert, tome XIV, p. 471. — On lit encore dans le *Trias judiciel* de Jehan Papon, Lyon, 1580, p. 51 : « La congnoissance de pactes matrimonialles à fin d'observation d'icelles appartient au juge ecclesiastic, d'autant que c'est l'un des sept sacremens de l'église, ne doit ce juge lay s'en mêler. »

[2] Mémoires du clergé, t. V, p. 690.

[3] Mémoires du clergé, ibid. p. 691.

appartiennent à la connoissance et juridiction des juges de l'Eglise, *à la charge qu'ils seront tenus de garder l'ordonnance de Blois, même en l'article* 40, *et suivant icelui, déclarer les mariages qui n'auroient esté faicts et célébrés dans l'Eglise et avec la forme et solennité requises par ledit article nuls, et non valablement contractés,* comme étant ceste peine indicte par les saincts Conciles ; et afin que les évêques, chacun en leur diocèse, et les curés en leur paroisse en soient avertis, et qu'ils ne faillent ci-après contre ladite ordonnance, elle sera renouvelée et publiée de rechef à ce que lesdits évêques ou leurs officiaux aient dorénavant à juger conformément à ladite ordonnance. »

Quelques jours plus tard cette réponse du roi Henri IV devenait, avec quelques modifications de peu d'importance, l'article 12 de l'édit de décembre 1606. Ainsi d'une part, le roi maintenait la juridiction ecclésiastique, d'autre part il renouvelait la prescription sévère de l'ordonnance de Blois, en prenant le soin d'en expliquer les termes[1]. Nous savons, au surplus, quelle avait été jusqu'à ce jour la jurisprudence du parlement de Paris. Il y a donc une double inexactitude à dire, comme on le faisait naguère encore [2] : « L'ordonnance de 1606 n'était pas suffisante pour amener un changement dans la jurisprudence, car elle ne disposait pas, elle se bornait à supposer une nullité qui n'était pas prononcée. »

[1] Isambert, t. XV, p. 307.
[2] M. Beauchet, op. cit. p. 49.

V

Infractions à la loi — La Déclaration de 1639 — Les Mariages « à la Gaulmine. »

L'ordonnance de 1606 disposait si bien, qu'elle fut mieux appliquée que ne l'avait été celle de Blois. L'hésitation qui s'était au premier abord manifestée chez quelques juges ecclésiastiques devait tomber : c'est contre elle que cette nouvelle disposition était évidemment dirigée. Ils se montrèrent plus rigoureux. Les arrêts du parlement sont plus rares, à partir de cette époque.

Les mariages clandestins continuaient néanmoins d'être fréquents. L'ignorance et l'intérêt tendaient à perpétuer l'abus. — D'un côté, on avait peine à s'imaginer que la réforme, introduite par le concile et les ordonnances fût si radicale. Quelque énergiques que fussent leurs dispositions, pouvait on croire qu'elle ferait disparaître en un jour une liberté plus de seize fois séculaire? Cette liberté s'était en quelque sorte incrustée dans les mœurs. Chaque génération qui en avait joui, avait transmis à la génération suivante le droit d'en profiter et le devoir de la conserver. Aux siècles précédents, la puissance la plus haute qui fût au monde, avait épuisé contre elle toutes ses rigueurs : elle avait échoué. La science du droit lui avait rendu une nouvelle vigueur en proclamant le principe, que le mariage résulte du seul consentement. La liberté des mariages faisait partie du patrimoine moral de la France : « Quid leges vanæ proficient sine moribus ! » — Ce n'était pas tout. On invoquait le Concile de Trente, lui-même, on rappelait, jusqu'à l'audience, le canon « qui frappe d'anathème ceux qui disent que le *mariage clandestin* n'est pas un vrai mariage [1]. » Et sur ce mot même, on laissait à dessein planer une incertitude qui venait augmenter la confusion. *Mariage clandestin*, dans la langue juridique du XVIIe siècle, signifiait le plus souvent *mariage contracté sans le consentement des parents*. Et on savait fort bien que le Concile avait refusé d'annuler ces mariages. — De son côté la royauté ne cherchait pas à dissiper l'illusion. Elle y trouvait son profit. Car n'osant suppléer d'elle-même au refus formel du concile, elle espérait arriver par une voie détournée au but qu'elle se proposait d'atteindre : empêcher les mésalliances.

En fait la plus grande partie des mariages contractés sans les cérémonies prescrites par le concile et les ordonnances, rentraient dans cette catégorie. Ils étaient tout à la fois clandestins, au sens juridique, et clandestins, au sens originaire du mot. — Un jeune homme, violemment épris d'une jeune fille qui n'appartenait pas à sa condition, se voyait refuser le consentement de ses parents. Que faisait-il ? Il échangeait avec elle une promesse de mariage [2], souvent par écrit, quelquefois

[1] On sait que ce canon ne prononçait que pour le passé.

[2] En voici deux exemples tirés des affaires dont nous avons déjà cité

de vive voix, à l'église ou ailleurs, et la vie commune commençait. Souvent il se heurtait à des scrupules de conscience, ou bien lui-même concevait quelques doutes sur la légitimité d'un mariage aussi simple. Il se rendait alors avec sa future épouse auprès de quelque prêtre régulier ou séculier qui ne se fît pas scrupule de violer tout à la fois la loi religieuse et la loi civile. il savait que certains prêtres avaient la spécialité de « prostituer ainsi leur ministère », pour employer le langage énergique d'une ordonnance [1]. Tel

les arrêts — « Je, Thibaut Desportes, valet de chambre du roy, promets à madame Carré la prendre à femme et épouse, tant de présent que à venir. Faict à Paris le 14e jour de janvier 1580, signé Desportes et Bourderel. » — « Nous soussignez Henri de Bullion et Marguerite Durand confessons et recognoissons que le vingt-septième may, jour et feste de l'Ascension de Nostre Sauveur, nous estans à la grand' messe parochiale de saint Médéric, avons verballement promis et juré réciproquement l'un à l'autre par foy de mariage, et ce sur les sainctes évangiles, et sur le précieux corps de Notre Seigneur, sur quoy nous recognoissons que le sainct jour de Penthecoste ensuivant, nous avons d'un commun accord et consentement dressé, escript et signé de nostre propre main ceste présente promesse, portant foy et assurance de nous unir, conjoindre et marier ensemble en face de nostre mère saincte Eglise au plus tost que faire se pourra, nonobstant tous les empeschemens qui nous pourroient estre faicts ou donnez par nos parens ou alliez. En tesmoin de quoy nous avons signé l'un et l'autre ceste présente promesse ce dict jour de Penthecoste sixième jour de juin mil six cents quatre. » Signé Bullion et à costé une lettre M (au dernier moment la jeune fille, prise d'un remords, n'a pas osé signer son nom.) — Avant l'ordonnance de Blois ces promesses étaient fort souvent échangées devant notaires. Mais l'art. 44 de l'ordonnance avait « défendu à ces derniers, sur peine de punition corporelle de passer ou recevoir aucunes promesses de mariage par paroles de présent. » On rencontre pourtant encore de ces promesses notariées ; ainsi en 1603 (aff. de Montalambert) contrat passé en 1585.

[1] Edit de mars 1697, préambule. Isambert t. XX p. 288 — Il faut

à Paris, dans les premières années du XVIIe siècle, maitre Jean le Tonnelier, vicaire à St-Eustache, « jà repris en justice, dit un arrêt, pour avoir marié personnes de la qualité de ces deux mineurs ». Le mariage était célébré sans témoins, ou devant deux ou trois personnes complaisantes. Et les deux époux satisfaits inauguraient la vie commune, jusqu'au jour où une action en nullité de mariage était intenté soit par l'un d'eux devenu désireux de convoler à une nouvelle union, soit par les parents, soucieux de faire cesser une alliance qu'ils considéraient comme déshonorante, soit enfin par des collatéraux intéressés dans quelque affaire de succession.

Pour prévenir ces abus, le législateur pensa dès 1629, qu'il serait opportun de préciser les règles relatives à la célébration des mariages. Aussi bien semblait-il prendre plaisir à légiférer sur les mariages : c'était chose si nouvelle pour lui ! — L'ordonnance de Michel de Marillac contenait donc quelques dispositions à ce relatives [1]. Mais on sait ce qu'il advint de cette ordon-

dire, à la décharge de ces prêtres, qu'une foule d'abbés, de chapelains etc. invoquaient d'anciens privilèges qui leur permettaient de marier des personnes qui ne fussent pas de leurs paroisses. (Voir un Concile de Bordeaux de 1624, Mémoires du clergé t. V, p. 685, — voir aussi Brodeau sur Louët tome II, p. 123.)

[1] L'art. 39 de cette ordonnance était ainsi conçu : « L'ordonnance de Blois, touchant les mariages clandestins, sera exactement observée, et y ajoutant, voulons que tous mariages contractés contre la teneur de la dite ordonnance soient déclarés non valablement contractés, faisant défenses à tous curés et autres prêtres séculiers ou réguliers, sur peine d'amende arbitraire, célébrer aucun mariage de personnes qui ne soient de leurs paroisses, sans la permission de leurs curés, ou de leur évêque diocésain, nonobstant tous privilèges

nance, que les parlements refusèrent d'enregistrer [1]. « On y eut moins d'égards après la disgrâce de son auteur, » disent poliment les mémoires du clergé [2], ce qui, en bon français, signifie qu'elle demeura lettre morte.

Dix ans plus tard, le 26 novembre 1639, une déclaration vint « porter règlement sur l'ordre qui doit être observé en la célébration des mariages. » C'était la déclaration de St-Germain en Laye [3]. Elle prescrivait l'exécution rigoureuse de l'ordonnance de Blois et de l'Edit de 1556 concernant les mariages des enfants de famille, ordonnait « que la proclamation des bans serait faite par le curé de chacune des parties avec le consentement des pères, mères, tuteurs et curateurs.... », exigeait comme l'ordonnance de Blois, la présence de quatre témoins au mariage, « *outre le curé qui, disait-elle, recevra le consentement des parties, et les conjoindra en mariage suivant la forme pratiquée en l'Eglise* », « faisait défense à tous prêtres de célébrer aucun mariage qu'entre leur vrais et ordinaires paroissiens.... », punissait des peines du rapt les veuves, fils et filles de famille qui se marieraient sans le consen-

à ce contraires, et seront tenus les juges de l'Eglise juger les causes de mariage conformément à cet article. » Isambert, t. XVI, p. 234.

[1] Le parlement de Paris avait fini par l'enregistrer le 15 janvier ; « le roy séant en son liet de justice, » selon Launoy (*Launoii opera* t. I. partie 2, p. 1041), non sans y apporter des modifications (Isambert t. XVI p. 342.)

[2] Tome V, p. 739.

[3] Isambert, t. XVI p. 520 et suiv. L'occasion de cette ordonnance fut, dit-on, le prétendu mariage de Cinq-Mars et de Marion Delorme.

tement de leurs parents, tuteurs ou curateurs, les déclarait déchus de toute succession, annulait et confisquait les dispositions faites en leur faveur, ou par eux au profit de leurs enfants, permettait d'exhéréder les fils âgés de plus de trente ans, et les filles âgées de plus de vingt-cinq, qui omettraient de requérir par écrit l'avis et conseil de leurs pères et mères pour se marier, déclarait « conformément aux saincts décrets et constitutions canoniques [1]», nuls et non valablement contractés les mariages conclus à la suite d'un rapt, punissait les ravisseurs de mort et confisquait leurs biens, décidait enfin que les enfants issus d'un mariage tenu secret, contracté à l'extrémité de la vie, ou avec un condamné à mort, seraient incapables de toute succession, aussi bien que leur postérité [2].

[1] On remarquera le détour employé par le Législateur. Il n'ose annuler le mariage des enfants de famille, il les punit des peines du rapt, puis dans l'article suivant il énumère les peines du rapt, et en tête il indique « la nullité du mariage, » *prononcée* par le Concile de Trente. Est-ce qu'un juge un peu complaisant ne pourra pas conclure que le mariage des enfans de famille est nul ? — De là le rapt dit « de séduction. »

[2] Il nous est impossible de ne pas relever une regrettable confusion de M. Beauchet (op. citat. p. 53.) au sujet des art. 5 et 6 de l'ordonnance, où est écrite cette dernière disposition. Le savant auteur croit pouvoir en conclure que les mariages contractés sans cérémonies ou clandestins sont valables, mais que les enfants qui en sont issus sont privés de toute succession. — Un mariage tenu secret n'est pas un mariage clandestin, c'est un mariage célébré dans toutes les formes, mais caché par les époux pour une raison de convenance ou de moralité. On en peut citer plusieurs exemples. — Ces mots mêmes du législateur « désirant pourvoir à l'abus qui *commence à s'introduire* dans notre royaume.... » mots que cite M. Beauchet (ibid.) auraient dû le mettre en garde contre la confusion qu'il commet. En 1639, l'abus des mariages *clandestins* remontait à une haute antiquité.

Toutes ces rigueurs n'allaient-elles pas effrayer les infracteurs de la loi ! les fauteurs de mariages clandestins n'allaient-ils pas redouter pour eux-mêmes les peines si sévères dont les auteurs de rapt étaient frappés ? N'allaient-ils pas reculer d'épouvante, en voyant leur vie et leurs biens livrés au pouvoir presque discrétionnaire des tribunaux? — Il n'en fut rien. Au lendemain de la déclaration de 1639, une pratique nouvelle, des plus habilement inventées, vint offrir au public un moyen fort avantageux de tourner la loi en évitant ses sévérités, en même temps qu'elle jetait la jurisprudence dans un véritable désarroi.

Gilbert Gaulmin était un homme plus célèbre qu'on ne pourrait croire. Ancien intendant du Nivernais et doyen des maîtres des requêtes, il brillait, paraît-il, plus encore par l'éclat de son esprit que par le prestige de ses emplois. L'un de ses contemporains rapporte que ses mots faisaient fortune, car ils étaient du dernier plaisant, et que ses vers sur la prise d'Arras n'étaient pas inférieurs à ceux de Lucain, autant dire qu'ils étaient admirables. Un autre nous apprend qu'il possédait toutes les langues, mais qu'il excellait particulièrement dans la connaissance du grec, de l'hébreu, de l'arabe, du turc et du persan. Au dire d'un troisième, il était « l'un des premiers critiques du siècle, et ses ouvrages avaient convaincu le public qu'il était grand poète. — Il avait le génie élevé, grand et vaste, il était plein de feu et de vigueur, et il avait même une vivacité qui a subsisté assez longtemps avec ses cheveux blancs. L'invention qui paraît dans sa poésie est de la production d'un fort beau génie et d'une imagination fort féconde. Ses expressions sont nobles, la cadence de ses vers est fort nombreuse, et la diction en est assez pure.... » Pendant la Fronde, en bon maître des requêtes, il défendit le cardinal. « Il est grand Mazarin ! » écrivait Guy Patin ; « il a fait contre le parlement des épigrammes de feu et de sang [1] ! » disait peu de temps après le critique Baillet. Bref, au plus fort de sa renommée, voici ce qu'il imagina.

Bien que sexagénaire, il avait résolu de prendre femme, mais son curé refusa de bénir son mariage. Pour quelle raison ? l'histoire ne le dit pas. Peut être désirait-il simplement célébrer son mariage à peu de frais, car si l'on en croit Guy Patin, il était alors « fort incommodé en ses affaires. » Il s'adressa donc à deux notaires, se transporta en leur compagnie, avec sa fiancée et plusieurs témoins en l'église paroissiale, et là somma le curé de bénir son union, puis sur le refus de celui-ci, déclara qu'il se mariait en face d'église, et requit les notaires de lui donner acte de tout ce qui s'était passé [2].

L'incident fit grand bruit. On se fit peu de scrupule d'imiter un homme aussi remarquable que Gaulmin, et

[1] L'une d'elle, composée au sujet de la vente de la bibliothèque Mazarine, se terminait par ce vers :

« Vendidit hic libros : vendere jura solet ! »

[2] Pour tout ce qui précède, consulter *Jugemens des savans sur les principaux ouvrages des auteurs* par Adrien Baillet, revus, corrigés et augmentés par M. de la Monnoye. Paris, 1722 p. 297 et s. — *Lettres choisies* de Guy Patin. Paris 1685. Lettre 39, du 5 mars 1652. — *Eclaircissemens historiques sur les causes de la révocation de l'Edit de Nantes* par A. de Rulhières. Paris, 1788. 2e partie p. 174. — *Biographie Michaud* art. Gaulmin. — Voir enfin les procès-verbaux des assemblées du clergé où il est souvent question des *mariages à la Gaulmine*.

les mariages à la Gaulmine devinrent fort à la mode. Ici deux enfants de famille voulaient contracter mariage sans le consentement de leurs parents. Là un catholique voulait épouser une protestante. Ailleurs après la publication des bans, des oppositions s'étaient élevées. Dans tous ces cas [1], les curés (c'était leur droit) refusaient de célébrer le mariage. Dans tous ces cas, on pourra désormais passer outre à leur refus, et contracter un mariage valable.

C'est là, en effet, qu'apparaît le mérite de l'invention : un tel mariage est valable. Il n'est pas clandestin, puisqu'il s'accomplit publiquement en présence des témoins et du propre curé, « proprio præsente parocho ». Le Concile de Trente n'en demande pas plus. Il n'exige l'assistance du curé qu'à titre de témoin qualifié, il n'impose pas la bénédiction nuptiale pour la validité du mariage [2]. Celle-ci, comme disent les canonistes, est de la *nécessité du précepte*, celle-là seule est de la *nécessité du sacrement*. Partant ce mariage est un sacrement, quoique l'Eglise le réprouve. Il en est, pour tout dire, de ces mariages, comme il en était des mariages clandestins avant le décret de la session vingt-quatrième. On objecte que si ces mariages sont de véritables sacrements, l'Eglise ne peut les réprouver. Pothier se chargera de répondre ; « C'est une fort mauvaise objection, dit-il [3], que de dire

[1] Procès-verbal de l'assemblée du clergé de 1680. — (Procès-verbaux, t. V, pièces justificatives, p. 182.)

[2] Vide Supra p. 121 — Durand de Maillanne explique ce point en termes fort clairs dans son *Dictionnaire de droit canonique* 1770. (t. I p. 523.) v° Clandestin.

[3] Traité du contrat de mariage, IVe partie, chap. I, sect. III, § 3. Pothier parle ici des mariages clandestins avant le concile de Trente.

que si ces mariages sont sacrements, l'Eglise ne doit pas les détester. Je réponds qu'elle les déteste, comme elle déteste les mauvaises dispositions dans lesquelles on confère et on reçoit les autres sacrements, qui ne laissent pas d'être sacrements, malgré ces mauvaises dispositions. » En dehors de la grâce, qui ne pourra se répandre sur les contractants, ces mariages produiront tous les effets que l'Eglise attache au sacrement, l'insolubilité du lien conjugal, l'obligation réciproque de fidélité, la légitimité des enfants qui en naîtront.

Telle est la loi religieuse. Quoi qu'on puisse dire, les ordonnances n'y ont rien ajouté. L'ordonnance de Blois et la déclaration de 1606 sont muettes. La déclaration de St-Germain en Laye a dit : « le curé conjoindra les parties en mariage », mais elle a eu soin d'ajouter « suivant la forme pratiquée en l'Eglise. » Or cette forme, le concile ne l'a pas déterminée d'une façon rigoureuse. Les mots « ego vos in matrimonium conjungo » ne sont pas sacramentels [1].

C'est ainsi que le clergé de France l'entend. Dès 1655, il proteste dans son assemblée générale contre ces mariages « qui se font par simple acte au curé, par lequel, sans son consentement, les parties lui déclarent qu'ils se prennent pour mari et femme, » ces mariages, dira plus tard l'évêque de Noyons [2] « qui étouffent tous les sentiments de grâce, puisque le prê-

On verra que par la suite la jurisprudence annula les mariages à la Gaulmine, en se fondant sur les ordonnances, non sur le concile.

[1] Concil. Trident. Decretum de reformatione matrimonii.

[2] Mém. du clergé, t, V, p. 721-722 (assemblée de 1675).

tre y devient un témoin contraint et forcé, sans ministère et sans fonction, qu'on veut arracher son consentement, qu'on fait violence à l'épouse de Jésus-Christ, que la liberté lui est dérobée, que la gloire des temples est obscurcie, le culte des autels aboli, la piété anéantie, et que toutes les bénédictions, les prières et les cérémonies sont supprimées. » En 1660, en 1665, en 1675, il renouvelle ses protestations [1]. Enfin en 1680, il supplie le roi d'intervenir pour mettre un terme à ces mariages scandaleux. « Il est absolument nécessaire de remédier à ces abus, dit le procès-verbal [2], d'autant qu'ils augmentent tous les jours dans les provinces, parce qu'il n'y a nulle punition contre les coupables.... Pour en arrêter le cours, il semblerait juste de demander au roi qu'il plût à S. M. de donner sur ce sujet une déclaration par laquelle il serait premièrement défendu à toutes personnes de quelque qualité et condition qu'elles fussent, de contracter en cette manière, à peine de punition corporelle, prison, bannissement et autres. — Secondement, portant défenses aux parties d'habiter ensemble sur les mêmes peines. — Troisièmement déclarer les parties incapables de tous avantages et conventions, soit apposées aux contrats, soit prescrites par les Lois et Coutumes et en particulier priver la femme de son douaire, et les enfants nés de tels mariages, les priver de succession. — Cette peine est imposée par l'ordonnance de Henri II du mois de février 1556, contre les mineurs :

[1] Pour toutes ces assemblées, voir les procès-verbaux des assemblées du clergé de France (table v° mariage. Voir aux dates).

[2] Procès-verbaux, t. V, pièces justificatives, p. 182.

ce sera bien fait de la mettre aussi les contre majeurs qui contractent de la sorte. — Quatrièmement, priver les parties contractantes de toutes successions. — Cinquièmement, défendre à tous notaires d'assister à telles cérémonies, et donner tels actes sur peine de privation de leurs charges, lesquelles seront déclarées vacantes, et auxquelles il sera pourvu d'autres personnes. — L'art. 44 de l'ordonnance de Blois défend à tous notaires sur peine de punition corporelle de recevoir aucunes promesses de mariage, par paroles de présent; *or ici c'est presque la même chose*, car ils donnent acte des paroles de présent et ce sont eux qui les reçoivent. — Sixièmement, contre les témoins qui auraient assisté à tels actes, une amende de cent livres chacun. Assurément ces peines seraient des remèdes efficaces, pour empêcher le désordre de tels mariages. »

De ces propositions du clergé, ne résulte-t-il pas de la façon la plus certaine que les mariages à la Gaulmine étaient valables à ses yeux? S'ils ne l'étaient pas, pourrait-il être question de priver la femme de son douaire, et les époux des avantages matrimoniaux?

VI

La bénédiction nuptiale exigée par la Jurisprudence à peine de nullité. — Dernières ordonnances. 1697. — Aperçu de la Jurisprudence au XVIIIe siècle.

Le parlement de Paris, de son côté, n'était pas demeuré indifférent devant ce nouvel abus. Résolu à le combattre dès son apparition, il prenait le 5 septembre 1650 un arrêt de règlement [1] par lequel « il faisait défense à tous notaires, à peine d'interdiction, de passer aucuns actes par lesquels les hommes et femmes déclarent qu'ils se prennent pour mari et femme, sur le refus qui leur serait fait par les évêques, grands vicaires et curés de leur conférer le sacrement du mariage.... » Les notaires refusèrent leur ministère. On prit alors un détour : on s'adressa au juge royal, ou à la prévôté, et ce fut rarement sans succès. — Tel est est alors le nouveau et singulier spectacle auquel on assiste [2]. Tantôt dans de petites villes comme Vitry-le-François, ou Château-Gonthier, tantôt dans de plus importantes, telles qu'Angers ou Rouen, on voit un juge subalterne, ou un lieutenant de police enjoindre aux curés de célébrer les mariages, aux notaires d'en donner acte aux parties [3]. Ici un juge ordonne la

[1] Rapporté par Pothier, *Traité du contrat de mariage*, part. IV, ch. I, sect. 3, art. 1, § 5, no 351.

[2] Assemblées du clergé de 1655 et de 1665. — Procès-verbaux, table (vo mariage). Affaire de Vitry. Mém. du clergé, t. V, p. 1050 et s. Journ. aud. t. IV, p. 447. Affaire de Saumur. Journ. aud. t. IV, p. 840. — Affaire de Rouen, Code matrimonial, t. II, p. 972.

[3] Voici la copie d'un certificat délivré par deux notaires dans ces conditions : on y voit tout à la fois le détail d'un de ces mariages *à la Gaulmine*, et la répugnance très naturelle que les notaires éprouvaient à les constater : « Nous, pour obéir à justice seulement, en vertu et pour exécution du décret donné contre nous, signé Le Maistre, sommes rendus en l'église Notre-Dame-de-Vitry, environ l'heure d'onze avant midi, où étant François Augier et Anne Jublin s'étant mis à genoux, sous le crucifix, et proche eux un enfant âgé d'environ dix mois, en présence d'un grand nombre de leurs parents et amis, se sont levés debout, et ledit François Augier a dit à haute voix en ces termes : « Devant Dieu et en face de Saincte Eglise catholique, apostolique et romaine, et sous le crucifix, je dé-

publication d'office d'un mariage par un sergent royal le Dimanche, à la sortie de la messe de paroisse ». Là la prévôté menace les notaires d'une condamnation à des dommages-intérêts et les curés d'un décret de prise de corps, s'ils n'obéissent à justice. Les petites inimitiés et les haines locales y aidant, il y eut guerre ouverte, sur plus d'un point du royaume entre le clocher et le palais de justice. Au dernier échelon de la hiérarchie ecclésiastique et judiciaire, on s'arrachait le mariage comme on se le disputait au sommet. Un présidial se prenait pour un parlement au petit pied: lui aussi se croyait appelé à combattre les entreprises du clergé, et cédant à la tentation, suivait l'exemple qui lui venait d'en haut.

Par malheur, ce fut le parlement lui-même qui prit la peine de ralentir ce beau zèle. Il ne songeait pas encore, comme il devait le faire plus tard, à louer « le

clare que je prends pour ma femme et épouse Anne Jublin, que voici présente, et l'enfant que voici présent, âgé de dix mois environ, nommé Jean, dont ladite Jublin est accouchée est le mien et provient de moi » et ladite Jublin a dit ensuite à haute voix, en ces termes : « Je déclare devant Dieu et en face de Saincte Eglise catholique, apostolique et romaine, et sous le crucifix où je suis que je prends pour mon mari et légitime époux François Augier, que voici présent, et l'enfant que voici présent, nommé Jean, âgé de dix mois ou environ est le mien et provient des œuvres dudit Augier, desquelles déclarations lesdits Augier et Jublin, nous ont requis acte que leur avons octroyé, pour leur servir ce que de raison, et ont signé, avec... etc... » Quatre témoins signent le procès-verbal. — Le plus souvent les notaires donnaient aussi acte du refus du curé. Ici cette formalité n'était pas nécessaire, le refus du curé résultant d'une ordonnance de la prévôté de Vitry, qui le constatait et ordonnait aux notaires de procéder. (Mémoires du clergé, tome V, p. 1050 et 3. Journal des Audiences, tome IV, p. 447 et s.)

zèle des juges inférieurs, dignes d'être associés, pour la défense de l'Etat, et le maintien de la tranquillité publique, aux travaux des premiers magistrats [1]. » A cette époque, sa juridiction tendait peu à peu, grâce à l'appel comme d'abus, à se substituer à la juridiction des tribunaux ecclésiastiques. On appelait comme d'abus de la célébration du mariage, et l'on évitait ainsi de soumettre d'abord la solution du procès à l'officialité. Aussi les arrêts se multipliaient-ils, non seulement les arrêts simples, mais les arrêts de règlement. Par ces derniers surtout, le parlement essayait de remédier aux abus. — En 1687 [2], il fait aux curés et aux vicaires « très expresses inhibitions et défenses de passer outre à la célébration des mariages, s'il ne leur apparoit du consentement des pères et mères, tuteurs ou curateurs... le tout sur peine d'être punis comme fauteurs du crime de rapt, suivant la rigueur des ordonnances.... » En 1691 [3], il « fait défenses formelles à tous curés, vicaires et prêtres, lorsqu'il y aura des oppositions à des mariages, de procéder à leur célébration, sans avoir auparavant des mainlevées par écrit desdites oppositions.... » — Par contre, en 1680, en

[1] Ainsi s'expriment les Remontrances au roi de 1735, au sujet de la sentence du Châtelet qui avait ordonné la saisie de la harangue de François de Harlay, en 1615 (Vide supra). — Dufey, Histoire, actes et remontrances des parlements de France. Paris, 18 6, tome I, p. 259.

[2] Arrêt de règlement du 15 mars (Mémoires du clergé, t. V, p. 1018-1019, rendu sur les conclusions conformes de M. de Lamoignon, Journ. aud., t. IV, p. 41.

[3] Arrêt de règlement du 15 juin (Mémoires du clergé, t. V, p. 1042. — Journal des audiences, t. IV, p. 360.)

1688 [1], il avait renouvelé la prohibition faite aux notaires de constater les mariages sur le refus du curé de les célébrer. Et en 1692 [2], il décidait que les juges royaux ne peuvent ordonner à un curé de donner la bénédiction nuptiale, ou de célébrer un mariage; les parties sur le refus du curé doivent se pourvoir par-devant l'official, et par appel par-devant le métropolitain, et en cas d'abus, par appel au parlement [3].

On peut remarquer que la plupart de ces arrêts sont rendus sur les conclusions conformes de Lamoignon. Une pensée unique ne les a-t-elle pas dictés, pensée qu'on pourrait formuler en ces termes: S'il faut défendre aux curés de célébrer les mariages dans certains cas; il est nécessaire, pour assurer un effet utile à leur refus, d'empêcher les notaires de constater le mariage en leur lieu et place, et d'interdire aux juges de contraindre les premiers à le célébrer, les seconds à le constater.

Fallait-il aller plus loin, et décider que les *mariages à la Gaulmine* étaient nuls? Denis Talon ne le pensait pas en 1673 [4]; à ses yeux la bénédiction nuptiale

[1] Arrêt du 20 déc. 1688. Journal des audiences, tome IV, p. 140. — L'arrêt du 6 sept. 1680 porte règlement (Journ. aud. t. III, p. 411).

[2] Arrêt du 10 juin (Mémoires du clergé, t. V, p. 1050 et suiv.) rendu sur les conclusions conformes de M. de Lamoignon, avocat-général. Journal des audiences, tome IV, p. 447. — Joindre arrêt de règlement du 3 août 1700, sur les conclusions de M. d'Aguesseau (Journ. aud. t. IV, p. 840).

[3] Ainsi s'était exprimée M. de Lamoignon, dans ses conclusions. Chaque fois que par la suite, cet arrêt se trouve cité dans les auteurs, on rappelle cette parole.

[4] « Le concile de Trente, disait M. Talon, lors de l'arrêt du 11 août 1673, a déclaré nuls les mariages clandestins : mais les mariages contractés sans bénédiction nuptiale, sont-ils compris dans

n'était pas essentielle, pourvu d'ailleurs qu'il y eût présence du propre curé. En 1692, Lamoignon donna des conclusions contraires, et par arrêt du 12 août, le parlement adopta son opinion [1].

Cette décision était fort grave. Elle ne tendait à rien moins qu'à donner au curé dans le sacrement de mariage un rôle que l'Eglise elle-même se refusait, nous l'avons vu, à lui attribuer : le mariage ne se contracte plus devant lui, c'est à proprement parler lui qui le célèbre. Ce qui de par le décret du Concile de Trente, n'était que de la nécessité du précepte, devient, de par l'arrêt du parlement de Paris, de la nécessité du sacrement ; et l'on prétendait justifier cette doctrine en théologie [2].

Pour le moment, un seul fait est à retenir : l'appari-

cette disposition ? Le concile parle de la bénédiction nuptiale comme d'une chose que doivent recevoir ceux qui contractent ; mais c'est en d'autres termes qu'il parle de la présence du curé et des témoins ; il déclare le mariage nul quand il n'a pas été célébré devant eux. Si le concile avait voulu que la bénédiction nuptiale fût regardée comme aussi essentielle, il aurait employé les mêmes expressions. Le motif du concile n'a été que de rendre les mariages publics. Et il fonde sa disposition sur les désordres des mariages clandestins ; or, la présence du curé et des témoins est un remède contre la clandestinité, et la bénédiction nuptiale ne le serait pas... La nullité n'est prononcée que lorsque le mariage est fait hors la présence du curé et des témoins. » — V. Merlin, Répertoire v° religionnaires, tome XI, p. 229, (ed. 1815). Journal des audiences, tome II, p. 915.

[1] Recueil de Jurisprudence de Guy du Rousseau de Lacombe. Paris, 1769. (V° Mariage, p. 451.)— Cpr. arrêt du 16 juin 1674 (Journ. aud. tome III, p. 29). Arrêt du 5 févr. 1675 (ibid. t. III, p. 64), dont les solutions se rapprochent de celle de l'arrêt cité.

[2] A l'aide du système qui voit, dans le curé, le ministre du sacrement de mariage.

tion d'une idée qui se transmettra de génération en génération jusqu'à nos jours, et survivra longtemps à l'existence juridique du mariage religieux. Mais les conditions mêmes dans lesquelles elle prit naissance, conditions toutes spéciales et fortuites en quelque sorte, qui n'ont pu se produire qu'à un moment précis, dans un pays donné, à raison de circonstances déterminées, et sous l'influence d'une législation unique en son genre, doivent dès maintenant nous mettre en garde contre une appréciation trop favorable de sa valeur juridique absolue : encore un siècle, et Pothier ne refusera pas de l'admettre avec toute sa rigueur; elle n'est plus guère contestée de son temps.

Quoi qu'il en soit, les mariages irréguliers ne laissaient pas d'être encore fréquents. Les enfants de famille surtout s'entendaient toujours à merveille, à éluder la loi, en déjouant la surveillance jalouse de leurs parents, et en trompant la prudence naturelle de leurs curés. Ils trouvaient bien encore quelquefois comme par le passé des prêtres complaisants qui fussent disposés à leur prêter leur ministère pour contracter des unions clandestines. Mais dans beaucoup de cas, le procédé était dangereux, outre qu'à la longue il était devenu, comme les mariages par simples paroles de présent, insuffisant pour donner à ces unions une apparence de légitimité. Les mariages par acte au curé dressé par devant notaires avaient fait leur temps, puisque le parlement les annulait, et puis les notaires, gens sages et prudents par profession, ne devaient guère se soucier d'encourir un décret de prise de corps [1] ou la privation de leurs charges. Il fallut trou-

[1] Arrêt du 12 août 1690, déjà cité.

ver mieux. On imagina donc d'acheter, à prix d'or, une foule de personnes. Les unes se présenteraient en qualité de témoins, et donneraient sur l'âge des parties, leur domicile, leur qualité et leur condition des renseignements mensongers. Les autres se feraient passer pour les parents des futurs époux, pour leurs tuteurs ou leurs curateurs, et à ces divers titres leur délivraient des autorisations en bonne et due forme, ou donneraient mainlevée des oppositions formées par les véritables parents. On fabriquerait au besoin des dispenses de bans. C'était toute une comédie qu'il faudrait jouer, et il la faudrait jouer habilement car il importait, pour qu'elle réussît, que les parents ne se doutassent de rien, et que les curés ne conçussent aucun soupçon. Un mot pouvait tout perdre. Une hésitation, une maladresse, une contradiction pouvait tout compromettre..... Et pourtant l'histoire[1] atteste que les fils de famille arrivaient à leurs fins : le clergé s'en plaint amèrement dans ses assemblées, les parlements le constatent avec tristesse dans leurs arrêts. La royauté enfin le confesse elle-même, en disant dans son Edit de mars 1697 qu'elle voit avec beaucoup de déplaisir que la justice des lois sur le mariage et le respect qui est dû aux deux puissances qui les ont faites, n'ont pas été capables d'arrêter la violence des passions qui engagent dans les mariages de cette nature[2].... » Cet édit eut pour

[1] Toutes ces supercheries sont prévues et réprimées par le nouvel édit de mars 1697. On en trouve le détail dans les arrêts, et dans les plaintes du clergé.

[2] Le préambule de cet Edit commence en ces termes : « Les saints conciles ayant prescrit comme une des solennités essentielles au sacrement de mariage, la présence du propre curé de ceux qui les

but de les réprimer. Il fixa de nouveau et de la façon la plus précise les conditions d'âge et de domicile nécessaires pour contracter mariage[1]. Puis il prononça des peines sévères contre les prêtres qui oseraient encore « célébrer sciemment des mariages entre personnes qui ne seraient pas effectivement de leurs paroisses » : la privation temporaire des bénéfices, le bannissement à temps, la réclusion dans un couvent selon les cas. Et quant aux artisans des supercheries que nous avons rapportées, il les condamnait tous, faux parents, faux tuteurs, faux témoins à l'amende honorable, et ajoutait pour les hommes les galères ou le bannissement, pour les femmes le bannissement, pendant au moins neuf années[2]. — Trois mois plus tard une déclaration[3] rendue sous l'inspiration du clergé, complétait cet édit et généralisait les arrêts de règlement du parlement de Paris, en défendant « à tous juges à peine d'interdiction et même de privation de leurs charges, d'ordonner aux notaires de délivrer des actes (de mariage), et à tous notaires de les expédier, sous quelque prétexte que ce pût être, à peine de privation de leurs charges et d'être incapables d'en tenir aucunes autres de justice dans la suite[4]. » Mais cette disposition n'était pas, à

contractent, *les Rois, nos prédécesseurs, ont autorisé par plusieurs ordonnances l'exécution d'un règlement si sage...* » Ne voit-on pas une fois de plus que toute l'œuvre de la puissance civile s'était bornée tout d'abord à rendre exécutoire en France le décret du concile de Trente, comme nous l'avons démontré plus haut ? — Isambert, tome XX, p. 287 et suiv.

[1] Articles 1, 2, 5, 6, 7.

[2] Art. 3, 4.

[3] Isambert, t. XX, p. 292-295.

[4] Art. dernier.

beaucoup près, la plus importante de celles que contenait ce nouvel acte législatif. Pour bien comprendre les autres, nous sommes obligés de revenir un peu en arrière, et de rappeler brièvement quelle était depuis un siècle, l'attitude du clergé.

On se rappelle qu'en 1606, il avait une première fois protesté contre les atteintes portées par les parlements à son antique juridiction sur les mariages. Le Concile de Trente n'avait-il pas prononcé l'anathème contre quiconque dirait que la connaissance des causes de mariage n'appartient pas aux juges ecclésiastiques[1] ? La royauté, tout en faisant droit à sa requête, n'avait pas interdit à ses officiers de justice d'en connaître comme par le passé. Leurs « entreprises sur le fait des mariages » s'étaient, on le sait, poursuivies sans relâche. Elles avaient amené de nouvelles protestations : en 1625, le clergé s'était attaqué au chancelier lui-même qui avait « scellé des lettres attributives de juridiction sur la validité ou invalidité du mariage d'entre M. de Bassompierre et Mademoiselle d'Entragues, et des promesses faites sur icelui — au préjudice de l'instance pendante sur même sujet devant les juges délégués et commissaires de Sa Sainteté ». Mais les procédures avaient suivi leur cours tant au conseil qu'aux parlements de Rouen et de Paris[2]. — En 1625, il avait fait plainte expresse au roi dans son cahier de deux arrêts du parlement de Rennes, qui avaient ordonné au curé de Saint-Germain de cette ville de marier certaines personnes, et sur son refus, l'avaient condamné

[1] Conc. Trident. sessio XXIV, canon XII.

[2] Procès-verbaux, tome II, p. 284.

à l'emprisonnement [1] — en 1645, en 1655, en 1665, il avait exprimé ses doléances au sujet de plusieurs décisions du parlement de Paris et du Conseil du roi qui avaient évoqué des causes de mariage pendantes devant les juges ecclésiastiques [2]. — Toutes ces remontrances n'étaient pas demeurées pas sans réponse. « Le Roy y pourvoira ». — « Le Roy fera rechercher les abus, et s'il en trouve, il y pourvoira incessamment », telle avait été l'expression la plus ordinaire des volontés royales. — Mais elles étaient restées sans effet, car le Roi n'y avait jamais pourvu. — « Henri IV, dit un historien au sujet de la publication du Concile de Trente [3], passa tout son règne à faire des promesses et à s'excuser de ne les pas tenir ». Ses successeurs avaient adopté la même tactique, et faisant bon accueil en apparence aux revendications du clergé, ils avaient toujours soutenu, en fait, les prétentions des parlements. — Au mois de Juin 1697, tout est changé. Un moment, on peut croire que le clergé a triomphé du parlement. Il s'agit des mariages célébrés devant un autre prêtre que le propre curé. A leur égard, le parlement avait admis une jurisprudence qu'un arrêt résume en ces termes : « Un mariage *concordant,* fait entre deux personnes *majeures*, ne peut être troublé par un promoteur en une officialité, sous prétexte de quelque défaut de formalités dans la célébration, quand il n'y a

[1] Procès-verbaux. Table p. 1446.

[2] Procès-verbaux. Table p. 1447. — Tomes III, p. 254 et suiv ; IV, p. 303, V, p. 247 et suiv. — Mémoires du clergé, t. V.

[3] M. Desjardins, op. citat. p. 137.

point de partie qui le conteste [1] ». Fidèle à l'esprit qui animait le gouvernement, le parlement recherchait et condamnait avant tout les mésalliances et les unions contractées par des mineurs sans le consentement des parents. Aussi qu'arrive-t-il? les évêques se plaignent que dans un grand nombre de cas, « les profanations du Sacrement demeurent impunies : l'Eglise, elle, n'a en effet d'autre vue que celle de faire rendre le respect qui est dû à l'un des sacrements de l'Eglise, et de procurer le salut de ceux dont il a plu à Dieu de lui confier la conduite ». Elle demande donc et obtient « non pas une extension de la juridiction dont elle jouit sous la protection royale », mais « une plus grande liberté d'agir à cet égard [2] ». Désormais les promoteurs pourront « lorsque les procureurs et les parties intéressées ne feront aucune procédure, faire assigner devant les évêques les personnes qui vivent ensemble, et qui n'ont point été mariées par les curés de leurs paroisses, à l'effet de procéder à la réhabilitation de leurs mariages dans les formes prescrites par les SS. canons et par les ordonnances, après avoir accompli la pénitence salutaire qui leur sera imposée.» Et quant aux parlements, « ils devront faire exécuter ponctuellement les ordonnances des évêques à cet égard ».

Cette réhabilitation n'était pas chose nouvelle en France. Avant le Concile de Trente, chacune des par-

[1] Arrêt du 16 février 1673, sur les conclusions de Denis Talon. — Journal des audiences tome II p. 874.

[2] Préambule de la déclaration du 15 juin 1697. — Isambert t. XX, p. 292 293.

ties avait le droit de l'imposer à l'autre en cas de mariage clandestin ou seulement présumé. Par la suite, les arrêts avaient souvent ordonné aux époux, même en reconnaissant la validité de leur mariage, de se retirer par-devers leur évêque pour le célébrer à nouveau dans les formes prescrites, après avoir accompli la pénitence salutaire qui leur serait imposée. Désormais il appartiendra aux évêques de contraindre les parties à procéder à cette réhabilitation, « le mariage fût-il concordant » comme disait le parlement. Par là le clergé reprenait sur le mariage une partie de l'autorité qui lui échappait peu à peu depuis un siècle. C'était une victoire qu'il avait remportée, la seule depuis le commencement de la lutte.

Elle ne fut pas de longue durée [1]. Car dès 1705, le clergé fut réduit à élever de nouveau des protestations contre les actes des parlements. Elles se renouvelèrent pendant tout le cours du XVIIIe siècle, à intervalles beaucoup plus rapprochés qu'au siècle précédent : les procès-verbaux de ses assemblées en témoignent. Comme par le passé, la royauté ne fit à ces doléances que des réponses évasives [2]. — Après 1697, au surplus,

[1] « Au surplus, écrira Merlin, à la fin du XVIIIe siècle, cette déclaration est tellement tombée en désuétude, qu'on n'en voit que peu ou point d'exemples. Les prélats laissent aux familles à venger le mépris des formalités, en contestant à celui des époux qui survit, ou autres héritiers du mort, les avantages d'un mariage non valablement contracté. » — Répertoire, v° mariage, t. VIII p. 74. — Les curés ont *toujours été considérés comme non recevables* à appeler comme d'abus de la célébration du mariage de leurs paroissiens, arrêt du 24 décembre 1693 (ibid).

[2] Ces protestations se produisent notamment en 1705, 1715, 1723, 1725, 1730, 1735, 1740, 1745, 1755, 1760, 1765.... (Procès-verbaux, Table v° mariage p. 1447 et s.)

la royauté ne promulga plus de nouvelle loi sur la formation du mariage. Elle se contenta, en 1736, comme elle l'avait déjà fait en 1667 [1], de préciser les règles relatives à la tenue des registres paroissiaux destinés à le constater, avec les baptêmes et les décès. Aussi bien l'attention du gouvernement fut-elle dès la fin du XVIIe siècle attirée d'un autre côté, et c'est le mariage des protestants qui fut dès lors l'objet de toute sa sollicitude.

En fait, à partir de cette époque, les parlements gouvernèrent le mariage à leur gré. Mais c'est en vain qu'on essaierait de retracer leur jurisprudence, même à grands traits. Il était rare, en effet, que chacun des procès soumis à leur juridiction, ne fît pas naître plusieurs questions à la fois [2] : et par suite, chaque arrêt se trouvait dicté par un ensemble de considérations souvent aussi morales que juridiques. Pour tout dire en un mot, les parlements jugeaient en fait, beaucoup plus qu'en droit [3]. La loi laissait en somme aux juges un large pouvoir d'appréciation ; ils en usaient.— Néanmoins au milieu du conflit, plus apparent encore que réel, des solutions particulières, on voit surgir quelques règles générales dont les Cours ne consentaient guère à se départir [4].

[1] Isambert, t. XVIII, p. 137 et s., t. XXI, p. 405 et s.

[2] Voir dans Merlin, répertoire v° mariage, l'affaire La Bédoyère (tome VIII, p. 62.)

[3] On s'en rendra compte en parcourant les arrêts rapportés par Merlin, dans son répertoire, notamment au mot mariage, tome VIII p. 31 et s.

[4] Encore n'était-ce qu'en faisant toutes leurs réserves. — On lit dans les recueils au sujet d'un arrêt du 21 février 1732, par lequel il

Telle cette exigence du parlement de Paris que nous avons vue s'établir dès la fin du XVIIe siècle, pour remédier à l'abus des mariages à la Gaulmine, en vertu de laquelle la présence active et volontaire du curé et la bénédiction nuptiale sont nécessaires pour la validité du mariage [1]. Telle encore, cette autre règle posée vers la même époque, en termes non moins précis, de la nécessité du concours du second curé, lorsque les futurs époux appartiennent à deux paroisses différentes. D'Aguesseau induisait, en 1700, cette nécessité des termes mêmes du Concile de Trente dans un mémoire fort remarquable sur la présence du propre curé [2], et une série d'arrêts la consacrent en 1712, 1722, 1732, 1733 et 1745 [3]. D'après un usage à peu près universel en France, le concours de celui des deux curés qui ne célébrait pas le mariage résultait de la remise à l'intéressé du certificat de publication des bans [4]. Et l'omission

avait été jugé qu'il n'y avait abus, malgré le défaut du concours des deux curés (vide infra): « M. le premier Président Portail, ayant ensuite retourné aux opinions, a averti le Barreau, que la cour s'était déterminée par des faits, et que toutes les fois que l'occasion s'en présenterait, elle se déterminerait sur la nécessité du concours des deux curés, et qu'il en serait tenu registre; ce qui a été fait et exécuté. » *Recueil de jurisprudence civile* de Guy de Rousseau de Lacombe. v° mariage, p. 453. — Héricourt, *Lois Ecclésiastiques*, G. V. I. p. 67.

[1] Ce point était contesté. — Voir d'Aguesseau, mémoire cité ci-dessous, et infra p. 174.

[2] *Mémoire sur la nécessité de la présence ou du consentement du propre curé de chacun des contractants, pour la validité du mariage* 1700 (Œuvres complètes, ed. Paris 1788, tome V p. 161 et s.)

[3] V. Merlin, Répertoire v° mariage tome VIII, p. 62 et s.

[4] D'Aguesseau, mémoire cité — M. Joly de Fleury avocat général, dans l'affaire La Bédoyère, dans Merlin, ibid. p. 63.

de cette formalité, aussi bien que l'omission de la bénédiction nuptiale emportait nullité absolue du mariage [1].

A l'inverse, l'omission de la publication des bans, de même que le défaut de consentement des parents, n'emporte que la nullité relative. Certaines personnes peuvent seules s'en prévaloir [2]. Quel que soit l'âge des futurs époux, ce consentement doit du reste être requis. En 1737, le parlement de Rouen déclarait qu'un fils de famille, âgé de soixante-trois ans et déjà veuf, était tenu de demander, avant de se marier, le consentement de son père [3]. — Dans tous les cas d'ailleurs, qu'il s'agît d'une nullité absolue ou d'une nullité relative, la possession d'état peut constituer une fin de non-recevoir contre la demande de l'un des prétendus époux contre l'autre. « On ne peut, écrit d'Aguesseau [4], établir sur ce point une règle générale pour toutes sortes de cas..... Il y a quelquefois des circonstances assez fortes suivant les règles de la police extérieure, pour fermer la bou-

[1] V. d'Aguesseau, loc. cit., et Merlin, affaire La Bédoyère, ibid — Toute cette doctrine est encore contestée à la fin du XVIIIe siècle. Héricourt refuse de l'admettre en 1771 (lois Ecclésiastiques, G. V I p. 67.) — V. aussi un arrêt de 1707 sur les conclusions de M. Lenain (Merlin, ibid. p. 62) et un autre arrêt du parlement de Rouen de 1749 (Id. ibid. p. 66.) en ce sens.

[2] D'Aguesseau, ibid. — Ce n'est guère qu'au XVIIIe s. que la doctrine et la jurisprudence en vinrent à considérer le défaut du consentement des parents comme un empêchement dirimant.

[3] Coutumes de Normandie. Rouen, 1783, p. 435.

[4] Ibid. p. 175. — Les époux faisaient parfois agir leurs parents pour échapper à cette Jurisprudence. C'est dans ces conditions que le parlement refusa, le 1er mars 1691, de déclarer abusif le mariage d'un mineur, sur la plainte de son père. — Rousseau de La Combe, *Recueil* v° mariage p. 450.

che à la mauvaise foi et à l'inconstance de ceux qui réclament sur ce fondement contre un consentement libre et confirmé par une longue possession ». Mais, « il faut au moins, ajoutait-il, en ce cas, qu'il paraisse que la justice ne se détermine que par les fins de non-recevoir, et qu'en déclarant les parties non-recevables, elle ajoute toujours que c'est sans préjudice à elles de se retirer par-devers leur évêque, pour réhabiliter leur mariage, si faire se doit ». Des arrêts de 1638, de 1682, de 1707, de 1729, de 1731, de 1760 déboutèrent ainsi des époux qui prétendaient faire déclarer leur mariage abusif, pour n'avoir pas été célébré par le propre curé [1].

Il est enfin un dernier point sur lequel la jurisprudence n'a jamais varié. Le Concile de Trente avait exigé la présence de deux témoins pour la validité du mariage. Mais toutes les ordonnances en avaient requis quatre. « Les Cours, dit Merlin, n'ont jamais attaché la peine de nullité à l'insuffisance du nombre de témoins ». Un avocat général le disait en 1697 : « Le moyen tiré de ce qu'il n'y eut que deux témoins au mariage, ne paraît pas solide ; quoique rien ne soit plus requis par les lois que la présence de quatre témoins, et rien dont on doive moins se relâcher ; cependant le Concile dit

[1] Merlin, ibid. p. 77 et s. — Voir un fragment de Dissertation de Duplessis, cité ibid. par Merlin qui justifie cette jurisprudence, et un passage d'un plaidoyer de Cochin qui la combat. — « Dans quel cas, dit Merlin, (p. 80) a-t-on fait droit sur les réclamations d'un des époux ? C'est lorsqu'il n'y avait réellement pas de mariage », en cas de violence ou de séduction, ou « lorsque la voix des contractants se trouvait soutenue par celle d'un père ou d'une mère dont les droits étaient violés. »

deux ou trois, et l'ordonnance ne prononce pas précisément la nullité [1] ». C'est ce qui fut jugé par arrêt du 13 Juin 1684, dans l'affaire célèbre du mariage de la marquise de Coligny, fille de Bussy-Rabutin, avec le sieur de la Rivière. C'est ce qui résulte également de l'arrêt qui le 8 Juin 1734 déclara abusif le mariage de Mademoiselle de Kerbabu avec le marquis de Hautefort. Dans les deux cas, deux témoins avaient seuls été présents au mariage [2].

Ces décisions si multipliées sur la validité des mariages prouvent qu'au XVIIIe siècle, la juridiction ecclésiastique était devenue presque illusoire en cette matière. L'Eglise perdait peu à peu tous ses droits, et l'Etat, grâce à l'œuvre patiente et durable des parlements, se voyait remis en possession de tous les siens.

[1] Merlin ibid. p. 69. — Ainsi s'exprime un *canoniste en* 1703. « Quod vero predictus articulus 40 (ord. de Blois) requirit præter proprii parochi assistentiam quatuor etiam vel quinque testes, id nullibi receptum fuit, utpote superfluum et statur in toto regno concilio Tridentino non amplius requirente quam duos testes præter parochum ». *Juris canonici theoria et praxis,* auctore J. Cabassutio. Paris 1703. — Sic van Espen, Héricourt, Durand de Maillanne, etc.

[2] *Causes célèbres,* Paris. 1738, tome VI p. 363 et s, tome XIV p. 162 et s. — Ces deux affaires firent grand bruit, surtout la première.

VII

La théorie des « parlementaires » ; le contrat civil matière du Sacrement.

Mais, si grande que fût, sous l'ancien régime, l'indépendance des parlements, si absolu que fût le pouvoir royal, il leur fallait compter avec l'Eglise. En France, paraît-il, ce n'est pas avec des faits qu'on gouverne, encore moins qu'on administre la justice, mais avec des principes. Il avait donc fallu trouver une formule à la fois théologique et juridique qui pût expliquer les prétentions de l'Etat, et les concilier avec les droits de l'Eglise. La sagacité des juristes et des théologiens d'État y avait pourvu. Le souvenir de leurs ingénieuses conceptions est demeuré. On les a maintes fois reproduites : aussi n'aurons-nous pas besoin d'y insister longuement [1].

[1] Pour toute cette théorie, consulter le célèbre traité de Launoy intitulé *Regia in matrimonium potestas*. (Launoii opera, Genève, 1731, t. I, 2e partie, p. 631 et suiv.) De tous les théologiens d'état, Launoy est celui qui a porté le plus loin les revendications de la puissance civile contre l'Eglise. Il cite, du reste, l'opinion de tous les théologiens qui l'ont précédé, lorsqu'elle est conforme à la sienne, théologiens de Paris (cap. I), théologiens de Bordeaux (cap. II), de Reims (cap. III), de Louvain (cap. IV), de Salamanque, d'Italie, etc. Cette revue est fort curieuse. Nous ne renverrons par la

Le mariage, disait on, est tout à la fois contrat et sacrement. Celui-là est la *matière* de celui-ci. A la puissance temporelle appartient le droit de fixer les conditions du contrat, d'en préciser la forme, de juger de sa validité, d'en déterminer les effets juridiques. A la puissance spirituelle appartient le droit d'accorder ou de refuser la sanctification de ce contrat (par le sacrement), de répandre sur les futurs époux ou de leur retirer les grâces dont Jésus-Christ l'a faite la dispensatrice. A l'une le *for extérieur*, comme on disait à l'Ecole, à l'autre le *for intérieur* [1].

On aperçoit tout le parti qu'on pouvait tirer d'une semblable doctrine.— Les parlements connaissaient des causes de mariage? Rien n'était plus légitime. Le contrat ne leur appartenait-il pas? Quand ils le déclarent nul, ils ne portent pas atteinte au sacrement, « ce serait une impiété absurde [2] ! » — Le roi voulait interdire à

suite qu'aux ouvrages de quelques jurisconsultes du XVIIIe siècle. — On pourra aussi consulter Dom Chardon, *Histoire des Sacrements*. Paris, 1745, tome VI, p. 240, sp. 251. Il admet sans réserve la théorie du contrat civil, et parmi les théologiens étrangers, Sanchez, *De sancto matrimonii sacramento*, libr. VII, disp. IV, n. 2, qui l'admet aussi et donne par suite à l'état le droit d'établir des empêchements dirimants, etc.

[1] Durand de Maillanne, *Dictionnaire de droit canonique*, Lyon, 1770. Vo Mariage (tome III, p. 275). — Héricourt est moins formel. *Lois Ecclésiastiques*. Paris, 1771 (G. V. I. et II, p. 59 et la note). — Pothier admet la doctrine sans restriction. *Traité du contrat de mariage* (part. I, chap. 3, art. 1, nos 11 et s.) — Ferrière, en 1758, avait été aussi net que Pothier (vide infra).

[2] Durand de Maillanne, ibid. p. 282. — Héricourt, ibid. G. VI, p. 108-109. — Pothier, ibid. no 15 in fine et suiv., part. VI, ch. I, art. 2, nos 452 et s.

[3] Hoüard, *Dictionnaire de la Coutume de Normandie*, (Rouen, 1780), t. I, p. 337.

peine de nullité, les mariages contractés par des mineurs sans le consentement de leurs parents? Aucune prétention n'était mieux justifiée. Le roi règle, à son gré, les conditions de tout contrat : pourquoi le contrat civil de mariage échapperait-il à son autorité [1]? — La jurisprudence entend que le curé n'assiste pas seulement au mariage, mais qu'il y préside, et qu'il donne aux époux la bénédiction nuptiale? Elle en a le droit, puisqu'il appartient au roi de déterminer la forme des contrats [2], aussi bien que d'en fixer les conditions. On pouvait objecter que les ordonnances n'étaient rien moins que précises à ce sujet. Mais on avait de nouveau recours à la théologie ; on décidait grave-

[1] Durand de Maillanne, ibid. v° empêchements (t. II, p. 302) et v° rapt. (t. IV, p. 239). — Héricourt, ibid. G. V. II, p. 90 et s. — Pothier, ibid. part. IV, ch. I, sect. 1 et 2.

[2] Durand de Maillanne expose la controverse très vive qui était agitée sur ce point, sans se prononcer entre les deux opinions (Dict. au mot clandestin, t. I, p. 522 et s.) — Héricourt, op. cit. G. V. I, p. 65 et Pothier, op. citat. part. IV, chap. I, sect. 3, n°s 350 et s. se prononcent pour la nécessité de la bénédiction nuptiale ; le premier cherche le fondement de cette doctrine dans l'opinion fort contestable et contestée que le curé est le ministre du sacrement de mariage. Pothier, mieux avisé ou meilleur théologien, s'en tient à l'opinion commune : « Ce que nous avons dit, ainsi s'exprime-t-il, que le prêtre qui célèbre le mariage n'est pas un simple témoin, et qu'il exerce un ministère, n'est pas contraire à ce qu'enseignent les théologiens, que les parties qui contractent mariage sont elles-mêmes les ministres du sacrement de mariage. Il est vrai qu'elles en sont les ministres quant à ce qui est de la substance, et qu'elles se l'administrent réciproquement par leur consentement et par la déclaration extérieure qu'elles se font de ce consentement ; mais le prêtre est de son côté *le ministre des solennités* que l'Eglise et le prince ont jugé à propos d'ajouter au mariage pour sa validité ; et il est préposé par l'Eglise et par le prince pour exercer ce ministère. »

ment que le curé est le ministre du sacrement de mariage et, que par suite, on ne saurait se passer de son consentement.

Cette doctrine ne s'était pas créée tout d'une pièce, en un jour. Elle ne s'affirmait pas au début du XVIIe siècle avec autant d'assurance qu'à la fin du XVIIIe. Comme il arrive souvent, les applications pratiques l'avaient précédée, et ce n'était qu'après avoir largement usé des conséquences qu'on avait songé à énoncer le principe. De même tous les auteurs, théologiens ou juristes, ne l'adoptaient pas dans toute sa rigueur. La plupart d'entre eux, comme Durand de Maillanne [1] et d'Héricourt [2] accordaient même à l'Eglise en même temps qu'à l'Etat, le droit d'établir les empêchements dirimants, alors que d'autres, poussant la théorie jusqu'au bout, refusaient ce droit à l'Église, en dehors d'une concession expresse de l'Etat [3].

Dès 1677 néanmoins, cette doctrine était devenue non-seulement officielle, mais en quelque sorte obligatoire. Le sieur Jacques L'Huillier avait, en soutenant sa thèse de doctorat en théologie, dans l'acte de vesperie du 18 Juillet 1675, osé en contester la valeur, et prétendre que le droit d'établir des empêchements dirimants n'appartenait qu'à l'Eglise. Il dut comparaître le 16 Février 1677, avec le syndic de la faculté de théologie, à la barre du parlement et subir deux harangues, l'une de M. le premier président de Lamoignon et l'autre de

[1] *Dictionnaire de Droit canonique*, v^{o} empêchement (t. II, p. 302).

[2] *Lois Eccl.* G. V. II, p. 74.

[3] Tel l'avocat Le Ridant, dans *son Traité sur le mariage*, (1753, sans nom d'auteur ni lieu d'impression), notamment p. 78, 79.

M. l'avocat-général Denis Talon qui rétablissaient les principes dans toute leur pureté. La Cour ne sévit pas, car le syndic donna quelques explications fort habiles, dont il fut fait registre. Mais le syndic fut averti « d'être plus exact doresnavant en souscrivant les thèses, et de ne pas souffrir qu'il s'y glissât aucune proposition contraire à l'autorité du Roi, aux droits de la couronne et aux libertés de l'Eglise Gallicane [1] ».

En 1712, le chancelier de Pontchartrain l'expliquait au premier président du parlement de Besançon dans une lettre demeurée célèbre : « Comme le mariage est en même temps un contrat civil et un sacrement, disait-il, il est également soumis aux deux puissances, *même par rapport à la validité du lien.* Le contrat dépend absolument de la puissance séculière, le sacrement dépend uniquement de la puissance ecclésiastique. Et comme il n'y a pas de mariage valable parmi nous, s'il n'est pas élevé à la dignité de sacrement, et que réciproquemeut il n'y a pas de sacrement où il n'y a pas de contrat et de consentement légitime, il est évident que l'Eglise et l'Etat exercent également leur au-

[1] Le Ridant, (ibid. p. 80 et s.) rapporte les deux discours. Ce qui est assez piquant, c'est que le premier président et l'avocat-général ne s'étant pas entendus, soutinrent deux doctrines différentes, le premier affirmant que le droit d'apposer des empêchements dirimants au mariage appartenait à l'Eglise en même temps qu'à l'Etat, et le second réservant ce droit à l'Etat seul. — Voici la position qui avait mis le parlement en émoi : « Non audiendus quisquis banc potestatem Ecclesiæ eripit, ut principibus sæcularibus eam adscribat. » — L'affaire fit quelque bruit, car on la trouve rapportée dans une foule de recueils de Jurisprudence ou d'ouvrages de l'ancien droit. Voyez notamment Durand de Maillanne, op. cit. (t. II, p. 302), *Code matrimonial* (de Camus), t. II, p. 905.

torité sur le mariage considéré en même temps comme contrat et comme sacrement [1] ». « Telles étaient, suivant le chancelier, les véritables opinions par lesquelles les limites des deux puissances devaient être fixées [2] ».

L'autorité d'une semblable doctrine reposait sur un double fondement. Tout d'abord elle contenait certainement une part de vérité. Il est impossible de ne pas découvrir dans tout mariage l'échange de deux volontés, partant une sorte de contrat. L'Eglise l'avait toujours enseigné : à ses yeux, le contrat était de droit naturel et d'institution divine. — Puis on invoquait les pères de l'Eglise, et les théologiens les plus illustres. On se réclamait de St-Thomas : n'avait-il pas dit que « le mariage, en tant qu'il est une fonction sociale, est régi par la loi civile [3] ». Jurisconsultes et théologiens parlaient alors le même langage ; il n'était question dans leurs discours que « de la matière du sacrement, de sa forme, de son ministre ». On empruntait des armes à

[1] « Le mariage, écrira Ferrière en 1758, est un sacrement, mais un sacrement, dépendant du contrat civil, de manière que, lorsque le contrat est nul pour défaut du consentement légitime, le sacrement n'y peut être attaché, non plus que la forme ne peut subsister sans la matière. » *Nouvelle Introduction à la Pratique.* Paris 1758, V° mariage. — Pothier s'exprime en termes identiques. Traité du contrat de mariage part. 1, chap. 3, art. I n° 12. « Il ne peut y avoir un sacrement de mariage, dit-il, lorsque le contrat civil est nul ; de même qu'il ne peut y avoir un sacrement de baptême sans l'eau qui en est la matière. »

[2] *Code matrimonial*, 1770, tome 1er p. 192 et suiv.

[3] Saint-Thomas, in IV Sentent., dist. XXXIV, qu. I, art. I ad quartum. — « Dicendum, quod personæ illegitimæ ad matrimonium contradendum dicuntur ex eo quod sunt contra legem qua matrimonium constituitur. Matrimonium autem, in quantum est in offi-

l'Eglise, pour la vaincre, et c'était au nom de Jésus-Christ même qu'on prétendait la dépouiller [1]. — L'Eglise avait beau protester, soutenir que tout ce qui touchait à la validité du lien conjugal était de son domaine, et que la compétence de l'Etat ne s'étendait que sur les effets civils du mariage, affirmer que le contrat et le sacrement étaient inséparables, qu'à vrai dire le sacrement c'était le contrat lui-même [2] : sa voix n'était pas entendue ; et, chose curieuse, ceux-là même qui l'étouffaient, prétendaient et croyaient de bonne foi demeurer ses fidèles disciples. Nos pères excellaient à ces délicates conciliations entre deux sentiments, deux idées, deux croyances qui s'excluent. Ils s'estimaient fort bons catholiques, tout en demeurant gallicans renforcés, ou jansénistes endurcis. De nos jours, où le jansénisme n'est plus qu'un souvenir historique, où les éternelles revendications du gallicanisme sont devenues

cium naturæ, statuitur lege naturæ, in quantum est sacramentum, statuitur jure divino, in quantum est in officium communitatis, statuitur lege civili : *et ideo ex qualibet dictarum legum potest aliqua persona effici ad matrimonium illegitima* » *D. Thomas Aquinatis opera.* Madrid. 1769. — (tome V. p. 117.)

[1] On invoquait des paroles de l'Evangile comme celle-ci : « Mon royaume n'est pas de ce monde... — Rendez à César ce qui est à César... » etc.

[2] Cette doctrine, pour s'être affirmée de nos jours en termes fort précis dans les actes les plus récents de la papauté, n'en a pas moins toujours été la seule orthodoxe. Elle résulte implicitement des principes adoptés par le Concile de Trente sur les mariages clandestins : à cette époque, elle n'était même pas contestée. Elle a trouvé sa dernière expression dans l'encyclique du pape Léon XIII sur le mariage chrétien du 10 février 1880. — On peut consulter sur ce point la brochure intitulée » : *Le mariage chrétien et le Code Napoléon*, par le P. Daniel (Paris, 1870).

l'apanage des ennemis avoués de l'Eglise, on se prend, en lisant l'histoire, à douter de leur sincérité : elle était pourtant très réelle.

Qui oserait mettre en doute la bonne foi d'un Pothier? Et pourtant, lorsqu'il revendique au profit de l'Etat le *contrat* de mariage, le *bonhomme Pothier*[1] laisse bien loin derrière lui, et Dumoulin, le farouche ennemi de la puissance ecclésiastique, et Pierre Pithou, l'illustre défenseur des libertés de l'Eglise Gallicane. On pouvait en effet tirer une dernière conséquence de la doctrine qui vient d'être exposée. Pothier n'eut garde d'y manquer : « Le Concile de Trente, dit-il, excédait son pouvoir, en déclarant nuls, de sa seule autorité, les contrats de mariage où la forme qu'il prescrit n'aurait pas été observée ; car les mariages, en tant que contrats, appartiennent, comme tous les autres contrats, à l'ordre politique ; et ils sont, par conséquent, de la compétence de la puissance séculière, et non de celle du Concile à qui il n'appartenait pas de statuer sur leur validité ou invalidité[2] ». Singulier reproche en vérité ; et qu'on s'attend à rencontrer dans l'écrit venimeux de Dumoulin « sur le fait du Concile »... Bien loin de là, ce dont ce dernier fait grief aux pères de Trente, c'est de n'avoir pas annulé assez de mariages[3]. — Et quant à Pierre Pithou, dans son « Advis sur l'or-

[1] Ainsi l'appelle fort justement M. P. Viollet en le comparant au bonhomme Rollin. Précis, p. 203.

[2] Pothier op. citat. partie IV ch. 1 sect. 3 art. I § 4 n° 348.

[3] Il leur reproche « d'avoir permis les mariages des fils et filles de famille, sans le consentement et contre l'authorité de leurs pères et mères, contre les bonnes et anciennes loix civiles, et honnetetés publiques. » *Conseil sur le faict du Concile de Trente.*

donnance de Blois[1] »,voici en quels termes il s'exprime: « Nous recognoistrons sans difficulté, que le droict du lien de mariage en foy, quand il est seulement question s'il doit tenir ou non, en tant qu'il est mystère et sacrement, est matière pure ecclésiastique. Aussi le roy très-chrestien, usant par son edict de ces mots « ne peuvent valablement contracter » n'a entendu disposer du sacrement et de la validité ou invalidité d'iceluy..., mais recevant et embrassant ce qui en a esté enfin advisé et résolu mesme par le Concile de Trente, il a voulu authoriser, en tant qu'à luy est, le sainct Décret, par les moyens qui sont en sa puissance séculière, comme est obligation des biens et des conventions matrimoniales, de communauté, dot, douaire et autres portées par les contracts de mariage, et ce qui en dépend, comme sont les droicts de successions, retraict lignager....» — « Le droit civil, disait Léon XIII en 1880, ne peut qu'ordonner et régler les conséquences que le mariage entraîne avec soi dans l'ordre civil, conséquences qui évidemment ne peuvent se produire, si leur cause vraie et légitime, c'est-à-dire le lien nuptial n'existe pas[2] ».

Que faut-il conclure de toutes ces citations? Que Pothier n'a pas su défendre les droits de l'Eglise en face des prétentions de l'Etat — ou que Dumoulin et Pithou ont été incapables de revendiquer les droits de l'Etat en

[1] Publié en 1580. — Se trouve imprimé à la suite de divers opuscules tirez des *Mémoires de Me Antoine Loïsel*, advocat en parlement. Paris, 1656.

[2] Lettre encyclique du 8 février 1880 sur le mariage chrétien. Traduction française p. 32.

face des prétentions de l'Eglise? Non, ce serait oublier que deux siècles les séparent, que pendant ces deux siècles l'histoire ne s'est pas arrêtée, que l'État pied à pied a reconquis le mariage, qu'une doctrine nouvelle s'est affirmée pour justifier ses conquêtes et qu'elle a séduit les esprits les plus distingués de l'époque, qu'au XVIII siècle elle emplit les ouvrages de droit canon et les recueils de jurisprudence, alors que les théologiens d'Etat l'enseignent à l'Ecole, et que les juristes la développent à l'audience. — Pithou exprimait les idées de son temps, Pothier reflète l'opinion de ses contemporains. D'un coup d'œil, on mesure le chemin parcouru en deux siècles. — Encore un pas, et la doctrine des « parlamentaires », comme l'appelle un avocat au XVIIIe siècle, la doctrine du contrat civil matière du sacrement, aura conduit nos pères à la sécularisation absolue du mariage. Elle aura ainsi donné tous les résultats qu'on était en droit d'attendre d'elle. Puis, comme ces machines à la fois ingénieuses et rudimentaires dont la science fut fière autrefois, mais dont elle rougirait de se servir aujourd'hui, elle s'en ira dormir dans la poussière que le temps amasse sur les œuvres humaines.

Spectacle étrange! Il s'est trouvé de nos jours des hommes qui ont secoué cette poussière, qui ont remis en mouvement des rouages mal assurés et des ressorts fatigués par l'âge [1]. A la vérité on comprend difficile-

[1] V. *Principes sur la distinction du contrat et du sacrement*, par M. Tabaraud, Paris, 1825, — Cf. M. Beauchet, Etude historique plusieurs fois citée, passim.

ment leur dessein. Souhaitaient-ils faire œuvre de théologiens? L'Eglise repousse leurs déductions, dont plus d'une paraît entachée d'hérésie — de jurisconsultes? Mais le droit a secoué depuis longtemps les lisières de la religion : il l'ignore aujourd'hui, quand il ne la méconnaît pas, comme « ces enfants drus et forts d'un bon lait qu'ils ont sucé, dont parle La Bruyère, qui battent leur nourrice » — d'historiens? Mais on n'emprisonne pas l'histoire dans une formule, et l'esprit de système aveugle les plus clairvoyants.

Il fut un temps où le mariage était un « sacrement de l'Etat [1] ». Plus tard le mariage fut un contrat civil en même temps qu'un sacrement. De nos jours, c'est plus qu'un contrat et moins qu'un sacrement. Chaque siècle a sa formule. Les idées se modifient avec le temps, et les institutions se transforment : chaque génération a raison, car elle est de bonne foi. — Mais c'est faire œuvre vaine, que de ressusciter ce qui est mort. C'est perdre et son temps et sa peine, que de remonter par-là les siècles pour retrouver l'origine d'une doctrine qu'on sait fort bien ne dater que de la veille, et n'avoir vécu qu'un jour.

[1] L'expression est de Ferrière.

CHAPITRE III

LE MARIAGE DES PROTESTANTS

Pendant qu'au XVIIe siècle, la royauté, de concert avec l'Eglise, s'efforçait d'établir en France la loi de la célébration publique du mariage, une portion notable de la population française échappait à cette loi : c'étaient les protestants[1]. Les ordonnances avaient peu à peu transformé en lois du royaume les décisions du Concile de Trente. — Mais les protestants, après avoir sollicité la réunion d'un concile œcuménique, après en avoir appelé par avance des décrets de la papauté au jugement de ce concile, avaient, dès le premier jour, refusé de reconnaître son autorité[2] : et par la suite, ils avaient mis

[1] Consulter pour tout ce chapitre, les pages que M. Viollet a consacrées à l'histoire du mariage des protestants, après la Révocation de l'Édit de Nantes, dans son Précis de l'histoire du droit français, p. 295-299. Tous les faits que nous développons s'y trouvent indiqués en substance.

[2] Pallavicini, passim et notamment tome II, col. 205, 388, 409 etc.

toute leur énergie à combattre en France la publication de ses canons. Pour eux, le concile, et par suite les ordonnances étaient ainsi demeuré lettres mortes. Quelle était donc la loi qui régissait leurs mariages ?

Jusqu'à la fin du XVIIe siècle, la question présente peu d'intérêt, et c'est ce qui explique que nous ayons pu garder jusqu'à présent le silence sur ce point. Mais à partir de cette époque et pendant tout le cours du XVIIIe siècle, il en est tout autrement. — Après la révocation de l'Édit de Nantes, les protestants forment encore, à eux seuls, plus d'un vingtième de la population française. C'est là un chiffre important. Néanmoins ce nombre ne suffirait pas à expliquer la place que nous allons donner au mariage des protestants, si pendant toute cette période, il n'avait (ce qui est incontestable) concentré sur lui l'attention des meilleurs esprits.

Depuis 1685, date de la révocation, jusqu'en 1787, date de l'Édit du roi Louis XVI, une question se pose, toujours agitée, toujours résolue en sens divers, en législation comme en droit, en morale comme en jurisprudence : les protestants peuvent-ils se marier et par suite comment se forme leur mariage ? — Si l'on réfléchit que dans toute société organisée, le mariage est la base de l'ordre social et juridique, que sur lui reposent les droits de famille et les droits de succession, on saisit l'intérêt de cette question. C'est en outre, on peut le dire avec assurance, des discussions qui s'agitèrent autour de cette question, et du conflit des solutions qui lui furent apportées que jaillit non seulement l'idée du mariage tel que nous le possédons aujourd'hui, mais encore la notion moderne de l'état-civil et des actes qui servent à le constater.

Dans l'étude que nous poursuivons, l'histoire du mariage des protestants tiendra donc la première place jusqu'à ce que nous soyons parvenus à l'époque de la Révolution. On verra comment les faits par lesquels cette histoire se signale, se relient de la façon la plus étroite à ceux que nous avons déjà passés en revue, et à ceux que nous noterons encore par la suite[1].

I

Le mariage des protestants au XVIIe siècle.

Les protestants[2] avaient nié, dès le principe, que le mariage fût un sacrement. Ils ne le considéraient pas moins comme un acte religieux. Aussi avaient-ils, en se

[1] Nous aurons souvent à citer, au cours de ce chapitre, une remarquable monographie, publiée en 1868 sous ce titre : *De l'Etat-Civil des Réformés de France*, par M. L. Anquez, professeur au lycée St-Louis, auteur de plusieurs ouvrages estimés sur l'histoire de la Réforme en France ; cet ouvrage se recommande par la sûreté des documents et l'habileté de leur mise en œuvre, autant que par l'impartialité des jugements.

[2] Sous ce nom de protestants, nous n'entendons parler que des Calvinistes. Il n'y avait pas, à cette époque, de Luthériens en France, sauf en Alsace, et on sait que, le mariage de ces derniers était réglé comme celui de tous les réformés d'Alsace par les traités de Westphalie, qui leur garantissaient l'exercice public de leur religion. *Ordonnances d'Alsace*. Colmar, 1775 tome I, p. 493. — Les consistoires y jugeaient des causes de mariage (ibid.)

séparant du catholicisme, conservé l'usage de la bénédiction nuptiale ; mais, non plus que les catholiques avant le concile de Trente, ils n'estimaient que cette bénédiction fût nécessaire à la validité du mariage. Ils y recouraient cependant, car comme les curés, leurs ministres en tenaient registre. Les protestants se trouvèrent donc, en fait, soumis au droit commun jusqu'à ce que l'ordonnance de Blois vint le modifier. Vingt ans plus tard, l'Édit de Nantes [1], en leur rendant l'exercice public de leur culte, leur reconnaissait implicitement le droit de célébrer leurs mariages devant leurs ministres, mais aucune de ses dispositions ne leur en imposait l'obligation. Elle s'établit cependant d'elle-même [2], et les réformés ne firent pas difficulté de s'y soumettre, si l'on en croit Brodeau. « Ceux-mêmes qui font profession de la R. P. R., écrit-il au début du XVIIe siècle [3], sont tenus de garder et gardent très étroitement ces solennités, sans donner aucune dispense de bans... »

Aucune loi ne l'avait prescrit. Mais on ne saurait s'étonner de ce fait. D'une part en effet les protestants avaient tout intérêt à se soumettre au droit commun. Leurs consistoires, qui s'efforçaient de s'attribuer la

[1] Cet édit (art. 23) obligeait seulement les réformés d'observer les empêchements de mariage, tels que l'Eglise les avait établis avec quelques restrictions (art. 40 secret). Il attribuait compétence aux juges royaux pour les questions relatives à leurs mariages (art. 41 secret). Dans les parlements où il existait des *Chambres mi-parties* ou des *Chambres de l'Edit*, c'étaient elles qui devaient en connaître. Isambert, tome XV, p. 178 et 207.

[2] Ce fut l'œuvre d'un synode national de 1559, confirmé par plusieurs autres, notamment les 4e, 5e et 6e synodes nationaux. Anquez, *Etat-Civil*, p. 11 à 15.

[3] Arrêts de Louët, annotés par Brodeau, tome II, p. 122.

connaissance des causes de mariages y conformaient volontiers leurs décisions. De l'autre le principe de la nécessité d'une célébration publique, principe général et supérieur, dont l'ordonnance de Blois ne constituait en quelque sorte qu'une application incomplète, se trouvait désormais posé, et de telle sorte qu'il ne devait plus s'effacer de nos Codes. Les dix-neuf vingtièmes de la population s'y trouvaient directement soumis. Quoi d'étonnant, si le juge, alors plus indépendant que de nos jours, se crut en pouvoir de tirer d'une loi telle décision qui ne résultait pas certainement de son texte, et le jurisconsulte de déduire d'un principe une fois établi, telle conséquence que le Législateur lui-même n'avait pas énoncée ?

La formation juridique du mariage des protestants ne différa donc guère, au cours du XVIIe siècle, de celle du mariage des catholiques[1]. Mais l'édit de Nantes n'avait été qu'une trêve. La lutte recommença bientôt entre protestants et catholiques, et les libertés accordées par Henri IV aux premiers ne tardèrent pas à subir d'importantes restrictions. C'est ainsi que vers 1683, le culte réformé se trouvait interdit dans un grand nombre de provinces[2]. Les temples étaient démolis, et les ministres chassés. Une question fort grave se posait alors. Qui allait, par la suite, administrer les baptêmes,

[1] On appliquait aux Calvinistes la règle du Concile de Trente, relative *au propre curé*. Voir une décision de 1682, rapportée par M. Anquez, p. 18.

[2] Rulhières. *Eclaircissements historiques sur les causes de la révocation de l'Edit de Nantes*, 1788. — 1re partie, p. 263 et suiv. (Ch. XIV). Anquez op. cit. p. 23 et suiv.

célébrer les mariages, constater les décès des protestants dans ces provinces ?

Il faut rendre au Conseil de Louis XIV cette justice qu'il sentit l'importance de cette question, et résolut aussitôt d'y pourvoir. C'est ce qu'il fit, en effet, « non pas par un seul acte, qu'on pourrait regarder comme l'effet d'une volonté passagère et momentanée, mais par plusieurs arrêts rendus depuis 1683 jusqu'en 1685, qui sont tous dans le même esprit, et étant réunis, font une loi complète [1]. »

Tel fut l'objet d'un arrêt du 15 mai 1685 [2] sur les baptêmes, et d'une déclaration du 11 décembre 1685 sur les décès [3]. Dans l'intervalle, un autre arrêt du Conseil était intervenu, à la date du 15 septembre [4], et avait réglé la question des mariages. « Cet arrêt, dit un historien [5], fut rendu au *Conseil du roi*, non pas au *Conseil des Parties*, présidé par le Chancelier et auquel le roi n'assiste pas, mais au *Conseil des Dépêches*, sa Majesté y étant ; il fut donc rendu par le Roi, délibéré en sa présence par tous les ministres, par Louvois, Seignelai, Châteauneuf, par le vieux chancelier Le Tellier, qui le signa [6]. » Son objet était de « donner moyen à ceux des

[1] Malesherbes. 1er *mémoire sur le mariage des protestants*. 1785, p. 35.

[2] *Edits, déclarations... rendus au sujet de la R. P. R.*, recueillis par Saugrain. Paris, 1701, p. 276.

[3] Ibid. p. 305. Isambert, tome XIX, p. 536.

[4] Saugrain, p. 276.

[5] Rulhières. — *Eclaircissemens historiques*, 1re partie, pag. 278.

[6] Dans le recueil de Saugrain, il est pourtant signé du seul nom de « Colbert » de même dans les mémoires de Malesherbes, où il est inséré (à la suite du 1er mémoire). Il s'agit ici de Seignelai, car Colbert était mort en 1683.

religionnaires des païs ou les exercices de la R. P. R. avaient été condamnez, qui se voudroient marier, de *le pouvoir faire commodément.* » Il ordonnait que leurs mariages seraient célébrés par des ministres choisis et établis dans les pays par ces intendants. On n'entendait pas par là rendre aux protestants l'exercice public de leur culte : il était interdit aux ministres « de faire en la célébration desdits mariages, aucun presche, exhortation ou exercice de ladite R. P. R, que ce qui était marqué dans les livres de leur discipline, » et « à tous religionnaires autres que les proches parents des personnes qui seraient à marier, jusques au quatrième degré, d'y assister. » —On évitait en outre de reconnaître aux ministres protestants le caractère d'officiers publics chargés de constater les mariages. Ceux-ci ne pouvaient être célébrés « qu'en présence du principal officier de justice de la résidence » après que « les publications auraient été faites au siège royal le plus prochain du lieu de la demeure de chacun des deux religionnaires qui se voudraient marier, et seulement à l'audience. » Enfin la preuve de ces mariages devait être assurée au moyen d'un certificat signé du ministre et des époux qui « serait rapporté au greffe de la plus prochaine juridiction royale, pour être inséré sans frais sur un registre coté et paraphé par le premier juge... »

Cet arrêt mérite d'être relevé. Il établit au XVIIe siècle la constatation civile du mariage pour les protestants ; joint à l'arrêt sur les baptêmes et à la déclaration sur les décès, il complète un système de législation qui rend à ces derniers l'existence juridique dont ils avaient pu se croire un instant dépouillés : c'est donc un acte de justice. — Il permet en outre aux protestants de célébrer leurs mariages devant les ministres de leur religion : à ce titre c'est presque un acte de tolérance. Mais c'est anticiper sur les événements que parler de tolérance en 1685, à vrai dire, le mot non plus que l'idée qu'il exprime n'était encore de mode. Le conseil de Louis XIV obéissait à une nécessité de l'ordre social, nécessité qui lui était apparue dès le jour où l'exercice du culte réformé avait été interdit dans une partie du royaume.

Mais Louis XIV allait bientôt céder à de nouvelles influences. Quelques semaines à peine après que cet arrêt eût été rendu, l'édit de Nantes fut révoqué.

II

Le mariage des protestants après la révocation de l'édit de Nantes.

Les mesures de rigueur qui jusque-là n'avaient atteint la religion réformée que dans quelques provinces, étaient étendus par l'édit de révocation à tout le royaume.

Partout l'exercice public du culte était prohibé ; les temples devaient être démolis, et les ministres chassés. L'arrêt du 15 mai sur les baptêmes était abrogé. Désormais les dissidents devaient demander aux prêtres catholiques de baptiser leurs enfants. Qu'allait-il advenir bon mariage des réformés ? l'édit gardait à cet égard un silence forcé [1].

Le gouvernement ne pouvait en effet leur permettre de contracter mariage devant leurs pasteurs, comme par le passé. C'eût été rendre d'une main aux protestants ce qu'on leur enlevait de l'autre. Agir ainsi, c'eût été obéir à deux mobiles opposés, allier l'extrême rigueur et une certaine modération : ceci ne se conçoit guère. — Il ne pouvait pas plus exiger ouvertement des réformés qu'ils recourussent au ministère des curés catholiques : autant eût valu proscrire tous ceux qui ne voudraient pas abjurer, les condamner à l'exil, et les termes mêmes de l'édit de révocation [2] prouvent qu'on n'y songeait pas encore.

La Cour, comme on disait alors, n'adopta donc aucun système défini. Au surplus les listes de conversions affluaient à Versailles. On ne pensait pas que l'hérésie dut résister longtemps au coup qui allait l'atteindre. La question ne demeurerait pas toujours en suspens, on pouvait donc se dispenser de chercher une solution qui paraissait introuvable. Par la suite, on serait toujours libre de prendre telle décision que comporteraient les circonstances.

Mais quand un gouvernement attend les événements, il s'expose à ne plus pouvoir les dominer. Dans le silence de la loi, il n'est de place que pour l'arbitraire. Les agents inférieurs du pouvoir se donnent libre carrière. N'osant

[1] Isambert, tome XIX, p. 530 et s.

[2] Voir notamment l'art. XI ici fini. — D'ailleurs, dans les périodes des rigueurs les plus accentuées, le gouvernement n'osa jamais imposer ouvertement une telle obligation aux protestants. Il n'y arriva que par une voie détournée. *Vide infra.*

ou ne pouvant les désavouer, le gouvernement, si absolu qu'il soit, n'est plus maître de sa politique : il subit celle qu'on lui impose. « La révocation de l'édit de Nantes, a dit un historien [1], est la seule affaire, à cette époque de centralisation, dont on peut dire qu'elle n'a pas suivi la direction exclusive des chefs du gouvernement, qu'elle leur a souvent échappé, et qu'en plus d'une circonstance ils ont subi l'action de leurs propres agents. Ce n'était pas de Paris ou de Versailles que le courant descendait aux provinces, c'était du fond des provinces, que le flot remontait vers Paris. »

Ce fait, on le verra se produire par la suite ; conséquence regrettable, mais forcée du silence qu'avait gardé l'Edit de révocation. — Comment allait-il être interprété au lendemain de sa promulgation ? Les protestants n'osèrent pas se prévaloir de l'arrêt du 15 septembre : il n'existait donc plus pour eux de forme légale du mariage.

Cependant, durant de longues années, ils ne se virent pas dépouiller de l'état civil auquel il semble que tout homme ait droit dans une société civilisée. Ils jouissaient, ceci est bien remarquable, d'un état-civil de fait, dont aucune loi n'avait réglé l'acquisition ou la perte, qui s'était établi de lui-même, parce qu'il répondait à un besoin social. Il s'imposait aux parlements, quand il n'était pas leur œuvre : depuis 1685 jusqu'en 1715, on ne les vit pas annuler un seul mariage contracté par des protestants en France [2].

[1] Cte de Luçay. — *Des origines du pouvoir ministériel en France* (Revue historique de Droit français et étranger, t. XII, p. 617.

[2] Ce fait est consigné dans un mémoire officiel, dressé en 1786 par

Et pourtant, si l'on en croit les historiens, rien n'était moins déterminé que la forme dans laquelle ceux-ci contractaient leur union, rien n'était à la fois plus difficile et plus dangereux pour eux que d'en rapporter la preuve.

Souvent ils se mariaient *au Désert*. « C'était surtout dans nos provinces méridionales, dit Rulhières[1], où la constante sérénité du climat favorisait les assemblées du désert, qu'elles se perpétuèrent. Le jour même de l'interdiction du culte public y avait vu commencer le culte secret... » Les réformés se réunissaient dans les bois, ou sur la montagne, le plus souvent pendant la nuit. Les pasteurs administraient les baptêmes et bénissaient les mariages.

Parfois c'étaient les vieillards ou les chefs de famille qui unissaient les futurs époux, puis, lorsqu'un ministre caché arrivait dans le pays, ceux-ci lui demandaient après coup la consécration religieuse de leur union[2].

En Normandie, l'usage s'était établi de passer contrat devant notaires, puis les futurs époux se rendaient dans quelque maison retirée. Un parent ou un ami li-

le baron de Breteuil, ministre de Louis XVI, édité par Rulhières, son secrétaire en 1788 (p. 62). « J'ai fait consulter, dit-il, dans tous les parlements du royaume, et les réponses ont été unanimes : il n'existe pas un exemple dans l'intervalle écoulé depuis la Révocation jusqu'à la mort de Louis XIV, pas un seul exemple d'un mariage de protestans cassé, et tous les rapports qui parvenaient au Gouvernement, attestent que les exemples de ces mariages furent très-multipliés. » — On verra que cette situation se prolongea jusque vers 1739.

[1] Rulhières. — *Eclaircissemens...* 2e partie, p. 174. — Anquez, *Etat-civil de réformés*, p. 66 et suivantes.

[2] Rulhières, ibid.

sait devant eux les prières liturgiques en présence de quelques personnes, puis leur délivrait une sorte de certificat, où était mentionnée la célébration religieuse du mariage par un curé et dans une paroisse dont les noms étaient imaginaires[1]. Dans quelques provinces frontières ou maritimes, les futurs époux allaient se marier en pays étranger, puis revenaient s'établir dans leur patrie : « Lorsque les gens mariés chez les étrangers reviennent en France, écrivait en 1695 l'intendant de la Rochelle, on ne leur fait aucune difficulté sur la validité de leurs mariages. Les évêques les laissent vivre en repos de la même manière qu'ils souffraient les mariages faits par les ministres[2]. » Enfin, beaucoup de

[1] Sophronyme Beaujour. *Essai sur l'histoire de l'Eglise réformée de Caen*. Caen, 1877, p. 463 et suiv. — Voici, d'après cet auteur, la copie littérale d'un de ces actes : « Nous soussigné, Antoine Daule, prêtre, curé de Nullancourt, attestons à qui il appartiendra avoir resus les promesses de mariage de Mathieu Mesnil de la paroisse de Quéron, fils de défunct Michel Mesnil et de Marie Roger, ses père et mère, d'une part, et de Anne Rivière, de la paroisse de Beuville, fille de Jacob Rivière et de Marie Deblez, ses père et mère, d'autre part. Après vu et lu leur contract de mariage passé par recognoissance devant Marin Fallet, notaire à Douvre et dépendances et Jean-Jacques Lamy, sergent royal audict lieu, pris pour adjoinct le vingt-deuxième jour de juillet 1706, contrôlé et sellé à la Délivrande le 24 dudict mois de juillet audict an, et aussi avoir pris leur mutuel consentement, en foy de quoy nous les avons conjoincts en mariage et donné la bénédiction nuptiale et leur avons délivré la présente pour leur servir et valloir ainsy que de raison aux présence de Guillaume Sallomon et d'Estienne Le Tellier, tesmoings le vingt septembre mil sept cent six. — Le Tellier, Sallomon, Daule, prestre. » — C'est là un acte informe, et qui ne ressemble en rien aux actes de mariages dressés par les curés.

[2] Rulhières, ibid., p. 180 et suiv. — Sur ces mariages contractés en pays étranger, voir les intéressants détails donnés par M. L. Anquez, *Etat-civil des réformés de Fr.*, p. 61-65.

protestants feignaient d'embrasser la religion dominante, et recevaient la bénédiction nuptiale des mains du curé catholique[1]. On les appela *nouveaux-convertis ;* mais on fut loin de garder à leur égard une ligne de conduite uniforme. Dans les premières années qui suivirent la révocation, le clergé se montrait le plus souvent assez accommodant : il fermait volontiers les yeux sur une conversion qu'il savait peu sincère, et sur une simple abjuration des futurs époux, célébrait leur mariage. Il n'ignorait pas cependant que le lendemain, cette abjuration serait rétractée[2]. Par la suite, il en fut tout autrement. Un grand nombre d'évêques estimèrent qu'agir ainsi, c'était profaner le sacrement de mariage. Ils prescrivirent aux curés de soumettre les nouveaux-convertis à des *épreuves* sévères, afin de s'assurer que leur conversion n'était pas simulée. Il ne resta donc plus aux protestants sincères qu'à contracter mariage devant quelque pasteur du désert, ou sans aucune solennité, par paroles de présent[3]. Ils n'y manquèrent pas. « Les prétendus réformés se marient aujourd'hui ainsi qu'avant la révocation de l'Édit de Nantes » écrivait un intendant en 1713[4].

Que tous ces mariages fussent irréguliers, c'est ce qui ne saurait faire de doute. Que pendant cinquante-cinq

[1] Rulhières, ibid., p. 176.

[2] Malesherbes (1er mém., p. 121). « M. Fléchier pensoit sur le mariage des protestants, comme tous les évêques de son temps. Il pensoit qu'il falloit les marier dans l'église catholique, lorsqu'ils se déclaraient catholiques. »

[3] Rulhières, ibid., p. 173, v. aussi p. 62.

[4] Rapport du baron de Breteuil, p. 62. Anquez. *Etat-civil...* p. 51 et suiv.

ans, tous les parlements de France se soient accordés pour n'en pas prononcer la nullité, alors que chaque jour ils annulaient des mariages contractés par des catholiques dans des conditions semblables, voilà qui peut surprendre. En attribuer tout le mérite à la sagesse des juges, à leur esprit d'équités, erait leur faire trop d'honneur ; on verra qu'ils surent montrer tout à à coup que leur modération était plus apparente que réelle, et que la philosophie, comme on disait alors, en répandant les idées de tolérance, n'avait pas franchi l'enceinte de leurs prétoires.

A la vérité, la réserve dans laquelle ils s'enfermaient leur était imposée. Ils n'osaient encore appliquer aux protestants les ordonnances concernant les mariages clandestins. Et le gouvernement, tantôt par son silence, tantôt par des instructions secrètes adressées aux intendants ou aux premiers présidents des parlements, s'efforçait de maintenir cette jurisprudence. « Les secrétaires d'état avaient coutume de répondre aux différents comptes qui leur étaient rendus, qu'ils les avaient mis sous les yeux du roi, et que Sa Majesté ferait examiner le parti qu'il conviendrait de prendre[1]. » Un intendant s'avisait-il de faire emprisonner deux époux nouveaux-convertis, mariés hors de l'Église ? « La Cour, qui n'osait reculer, écrivait alors de ne poursuivre ces malheureux, que sous le prétexte de l'assemblée qui avait eu lieu pour le mariage, non sous celui de leur mariage[2]... » — Et il en fut ainsi, au temps même où les nouveaux-convertis furent l'objet de véritables per-

[1] Rulhières, 2e partie, p. 183 et suivantes, *et passim*.
[2] Id. ibid.

sécutions : « Malgré la vigilance du gouvernement à maintenir dans notre religion ceux qui paraissaient l'avoir embrassée, écrit Rulhières [1], on fermait les yeux sur cette contravention. Les nouveaux-convertis trouvaient sur le seul article de leurs mariages autant d'indulgence que ceux qui professaient encore le calvinisme. »

Il n'était pas jusqu'aux traitants, dont le Conseil du roi ne calmât le zèle intéressé. Au début du règne de Louis XV, ils s'avisèrent de rechercher ce qu'ils appelaient *les biens de nouvelles découvertes*. En février 1717, le Conseil était saisi d'une demande de succession déclarée vacante à titre de déshérence, « parce que, disait le fermier, celle qui se prétend héritière, n'étant point née d'un mariage légitime et célébré dans les formes, est incapable de succession dans le royaume. » Le conseil rejeta cette demande. Il révoqua la confiscation de l'héritage précédemment accordée par surprise, et il décida que « toutes les lettres-patentes, nécessaires à l'héritière, née d'un pareil mariage, lui seraient expédiées pour être remise en possession de sa fortune [2]. »

III

L'Édit de 1698 et les ordonnances de 1715 et de 1724.

Cette demi-tolérance, tout en se prolongeant, ne laissait pas moins les réformés dans une situation fort

[1] *Eclaircissements*... p. 179-180.
[2] Rulhières, *Eclaircissemens*... p. 185.

précaire. Dès 1693, Foucault, intendant de Normandie, mandait au ministre d'état : « La plupart des religionnaires qui ont fait abjuration, ne peuvent se marier à l'Église, les curés refusant de leur administrer le sacrement de mariage, s'ils ne font le devoir de catholiques romains ; ils se font des promesses de mariage sur la foi desquelles ils habitent ensemble. *Il arrivera que ces mariages seront déclarés clandestins*. C'est un désordre auquel on n'a pas pourvu [1]... » Quelques années plus tard, le célèbre Bâville, intendant de Languedoc, tiendra le même langage : « On n'a pas touché, dit-il, dans un mémoire, le point le plus essentiel auquel il est très nécessaire de pourvoir. Un nouveau-converti, voyant qu'on ne veut pas le marier, va avec la fille qu'il veut épouser, chez un notaire, et ensuite, il vit avec elle dans un concubinage affreux... De quel moyen faudra-t-il se servir pour réprimer un si grand abus [2] ?... »

La persécution qui sévissait contre les protestants sincères et les nouveaux-convertis, ne finirait-elle pas par user de toutes les armes que le silence de la loi laissait entre ses mains ? Un jour ne viendrait-il pas, où tous leurs mariages seraient déclarés nuls, leurs enfants flétris comme bâtards, leurs biens attribués à d'avides collatéraux ou confisqués au profit de l'État ? et jusque-là même, quelle sécurité, quelles garanties, pouvait offrir aux réformés une jurisprudence qui ne reposait pas sur le texte de la loi, dont le maintien ou le renversement n'était subordonné qu'à un caprice de la Cour, qu'à un excès de zèle de quelque agent subal-

[1] S. Beaujour, op. citat. p. 484.
[2] Rulhières, *Eclaircissemens*... p. 186.

terne? — Les conseillers de Louis XIV sentirent, des premiers, tous les inconvénients qui résultaient de cette incertitude. Avec une bonne foi dont il faut leur tenir compte, ils cherchèrent de bonne heure à y remédier. C'est ainsi qu'en 1697, Pontchartrain, alors secrétaire d'état, émit l'avis dans le conseil, « qu'il faudrait faire consulter là dessus, sans éclat, quelques évêques d'une doctrine, d'une sagesse et d'une piété connues, et comme la police extérieure y entre pour beaucoup, et que le concours des deux puissances est nécessaire, il serait bon d'y joindre quelques magistrats des plus instruits [1]. » Lorsqu'il s'exprimait en ces termes, le futur chancelier avait deux hommes en vue, un évêque et un magistrat. Le premier, c'était M. de Noailles, qui venait d'être fait archevêque de Paris par le crédit de Madame de Maintenon. Le second, c'était M. d'Aguesseau, ancien intendant de Limousin et de Languedoc, alors conseiller d'état, père du jeune procureur-général au parlement qui devait illustrer son nom.

M. de Noailles adressa donc au roi un mémoire dans lequel « il remettait sous les yeux de sa Majesté la proposition d'autoriser les mariages des calvinistes en présence d'un juge royal; il s'y exprimait, dit le baron de Breteuil en 1787, avec une sagesse, une dignité, une réserve convenables à un évêque citoyen [2]. » Le ministère n'osa encore adopter sa proposition : « Il serait fort à désirer, fut-il répondu à l'archevêque de Paris, qu'on pût donner une forme plus certaine aux maria-

[1] Rulhières, *Eclaircissemens*... 2e pie, p. 238 et s.

[2] Baron de Breteuil. Rapport au roi, déjà cité dans Rulhières, *Eclaircissemens*, IIe partie, p. 85 et suiv. — Anquez, *Etat-civil*, p. 35 et suiv.

ges des protestants, qui sont si nécessaires pour la conservation de l'Etat.... Mais le nombre d'inconvénients qui sont arrivés à cet égard, ne paraît pas assez grand, jusqu'à cette heure, pour mériter une loi générale et extraordinaire[1]... » Par contre, M. d'Aguesseau fut chargé de rédiger une ordonnance, où, sans reconnaître officiellement l'existence dans le royaume d'un grand nombre de protestants, « on se réservât néanmoins les moyens, s'ils ne se convertissaient pas, de donner un effet civil à leurs mariages, quelle que fût la manière dont ils se résoudraient à les contracter. » — « L'artifice qu'on y employa, dit le baron de Breteuil[2], est facile à développer. Le roi annonce dans le préambule qu'il existe encore des calvinistes dans son royaume. « Nous avons vu la plus grande partie de nos sujets.... rentrer dans le sein de l'Eglise », et plus positivement encore : « quelques-uns de nosdits sujets plus endurcis dans leurs erreurs »; ensuite tous les articles de cette loi, à l'exception d'un seul, tombent également, sans distinction ni exception, sur tous les sujets du roi : le seul article où l'on ordonne l'observation des règles de l'Eglise sur les mariages change de style, et ne s'adresse plus qu'aux seuls sujets réunis à l'Eglise. Il y a donc une exception sous-entendue, mais incontestable en faveur de ce qui reste encore de calvinistes. Et ce n'est pas tout. Le roi, par une lettre secrète, adressée à tous les chefs des tribunaux, leur fit

[1] Circulaire interprétative de la déclaration de 1698, adressée par M. d'Aguesseau, aux parlements et aux intendants en 1699. — Rapport du baron de Breteuil, ibid.; — Anquez, p. 40-41.

[2] Rapport au roi, p. 88 et suiv.

recommander de ne rien prononcer au-delà de ce qui était expressément stipulé par les Edits, et il est démontré que rien n'y était prononcé sur le mariage des protestants. — Le roi, par un autre article de la même loi, confirme tous ceux que les nouveaux convertis avaient contractés depuis la Révocation, mais toujours par les expressions enveloppées qui entraient dans le système du rédacteur.... De deux choses l'une, ou leur mariage a été fait avant leur conversion, et dans ce premier cas, c'est le mariage d'un protestant, contracté depuis la Révocation, qui est reconnu legitime.... ou bien leur mariage a été fait dans le rit protestant, après leur conversion, et alors Louis XIV reconnaît formellement la validité d'un tel mariage..... »

Voici en quels termes s'exprimait la déclaration du 13 décembre 1698 [1] : « Enjoignons à *nosdits sujets réunis à l'Eglise* d'observer dans les mariages qu'ils voudront contracter les solemnités prescrites par les saints canons, et notamment par ceux du dernier concile et par nos ordonnances, nous réservant de pourvoir sur les contestations qui pourroient être intentées à l'égard des effets civils de ceux qui auront été contractés par eux depuis le 1er novembre de l'an 1605, lorsque nous serons plus exactement informés de la qualité et des circonstances des faits particuliers. » « Le projet de M. d'Aguesseau m'a paru admirable, écrivait madame de Maintenon [2], mais il est plus aisé d'arranger tout cela sur le papier que d'exécuter.... »

[1] Art. 7. Isambert, t. 20, p. 316.
[2] Rulhières, *Eclaircissemens*, 2e partie, p. 175.

En fait cette déclaration n'eut guère pour effet que de permettre au clergé de généraliser le régime des épreuves [1]. Puisqu'on reconnaissait aux protestants qui s'avouaient tels le droit de se marier de la façon reçue en leur église, ou, comme on disait quelques années auparavant *à la mode de Genève*, il était logique de ne plus admettre au sacrement de mariage que ceux des nouveaux catholiques qui prouveraient, par leurs actes, la sincérité de leur conversion. Que si, jusqu'alors, « les curés avaient admis les protestants au mariage sans examen », c'est que d'une part on pouvait penser qu'il n'existait d'autre forme légale du mariage que celle du Concile de Trente et des ordonnances, et que de l'autre, on espérait ainsi, au prix de quelques conversions peu sincères, amener peu à peu les nouvelles générations à l'unité de foi qu'on rêvait d'établir depuis 1685. Or, sur le premier point, la déclaration de 1698 et l'instruction qui l'accompagnait ne laissaient plus subsister aucun doute, et quant au second, une expérience de près de quinze années démontrait que la facilité du clergé n'avait amené jusqu'à ce jour que d'*inutiles profanations du sacrement*.

« La durée des épreuves, écrit M. Anquez, variait suivant les diocèses : elle était dans les uns de quatre mois, et dans les autres de six ; au diocèse de Lavaur, elle était encore plus longue.... On astreignait les futurs conjoints non-seulement à la confession, mais même à la communion, bien que les catholiques fussent

[1] Malesherbes. 1er *mémoire sur le mariage des protestans*, p. 49 et suiv.

dispensés de cette dernière condition. Souvent on leur demandait une profession de foi écrite [1]..... »

Quant aux mariages des réformés, la reconnaissance officielle de leur validité se voilait sous des termes trop ambigüs, pour qu'elle pût être un jour invoquée en justice par les intéressés. Il n'était pourtant pas impossible qu'elle se changeât plus tard en une loi plus formelle, si ceux qui en avaient été les auteurs avaient pu conserver le pouvoir [2]. Il n'en fut rien, et « cette loi plus sage, dit Rulhières [3], dans son principe que dans ses dispositions » ne devait pas survivre à leur disgrâce.

« Je vois la force que vous auriez, écrivait Mme de Maintenon en 1701 à M. de Noailles, si ce nuage de jansénisme pouvait enfin se dissiper [4] ! » Bientôt le nuage grossit, devint tempête ; Pontchartrain qui avait inspiré la déclaration donna sa démission, Noailles qui l'avait sollicitée et d'Aguesseau qui l'avait rédigée tombèrent en disgrâce. Un nouveau parti triomphait à la Cour et recouvrait à la faveur des événements [5], le pouvoir qui lui avait un instant échappé, c'était celui des Jésuites dont le père Letellier, confesseur du roi, était l'âme. Bientôt il suggérait à l'égard des calvinistes de nouvelles mesures de rigueur.

« Nous apprenons, dira le roi dans l'ordonnance du 8

[1] Anquez. *Etat-civil des réformés*, p. 52 et suiv. M. Anquez cite en note (p. 53) la longue et précise formule d'abjuration imposée aux nouveaux convertis en Languedoc.

[2] Anquez,... p. 42 et suiv.

[3] *Eclaircissemens*, p. 275.

[4] 17 février 1701. *Correspondance générale de Mme de Maintenon*, t. IV (à sa date).

[5] La guerre de succession d'Espagne, les troubles des Cévennes, les affaires relatives à la bulle Unigenitus. Anquez, op. cit. p. 43.

mars 1715[1], que les abjurations s'étant faites souvent dans les provinces éloignées de celles où décèdent nosdits sujets, ou par un si grand nombre à la fois qu'il n'aurait pas été possible d'en tenir des registres exacts ; nos juges auxquels ceux qui meurent *relaps*[2] sont dénoncés trouvent de la difficulté à les condamner aux termes de notre déclaration du 29 avril 1686, faute de preuve de leur abjuration... Le séjour que ceux qui ont été de la R. P. R., ou qui sont nés de parents religionnaires, ont fait dans notre royaume depuis que nous y avons aboli tout exercice de ladite religion, est une preuve plus que suffisante qu'ils ont embrassé la religion catholique, sans quoi ils n'y auraient pas été soufferts ni tolérés... » — Il n'y a plus en France que des catholiques : tel était le langage tout nouveau que tenait la loi. Elle établissait, comme on l'a fort bien dit, « une présomption de droit. » Plus de distinction désormais entre protestants et nouveaux-convertis ! A tous il fallait appliquer le droit commun des catholiques. Il n'existait plus, dès lors, qu'une forme légale du mariage, et c'était celle du concile de Trente qu'avaient réglée en dernier lieu l'édit et la déclaration de 1697. L'ordonnance de 1715 ne déduisait pas cette conséquence de la présomption de droit, mais elle posait le principe d'où elle devait résulter, vingt-cinq ans plus tard.

En vain le procureur-général d'Aguesseau protesta[3].

[1] Isambert, tome XX, p. 640.

[2] On sait que sous ce nom l'on désignait les protestants qui, après avoir abjuré, retournaient à leurs premières croyances.

[3] Breteuil, rapport p. 97.

La présomption ne devait plus s'effacer de nos lois jusqu'à la fin du XVIIIe siècle. On ne se hâta pas toutefois d'en faire usage. La Régence, survenant peu de mois après l'ordonnance de 1715, fut pour les protestants une période de tranquillité relative [1]. Comme par le passé la jurisprudence continua de reconnaître la validité du mariage des protestants [2]. Elle ne changea même pas après que l'ordonnance de 1724, rédigée sur l'ordre du duc de Bourbon [3], eût rassemblé «dans une compilation incohérente toutes les lois antérieures concernant la religion, loix aussi opposées entre elles, aussi incompatibles, dit le baron de Breteuil, que les opinions inverses qui les avaient dictées [4]. » « Voulons que les ordonnances, édits et déclarations des rois nos prédécesseurs sur le fait des mariages, disait l'article 15, et nommément l'édit de mars 1697 et la déclaration du 15 mai de la même année soient exécutées selon leur forme et teneur *par nos sujets nouvellement réunis à la foi catholique*, comme par tous nos autres sujets, leur enjoignons d'observer dans les mariages qu'ils voudront contracter, les solennités prescrites tant par les saints canons reçus et observés dans ce royaume, que par lesdites ordonnances, édits et déclarations, le tout sous les peines qui y sont portées, et même de punition exemplaire, suivant l'exi-

[1] Anquez, p. 49 et suiv.

[2] Voir pourtant dans Merlin, répertoire de Jurisprudence V° Mariage t. VIII, p. 67, un arrêt de 1723 qui annule, après 32 ans de vie commune, le mariage de deux religionnaires. Ils l'avaient célébré à Liège, dans une église catholique, mais après abjuration.

[3] « Les affaires de l'Eglise n'étaient cependant pas ce qui l'occupaient le plus » dit Malesherbes (1er mém., p. 117).

[4] Rapport,... p. 34.

gence des cas[1]. » Cet article ne put être observé à la lettre. Car dès 1726, le cardinal de Fleury, en prenant le ministère, se montrait opposé à toute mesure de rigueur contre les réformés. Il le prouva dans une circonstance, dont Malesherbes nous a conservé le souvenir.

Il existait alors, à Nîmes, un ecclésiastique, connu tout à la fois pour ses vertus et pour sa bienveillance à l'égard des réformés fort nombreux dans son diocèse. Après la Révocation, il avait été le vicaire-général et le collaborateur assidu de Fléchier. Avec lui et comme lui, l'abbé Robert s'était efforcé d'adoucir les rigueurs de la persécution. Mais quarante ans d'expérience lui avaient montré tous les inconvénients de la politique suivie à l'égard du mariage des protestants. En 1726, il écrivit au cardinal de Fleury pour lui proposer d'y apporter enfin un remède efficace. Il s'agissait d'établir à l'usage des réformés une nouvelle forme de mariage, où le curé n'assisterait en quelque sorte qu'en qualité d'officier public chargé de constater l'engagement des parties. On pourrait ainsi supprimer les épreuves, puisqu'il ne serait plus question d'admettre au sacrement des personnes ayant fait ou faisant profession d'hérésie. Ce système qui supprimait bien des difficultés, agréait à Fleury. Il le soumit à plusieurs membres du clergé, notamment au cardinal de Rohan qui l'approuva, et au cardinal de Bizy : ce dernier s'y montra peu favorable. L'abbé Robert, malade et perclus par l'âge, ne put venir défendre son projet à Versailles, comme Fleury l'eût souhaité. D'autres préoccupations assaillirent bien-

[1] Isambert, t. XXI, p. 268.

tôt le ministre, et la proposition de l'abbé Robert n'aboutit pas[1]. La situation des protestants demeura la même jusqu'en 1739.

IV

Jurisprudence des parlements après 1744 sur le mariage des protestants.

Il ne résultait des lois antérieures contre les protestants, qu'une espèce de jurisprudence négative, dont le gouvernement sentait tout l'embarras ; « mais, poursuit le baron de Breteuil, [2], tandis qu'il délibérait sur de meilleurs loix, capables de prévenir le mal qui commençait à se faire craindre, la précipitation d'un tribunal subalterne acheva de tout perdre. Le présidial de Nîsmes osa, en 1739, donner le premier exemple de dissoudre le mariage des calvinistes. » Croit-on que ce fut de l'aveu du ministère? Ce fut malgré sa défense formelle. Le présidial tenait alors des grands jours en Vivarais, sortes d'assises où il n'avait à juger que des affaires criminelles. Désireux de se ménager l'appui du gouvernement dans l'œuvre qu'il voulait accomplir, il avait consulté le duc de la Vrillière, secrétaire d'Etat chargé

[1] Malesherbes, 1er *mémoire sur le mariage des protestants*, p. 121 et s. — Biographie Michaud, art. *Robert* — Anquez, *Etat-civil des Réformés*, p. 120 et suiv.

[2] Rapport, p. 31 et s.

des affaires de la R. P. R. « Vous me demandez, lui avait répondu ce dernier le 23 septembre, si dans la séance que vous devez tenir à Privas, vous connaîtrez des mariages qui ont été faits entre de nouveaux convertis, par le ministère des pasteurs calvinistes, votre commission n'étant point pour de pareilles affaires, il faut vous renfermer dans celles qui y donnent occasion, d'autant plus qu'il y a un projet de déclaration concernant ces mariages entre les mains de M. le Chancelier qui prescrira ce qui doit être observé à cet égard... [1] »

Les juges de Nîsmes ne se laissèrent pas arrêter. « Ils choisirent à volonté, en différents lieux du Vivarais, six habitants. Ils dissimulèrent, dans leur arrêt, l'aveu que les accusés avaient fait de leur religion ; et sans proférer le nom ni des calvinistes, ni de bénédictions données par des pasteurs, ils prononcèrent la dissolution des mariages et la séparation des époux [2]. » — Cette décision fit grand bruit, le gouvernement n'osa pas la désavouer. Les parlements comprirent qu'on pouvait impunément user contre les religionnaires de cette dernière rigueur, la pire de toutes peut-être, qu'on leur avait jusqu'alors épargnée. Aussi après la mort du Cardinal de Fleury, survenue en 1743, ne s'en firent-ils pas faute.

« Ils cassèrent plusieurs centaines de ces mariages, rapporte le baron de Breteuil, firent brûler, par la main du bourreau, en présence des époux, les certificats de bénédictions nuptiales données par des pasteurs calvinistes, condamnèrent les hommes aux galères perpé-

[1] Mémoire du baron de Breteuil, p. 38.

[2] Id. ibid. — Anquez, *Etat-civil des Réformés*, p. 73 et s.

tuelles, les femmes à être rasées et enfermées, confisquèrent les dots au profit des hôpitaux ; et par là ils firent tomber, sur plus d'un million de Français, cette même flétrissure de concubinage et de bâtardise; ils enveloppèrent dans cette condamnation des contrées presque entières, et les races futures, et d'innombrables générations, sans prendre garde que par leurs arrêts mêmes, ils démentaient cette loi dont ils prétendaient s'autoriser, cette loi uniquement fondée sur l'assertion qu'il n'y a plus de calvinistes en France [1].»

Bien souvent on a retracé le sombre tableau de cette jurisprudence. Il remplit les écrits du temps. Naguère encore, M. L. Anquez en reproduisait les traits, en quelques pages trop simples et trop vraies pour n'être pas éloquentes. [2] — Tous les parlements ne montraient pas, à coup sûr, une égale rigueur. Ceux de Bordeaux, de Toulouse, de Grenoble, se distinguaient par leur impitoyable sévérité, attaquant les mariages contractés au désert par la voie de la procédure criminelle, condamnant les époux aux galères, ajoutant ainsi les peines corporelles à la mort civile dont ils frappaient les réformés. Les parlements de Paris [3] et de Rouen [4], au con-

[1] Baron de Breteuil, p. 40-41.

[2] *Etat civil des réformés*, chapitre II, notamment depuis la page 76.

[3] Il faut noter ce fait remarquable qu'à Paris même, les religionnaires vivaient en paix. « La ville de Paris, dit Breteuil, fut secrètement érigée en ville de tolérance absolue ; il fut ordonné, avec le plus profond mystère, au lieutenant de police « de ne faire, au sujet de la religion, aucune recherche ni des vivans, ni des morts, pourvu qu'il n'y eût point d'assemblées ni de scandale public. » — C'est sur la demande de d'Argenson, alors lieutenant de police, que cette mesure avait été prise. (Rapport du baron de Breteuil, p. 90. — Rulhières, Eclaircissements, 2e partie, p. 293.)

[4] S. Beaujour, *Histoire de la réforme à Caen*, p. 466.

traire, se montraient plus cléments, n'annulant que les mariages dont la validité était contestée par les intéressés.

« Pendant les vingt-deux dernières années du règne de Louis XV, écrivait Malesherbes en 1785, tout alla au hasard dans les provinces. Il existait des lois terribles et contradictoires. Quelquefois elles étaient exécutées, quelquefois elles ne l'étaient pas. Il semblait que le sort de ces malheureux citoyens dépendît de la fantaisie momentanée de chaque administrateur. Les parlements eux-mêmes variaient dans leur conduite ; les uns désapprouvaient la rigueur des autres. — Il semble cependant que ces Cours de justice réglée devraient avoir une marche uniforme. Mais quand les lois sont d'une sévérité déraisonnable et révoltante, on prend le parti de les réputer comminatoires, et alors l'exécution d'une loi pénale et la vie des hommes dépend de la façon de penser personnelle, et quelquefois du caprice du magistrat [1]. » Admirable commentaire d'un vieux dicton que nos pères répétaient volontiers : « Dieu nous garde de l'équité des parlements ! »

Ceux-ci semblaient, en tous cas, avoir à cœur, de tenir, fût-ce au prix de cette cruauté, le serment d'exterminer l'hérésie que nos rois prêtaient au jour de leur sacre. Le résultat fut loin de répondre à leur attente, si l'on en croit le baron de Breteuil. La secte se reforma, plus hardie, plus vive, plus forte qu'au jour de la Révocation. Malesherbes, Rulhières, tous ceux qui ont écrit au XVIIIe siècle, sur le mariage des protestants (on verra qu'ils sont légion) constatent ce singulier résultat au-

[1] 1er mémoire sur le mariage des protestans, p. 129 et suiv.

quel aboutissait en fin de compte l'inexorable jurisprudence des parlements [1].

V

Discussions des évêques et des magistrats sur le mariage des protestants.

Le fait même que cette jurisprudence ait pu s'établir en France au milieu du XVIIIe siècle est en lui-même fort surprenant. Si fidèles que fussent demeurés les magistrats aux principes de la religion dominante, on comprend mal qu'ils aient pu pousser un zèle dangereux pour ses intérêts jusqu'à la persécution des hérétiques. Si attachés qu'ils fussent au texte de la loi, on s'explique difficilement qu'un jour ils aient cru devoir l'appliquer dans toute sa rigueur, alors que pendant près de trente ans, de 1715 à 1744, ils n'avaient pas craint de le laisser sommeiller. L'étonnement augmente, si l'on réfléchit aux principes qui paraissaient dicter leurs décisions. Ces principes, c'étaient ceux qui avaient prévalu en 1685, en 1715, sous l'influence des jésuites ou comme on disait alors des *molénistes* [2]:

[1] V. notamment Baron de Breteuil, mémoire p. 110 et suiv.

[2] Le baron de Breteuil constate cette contradiction. Rapport p. 113 et 114.

et au XVIIIe siècle, comme aux âges précédents, les jésuites n'avaient pas d'ennemis plus acharnés que les magistrats.

En fait, le but que poursuivaient ces derniers, en annulant le mariage des protestants, ce n'était ni le bien d'une religion, dont ils se montraient disciples fort insubordonnés, ni la stricte observation d'une loi, dont ils combattaient le principe, ni le triomphe d'une doctrine dont ils contestaient le fondement, et condamnaient les auteurs, il s'agissait tout simplement de faire pièce au clergé. « Le parlement, dit quelque part un historien moderne[1], se déterminait le plus souvent, d'après ses intérêts, intérêts de vanité et d'influence, et non d'après les principes. » Ce jugement peut paraître sévère : il est mérité. L'histoire du mariage des protestants au XVIIIe siècle n'est, en effet, qu'un épisode de la lutte engagée au cours des siècles entre ces deux grands corps de l'Etat, tous deux forts des services éminents qu'ils ont rendus à la royauté, tous deux armés d'une puissance qu'aucune loi ne limite, tous deux aspirant sans cesse à l'étendre. « Le monarque, dit Voltaire[2], se voyait toujours entre deux grandes factions animées, comme les empereurs romains entre les bleus et les verts. » Si les magistrats empruntent des armes aux jésuites, c'est pour mieux combattre le clergé.

Les évêques, on se le rappelle, avaient depuis la déclaration de 1698, adopté et établi dans la plupart des diocèses le régime des *épreuves*. Aucune mesure n'était mieux justifiée. C'est un magistrat qui le confesse

[1] M. Anquez, *Etat civil*,

[2] *Précis du siècle de Louis XV, chap.* XXXVI.

en 1756. « Lorsqu'il s'agit, écrit M. de Rippert-Montclar[1], procureur général au parlement d'Aix, de la police nécessaire à l'église, de la perte éternelle des âmes, de la profonation du sang de Jésus-christ qui coule dans ses sacrements, on se récrierait contre la sage rigueur des épreuves ! qu'on me passe le terme, ce serait ignorer tout à la fois et quels sont les droits de l'église, et combien doivent être grandes la prudence et la fidélité de ses ministres ! »

M. de Noailles ou M. d'Aguesseau n'eussent pas tenu un autre langage. Le clergé de France était donc devenu janséniste en ce point et, ce qui est à son éloge, il devait demeurer tel jusqu'au bout. Voilà pourquoi les parlements s'étaient tout à coup montrés partisans de la doctrine des jésuites.

Ils trouvèrent, en effet, lorsque cette question du mariage des protestants vint à se poser, un prétexte nouveau pour intervenir dans les affaires ecclésiastiques, pour contraindre le clergé, dans des cas nouveaux, à administrer les sacrements. On sait que c'était alors l'une de leurs prétentions favorites. Les querelles du jansénisme leur donnaient chaque jour l'occasion de l'affirmer : nous n'avons pas à retracer la lutte demeurée célèbre, qui s'engagea à cette époque au sujet des refus de sacrements, et de la bulle *Unigénitus* entre l'archevêque de Paris M. de Beaumont et son clergé d'une part, et le parlement de Paris de l'autre[2]. En ce qui con-

[1] Anquez, *Etat civil*, p. 54-55.

[2] V. Voltaire, *Précis du siècle de Louis XV*, chap. XXXVI. « Rien n'était plus commun dans le royaume, dit-il, que de communier par arrêt du parlement. »

cerne les protestants, il faut reconnaître que cette prétention reposait sur quelque fondement : « Tout sujet du roi, disaient les magistrats, a droit à un état-civil, et peut en exiger la constatation dans les formes légales ; or d'une part, il n'existe plus en France que des catholiques, et de l'autre, les catholiques ne peuvent contracter mariage autrement que devant le propre curé et dans les formes du concile. Le curé ne peut donc se refuser à célébrer les mariages, et le juge a droit de l'y contraindre. » — « Non, répliquait le clergé, le juge ne peut me contraindre à célébrer le mariage des nouveaux-convertis. Leur conversion n'est pas sincère. Or, le mariage est sacrement : et je suis, de par mon institution divine, seul et libre dispensateur des sacrements par lesquels il plait à Dieu de conférer la grâce aux chrétiens. » Si les magistrats n'avaient pas tort, les évêques avaient certes raison. Là où les premiers se trompaient, c'est qu'ils espéraient triompher de la résistance des seconds, car ils n'y devaient pas parvenir. Le moyen qu'ils employaient pour y réussir était en tous cas singulier. Ils privaient les protestants d'un état civil de fait qu'on leur avait reconnu jusque-là, pour forcer le clergé à leur en constituer un nouveau, qui fût légal. Le procédé était peut-être juridique, mais il était aussi malhabile et inhumain.

La responsabilité en incombe surtout au gouvernement. Il avait, en édictant des lois contradictoires, créé la difficulté qui paraissait insoluble. « Il s'était opposé à lui-même, dit quelque part de baron de Breteuil, des obstacles qu'ils ne pouvait vaincre ». En vain s'efforçait-il de découvrir un remède à une situation devenue intolérable : il n'en pouvait trouver. En vain réunissait-il conférences sur conférences, en vain demandait-il aux évêques et aux magistrats mémoires sur mémoires, toutes ces discussions qu'il provoquait de la meilleure foi du monde n'aboutissaient qu'à envenimer la querelle, en aigrissant les deux partis [1]. Des évêques en venaient à demander « qu'on ouvrît aux protestants les portes du royaume [2] »..... Un moment toutefois, ce fut en 1753, on put croire que les magistrats allaient obtenir gain de cause.

C'était dans le midi de la France et surtout dans la province de Languedoc que la sévérité des évêques et des parlements amenait les plus déplorables résultats. L'intendant, M. de Saint-Priest, mandait à l'évêque d'Alais que « si l'on n'y apportait remède, il n'y aurait bientôt plus que des enfants naturels en Languedoc ». En 1750, il avait été rendu deux ordonnances pour cette province, qui n'avaient fait « qu'insister sur l'exécution rigoureuse de la déclaration de 1724 et des anciennes lois contre les relaps, et contre ceux qui se mariaient ou fesaient baptiser leurs enfants par le mi-

[1] Voyez notamment les mémoires provoqués par le gouvernement ou les conférences assemblées par son ordre en 1733, en 1734, en 1752. Anquez, *Etat cicil*, p. 122 et s. — Cf. Malesherbes, 1er *mémoire*. — Rulhières, *Eclaicircissemens*, 2e partie, *passim*.

[2] Cette proposition émanait de l'évêque d'Agen. Voltaire rapporte que ce prélat, ayant appris qu'un négociant appartenant à la R. P. R. voyageait dans son diocèse muni d'une lettre de protection du contrôleur-général des Finances, crut que ce dernier voulait rétablir l'édit de Nantes. Il prit texte de là pour lui adresser une lettre qui fit quelque bruit. — Voltaire, *Fragments sur l'histoire*, art. XVII. Œuvres complètes, ed. 1785, tome XXXIII, p. 26. — Le même fait est consigné dans l'un des mémoires de Malesherbes. (1er *mém.* p. 87). Il se produisit vers 1750.

nistère des prédicans, avec attribution au commandant et à l'intendant pour connaître des contraventions[1] ».

En 1752, le ministère résolut d'en finir. Profitant de la réunion des Etats de la province, il provoqua l'ouverture à Montpellier de nouvelles conférences entre les évêques et les magistrats. « L'intendant, dit Malesherbes, demanda seulement aux évêques de consentir volontairement aux mariages des nouveaux-convertis qui leur étaient suspects, c'est-à-dire, pour parler en termes clairs, qui étaient notoirement protestants ; sur cela ils déclarèrent en qualité d'évêques que ces mariages étaient des profanations qu'il fallait faire cesser ; et en cela ils remplirent dignement la fonction de ministres de l'Eglise[2] ». Aussi pas plus que celles de 1733, de 1740, de 1753, pas plus que celles qui devaient encore se produire par la suite, cette tentation ne devait-elle aboutir[3]. Les évêques adressèrent un mémoire à la Cour, où ils déclaraient que jamais ils ne se départiraient du système des épreuves. L'année précédente, l'évêque d'Alais, M. de Montclus, avait, dans une autre mémoire également adressé à la Cour, affirmé les mêmes prétentions. — De son côté le maréchal de Richelieu, gouverneur du Languedoc, qui avait présidé les conférences, écrivait au ministre : « Je ne prononcerai point que les évêques puissent administrer le mariage, quand leur conscience ne leur permet pas de le conférer ; mais je prononcerai hardiment qu'il

[1] Malesherbes, 1er *mémoire*, p. 83.
[2] Malesherbes, 1er *mém.* p. 114.
[3] Sur ces conférences, voir Anquez. *Etat civil*, p. 122 et suiv. — Malesherbes, 1er mémoire, p. 128 et s.

faut trouver quelque expédient pour concilier les deux excès; et que si la religion exige de la déférence au sentiment des évêques, sur l'administration des sacrements de baptême et de mariage aux nouveaux-convertis, l'ordre politique, le bien public, et les biens les plus sacrés de la société exigent nécessairement une loi certaine, invariable et uniforme, pour assurer l'état d'un si grand nombre de sujets du Roi [1] ».

A Versailles, l'embarras était grand. La Cour, ne se trouvant pas suffisamment éclairée, demanda un mémoire au procureur-général, M. Joly de Fleury. Par malheur, M. Joly de Fleury était magistrat, tout de même que M. de Montclus était évêque; ce dernier avait plaidé la cause du clergé, celui-là défendit les prétentions du Parlement. N'était-il pas, au surplus, l'auteur de la déclaration de 1724 [2] ? Il en demanda donc le maintien, ne réclamant au profit des juges qu'une arme nouvelle, à l'effet de triompher des résistances du clergé; les épreuves seraient simplifiées, et uniformément établies pour tout le royaume, elles seraient réduites par exemple à la nécessité de produire un billet de confession. La loi deviendrait de la sorte aussi précise que formelle: aucun obstacle n'empêcherait plus les magistrats de demander compte aux curés de leur refus de procéder aux mariages. A l'appui de sa doctrine, qu'il estimait conforme aux principes les plus certains de la discipline ecclésiastique, M. Joly de Fleury apportait une foule de textes de droit canon, appelant à son

[1] V. Malesherbes, 1er *mémoire*, p. 116, en note.
[2] Malesherbes, 2e *mém.*, p. 61.

aide les Pères de l'église, les papes, les évêques, invoquant les conciles et citant les rituels[1].

L'autorité de ce magistrat était si grande, que son opinion recueillit tous les suffrages. Le gouvernement allait la consacrer solennellement, ainsi que le prouve une dépêche adressée le 18 octobre 1752 par le ministre au maréchal de Richelieu, lorsqu'on mit sous les yeux du roi un petit ouvrage qui portait ce titre pacifique : le *Conciliateur*[2]. C'était l'œuvre (on le disait tout bas, car le factum n'était pas signé) d'un jeune maître des requêtes, naguère encore clerc tonsuré et prieur de Sorbonne, qui avait nom Pierre Robert Jacques Turgot, et n'était âgé que de vingt-sept ans[3].

L'auteur, avec une certaine audace de langage, posait en principe « dans la religion, le prince a plus d'obligations qu'un particulier, qu'il n'a pas plus d'empire[4]. » Il réprouvait en conséquence tous les actes par lesquels le souverain essayait d'entreprendre sur la conscience de ses sujets. La loi qu'on projetait était de ce nombre : elle sacrifiait les protestants au clergé, et le clergé au Parlement, et par là commettait une double injustice. Le seul moyen de concilier tous les partis, concluait Turgot, c'était d'établir en France la tolérance

[1] V. le mémoire de M. Jules de Fleury, Malesherbes l'a publié en 1785, à la suite de son 1er mémoire sur le mariage des protestants.

[2] Ou *Lettres d'un ecclésiastique à un magistrat sur les affaires présentes.*

[3] Turgot, Œuvres complètes, ed. Daire 1844 (Collection des Economistes) tome II, p. 688. *Note de Dupont de Nemours.* Cet opuscule ne fut alors tiré qu'à quelques exemplaires pour les ministres, les conseillers d'État etc. Condorcet le réimprima deux fois en 1788 et 1791.

[4] P. 691.

civile, et par suite un mode civil de constater l'état des citoyens. « Je ne prétends pas, ajoutait-il, obliger les évêques à donner un sacrement malgré eux ; c'est un bien dont je leur laisserai toujours l'administration ; mais je voudrais que ce ne fût ni le sacrement de baptême, ni celui de mariage qui fixât l'état des citoyens. J'en reviens toujours aux premiers temps de l'Église, les enfants étaient légitimes et jouissaient de l'héritage de leurs pères, sans l'un et l'autre de ces sacrements. Il est encore mille moyens de rendre leur état indépendant...[1] »

Le *Conciliateur* fut entendu, et la nouvelle déclaration sur le mariage des protestants ne vit pas le jour.

VI

Le mariage des protestants devant l'opinion publique pendant la seconde partie du XVIIIe siècle.

Les dernières lignes du *Conciliateur* étaient ainsi conçues : « Je crois, Monsieur, avoir assez justifié la tolérance. Il y a un siècle que ces principes auraient pu choquer bien des personnes ; mais nous devenons tous les jours plus éclairés... Nous détestons plus que jamais l'inquisition ; nous admirons l'édit de tolérance de l'impéra-

[1] Ibid. p. 698-699.

trice-reine; le roi de Prusse nous paraît sage pour avoir, quoique protestant, accordé aux catholiques le libre exercice de leur religon. La révocation de l'édit de Nantes nous révolte; nos troupes gémissent lorsqu'elles sont employées contre les protestants ; enfin on a soutenu dans quelques thèses de la Faculté de théologie la tolérance civile; plusieurs écrits paraissent l'inspirer, tous les discours y tendent. Espérons donc, Monsieur, que dans peu les esprits, rendus à eux-mêmes, rougissent d'un aveuglement qui n'a que trop influé sur la conduite des princes, et dont tant d'hommes ont été les victimes; que nous serions heureux l'un et l'autre, Monsieur, si nous pouvions y contribuer[1] !»

Ce mouvement des esprits en faveur de la tolérance, que Turgot appelait de ses vœux en 1754, allait prendre soudain un immense développement; il remplit toute la seconde partie du XVIIIe siècle. Jusque-là les magistrats et les évêques s'étaient seuls emparés de cette question du mariage des protestants et l'avaient discutée ; comme il arrive souvent, en plaidant pour ou contre les protestants, c'étaient leurs propres intérêts qu'ils avaient de bonne foi défendus. Maintenant tout est changé: c'est le droit même des protestants qui fera seul l'objet du débat. C'est lui qui fera le sujet des revendications d'une puissance presque inconnue jusque-là de l'opinion publique.

Cette puissance, les plus grands esprits du siècle la mettent au service des protestants. Voltaire et Rousseau ne se contentent pas d'élever eux-mêmes la voix en faveur de la tolérance, ils invitent tous les écrivains

[1] Ibid. p. 703.

de bonne volonté à plaider avec eux une cause aussi intéressante. « Il s'agit, écrivait Jean-Jacques en 1764, d'instruire et d'intéresser le public par des écrits sages et modérés, forts de raisons d'état claires et précises, et dépouillées de toutes ces aigres et puériles déclamations trop ordinaires aux gens d'église.... [1] »

Un inconnu compose un mémoire sur le mariage des protestants, et prie un correspondant de Rousseau de le lui communiquer : « Voici, monsieur, répond ce dernier, le mémoire que vous avez eu la bonté de m'envoyer. Il m'a paru fort bien fait, il dit assez et ne dit rien de trop. Il y aurait seulement quelques petites fautes de langue à corriger, si l'on voulait le donner au public, mais ce n'est rien ; l'ouvrage est bon, et ne sent point trop son théologien [2]. » Voltaire n'y met pas tant de réserve. En 1770, Moultou lui soumet une « Consultation sur la validité du mariage des protestants en France. » Un jeune avocat au parlement d'Aix, Joseph Étienne Marie Portalis [3], encore inconnu, en était l'au-

[1] Rousseau. Œuvres complètes ed. Musset. — Pathay. Paris 1824, tome XX, p. 211. — Lettre DVI à M. Foulquier, au sujet d'un mémoire sur le mariage des protestants.

[2] Nous n'apportons pas cette citation et celles qui suivent dans un but littéraire, qui ne saurait être le nôtre dans cette étude, mais pour montrer comment l'opinion publique, alors que le Législateur gardait le silence, chercha elle-même une solution à cette question toujours posée, jamais résolue. « Quelles seront les formes légales du mariage des protestants ? » C'est ce mouvement de l'opinion, suscité et développé par les deux hommes qui ont exercé sur elle la plus grande influence au XVIIIe siècle, Voltaire et Rousseau, qui a, on le verra, préparé et dicté en quelque sorte l'Edit de 1787, la loi de 1792, et par suite notre législation sur les formes du mariage. Pouvions-nous n'en pas tenir compte ?

[3] Portalis, né en 1746, était alors âgé de 24 ans.

teur. « Ce n'est pas une consultation, répond Voltaire à son correspondant, c'est un véritable traité de philosophie, de législation et de morale politique. » Et pourtant Portalis n'a fait que plaider en habile avocat une cause manifestement contraire à l'esprit et au texte des ordonnances. Il n'a pas osé s'attaquer au principe même de la loi[1], comme tant d'autres l'ont fait avant ou après lui.

Ces encouragements partis de haut produisaient les résultats qu'en attendaient leurs auteurs. Pendant plus de trente ans, une véritable campagne fut menée avec autant de persévérance que d'habileté, en faveur du mariage des protestants. Une armée de petits traités, de pamphlets, de brochures de toute sorte et de toute provenance s'empara de l'esprit public. Souvent leurs titres mêmes étaient faits pour attirer les yeux. *L'accord parfait de la raison, de la révélation et de la politique sur la tolérance, La vérité vengée, Petit écrit sur une matière intéressante, Lettres d'un patriote, L'intolérance éclairée, Réflexions d'un citoyen catholique, Lettres de deux curés des Cévennes, le vieux Cévenol.* — Souvent aussi, ce n'étaient que des *Mémoires* ou des *Dissertations* sur le mariage des protestants. Les auteurs évitaient de se nommer : les éditeurs eux-mêmes se cachaient prudemment. Il n'était pas jusqu'au lieu d'impression qu'on ne dissimulât sous l'une de ces formules : *à Londres, à Cologne*, à *Augsbourg, en France.* Voici en quels

[1] V. cette consultation dans *Discours et Travaux inédits sur le Code civil* par Portalis, publiés en 1844 par le vicomte Fred. Portalis. — La consultation fut publiée successivement à Paris, à la Haye et à Genève.

termes Laharpe annonce l'apparition d'une de ces brochures dans sa *Correspondance Littéraire* : « On distribue ici une brochure clandestine qui est encore fort rare, et qui mérite d'être très-recherchée ; elle roule sur un article important, qui occupe aujourd'hui l'attention du ministère, parce que le ministère est humain et éclairé. Il s'agit de la légitimité du mariage des protestants. Cette brochure est d'un théologien très religieux, très savant, qui s'appuie sans cesse de l'Ecriture et des Pères, et de l'intérêt de l'Eglise. Il soutient que c'est à l'Eglise elle-même à demander au gouvernement une justice légale que réclament les protestants ; que s'il y a un moyen de ramener les hérétiques, c'est de les traiter avec bonté : il a raison [1]. »

Il était rare cependant, que la défensedes protestants fût prise par des théologiens. Tantôt c'était par des magistrats, comme Gilbert des Voisins, et Rippert-Montclar, procureur-général au parlement d'Aix, ou par des philosophes, comme l'abbé Morellet et Condorcet, tantôt c'était par des religionnaires mêmes, comme le chevalier de Beaumont, gentilhomme normand et Rabaut Saint-Etienne, ou par des avocats, comme Portalis et Le Ridant. Mais c'est à ces derniers surtout qu'il appartenait d'émouvoir l'opinion. De temps à autre, un procès retentisssant attirait sur une infortune particulière la pitié publique. Les plaidoiries imprimées faisaient le tour des provinces, et quelquefois le tour de l'Europe. En 1762, le plaidoyer d'Elie de Beaumont pour les Calas, et en 1767, le réquisitoire de l'avocat-général Servan

[1] Laharpe. *Correspondance littéraire.* Lettre XXXIV, au Cte Schovaloff.

en faveur d'Anne Robequin eurent un immense succès. En 1772, celui de Linguet pour la demoiselle Camp, et en 1787, celui de Target pour la Dame d'Anglure[1], excitèrent l'enthousiasme général.

Les idées qui avaient provoqué la révocation de l'Edit de Nantes et les rigueurs contre les protestants, n'avaient cependant pas disparu. Leurs partisans essayèrent un instant de tenir tête à l'orage qui devait bientôt les emporter. Le plus célèbre d'entre eux fut l'abbé Jean Novi de Caveyrac, prêtre du diocèse de Nîmes. En 1756, il publia un *Mémoire politico-critique*, où il s'efforçait de réfuter le *Mémoire théologique et politique* de Rippert-Montclar. En 1758, il composait un nouvel ouvrage, en réponse aux *Lettres d'un patriote sur la tolérance civile.* C'était l'*Apologie de Louis XIV et de son conseil sur la révocation de l'Edit de Nantes.*

Deux ans plus tôt, en 1756, un jésuite, le père Lenfant avait, lui aussi, fait paraître une dissertation sur la tolérance des protestants, pour réfuter *l'Accord parfait,* du chevalier de Beaumont, et un mémoire anonyme sur les *mariages clandestins des protestants de France.* Enfin en 1762, l'abbé de Malvaux publiait à son tour une brochure où il défendait les mêmes principes que l'abbé de Caveyrac et le père Lenfant. « Faut-il sacrifier au bonheur du vingtième de la nation le bonheur de la nation entière ? L'extinction totale des protestants en France n'affaiblirait pas plus la France qu'une saignée n'affaiblit un malade bien constitué ! » Ainsi s'exprimait-il dans cet ouvrage, assez maladroitement intitulé : *Accord*

[1] Voyez sur ce dernier. Laharpe. — *Correspondance littéraire.* — Lettre CCLI.

de la religion et de l'humanité sur l'intolérance. — « C'est une faute de l'imprimeur, ripostait Voltaire, lisez de « *l'inhumanité.* — Supposez, ajoutait-il, qu'en effet il y ait vingt catholiques romains en France contre un huguenot, je ne prétends point que le huguenot mange les vingt catholiques, mais aussi pourquoi les vingt catholiques mangeraient-ils le huguenot et pourquoi empêcher ce huguenot de se marier[1] ? »

Les défenseurs des protestants proclamaient la nécessité d'établir au profit de ces derniers une nouvelle forme de mariage. Mais tous ne s'accordaient pas sur l'application pratique de cette idée. Dès 1752, un mémoire anonyme proposait d'établir une loi, en vertu de laquelle ce mariage serait contracté à l'hôtel de ville devant les magistrats municipaux[2]. En 1772, Voltaire écrivant au maréchal de Richelieu, proposait de remettre en vigueur l'arrêt de 1685 : « Puisque vous poussez la bonté et la condescendance jusqu'à vouloir qu'un homme aussi obscur que moi vous dise ce qu'il pense sur un objet si important et si délicat, disait-il, permettez-moi de vous demander s'il ne serait pas possible de remettre en vigueur et même d'étendre l'arrêt du Conseil, signé par Louis XIV lui-même le 15 septembre 1685, par lequel les protestants pouvaient se marier devant un officier de justice ?... J'ose croire que si vous êtes l'ami de M. le

[1] Voltaire. *Fragmens de politique et de législation.* — Œuvres, t. XXXVI, p. 82-83 — (1762) — V. aussi Turgot, *Lettres sur la tolérance.* Œuvres II, 686 — J.-J. Rousseau. *Lettre à Monsieur de Beaumont*, à propos de l'Emile, et dans sa *Correspondance*, lettres CDLXXIII et CDLXXXIII, œuvres t. XX, 155 et 174 — Laharpe, *Correspondance littéraire*, l. CCLI (tome V, p. 171).

[2] Anquez, *Etat-civil*, p. 139.

chancelier, vous lui proposerez un moyen qui paraît si facile[1]... » La célébration du mariage devant un juge réunissait en effet la plupart des suffrages. Parfois cependant, on proposait de le faire contracter devant un notaire, ou devant le curé, considéré comme simple officier public.

Ce mouvement de l'opinion[2], auquel avait pris part

[1] Voltaire. *Correspondance*, Lettre CLXXIII, à Mr le maréchal duc de Richelieu, du 16 sept. 1772. — OEuvres, tome 81, p. 367.

[2] On se rendra compte de l'importance de ce mouvement, si l'on parcourt la liste suivante, qui comprend quelques-unes des publications relatives au mariage des protestants, parues de 1753 à 1787.

1753 — Le *Conciliateur* de Turgot.
— Mémoire de M. de Monctlus, évêque d'Alais.
— Mémoire de M. Joly de Fleury (publié en 1786 par Malesherbes).
— L'*Accord parfait* du cher de Beaumont.

1754 — Deux lettres sur la tolérance civile de Turgot.

1756 — Mémoire théologique et politique de M. de Rippert-Monclar, procureur-général au parlement d'Aix.
— Dissertation sur la tolérance, du père Lenfant.
— Réponse à ce dernier, par le Ridant, avocat en parlement.
— Autre réponse par un catholique.
— La *Vérité vengée*, autre réponse au père Lenfant, par le cher de Beaumont.
— Essai de réunion des protestans aux catholiques romains, par M. P. D. R., avocat au parlement.
— *Lettres d'un patriote* sur la tolérance des protestans.
— Petit écrit sur une matière intéressante, de l abbé Morellet.
— Sentimens des catholiques de France au sujet des mariages clandestins des protestans.
— Mémoire politico-critique où l'on réfute le mémoire théologique et politique, par l'abbé de Caveyrac.

1758 — Apologie de Louis XIV et de son conseil sur la révocation, du même.
— De l'Esprit de Jésus-Christ sur la tolérance, par le pasteur Delabroue.

plus d'un magistrat, devait réagir sur la jurisprudence des parlements. « Il y a eu des parlements, dit Malesherbes, qui ont mieux aimé rendre des arrêts susceptibles

1762 — Accord de la religion et de l'humanité sur l'intolérance, par l'abbé de Malvaux.
— Plaidoyer d'Elie de Beaumont pour les Calas.
1764 — Principes politiques sur le rappel des protestans de France, par Turmeau de la Morandière.
1767 — Réquisitoire de Servan, av.-génal, dans la cause d'une femme protestante.
— Deux mémoires de Gilbert des Voisins, conseiller d'Etat, publiés en 1787 par son petit-fils.
1770 — Consultation de Portalis sur la validité du mariage des protestans de France.
1772 — Plaidoyer de Linguet pour la demoiselle Camp.
1775 — Dialogue entre un évêque de l'assemblée du clergé de France et un curé de Paris, par l'abbé Guidi.
— Consultation de P. Legourée, avocat sur la validité des mariages des protestans.
1776 — Second Dialogue... par l'abbé Guidi.
1777 — L'*Intolérance éclairée.*
1778 — Dialogue sur l'état-civil des protestans entre un président du parlement, un conseiller d'Etat, et le curé de Saint***.
— Dissertation sur la tolérance civile et religieuse.
— Réflexions d'un citoyen catholique sur les loix de la France relatives aux protestans, par Condorcet.
1779 — Lettres de deux curés des Cévennes sur la validité du mariage des protestans.
— Le vieux Cévenol, par Rabaud St-Etienne.
1781 — Recueil de pièces sur l'état-civil des protestans. Attribué à Condorcet.
1785 — Premier mémoire sur le mariage des protestans, par M. Lamoignon de Malesherbes.
1786 — 2e mémoire, du même.
1787 — Mémoire de Target pour la dame d'Anglure.
— Discours à lire au conseil en présence du roi, par un ministre patriote, sur le projet d'accorder l'état-civil aux protestans, par le P. Bonnaud.

d'être cassés, que de participer à des œuvres d'iniquité [1]. » Ils validèrent des mariages de protestants sur le seul fondement de la possession d'état, firent exécuter des testaments faits par l'un des conjoints au profit de l'autre, en écartant la qualification de concubins, défendirent aux époux de se quitter pour contracter de nouvelles unions. On refusa successivement aux collatéraux, aux père et mère, aux époux eux-mêmes, le droit d'attaquer les mariages contractés au désert [2]. « Si l'utilité publique demande qu'on observe rigoureusement

1787 — Le *Secret révélé*, lettre d'un magistrat de province, par C***, avocat.
— Eclaircissemens historiques, de Rulhières et mémoire du baron de Breteuil (souvent cités dans ce présent travail).
— Réflexions importantes d'un philanthrope.
— Lettre de Mr... à M. l'abbé A...
1788 — Lettre impartiale sur l'édit des protestans à M. le Comte de***.
— Du mariage des chrétiens, ou de la nouvelle loi sur l'état civil des non-catholiques en France, justifiée au nom de la religion et de la politique, par un avocat au parlement de Paris.

Cette liste est loin d'être complète. Nous n'avons pu, en effet, nous livrer à des recherches spéciales, qui, certainement, amèneraient la découverte d'un grand nombre d'ouvrages du même genre, composés sur le même sujet, à la même époque. — Nous omettons en outre les ouvrages qui sont connus de tous, comme le *Traité sur la tolérance* de Voltaire, et les passages de Rousseau, Montesquieu, Laharpe, etc., relatifs au mariage des protestans, qu'on rencontre aisément.

[1] Malesherbes, 2e *mémoire*, pag. 3.

[2] Merlin, répertoire vº *religionnaires*. — Voyez des arrêts qu'il cite de 1744, 1747, 1758, 1770 etc. — « Nous avons profité provisoirement de la jurisprudence de nos tribunaux, pour écarter les collatéraux avides, qui disputaient aux enfants l'héritage de leurs pères » dira Louis XVI dans le préambule de l'Edit de 1787. — Isambert, t. XXVIII, p. 473.

les solennités essentielles prescrites par les lois, dit Merlin résumant un plaidoyer de d'Aguesseau, la même utilité ne permet pas qu'on expose l'état des enfants et les destinées des familles aux caprices même d'un père et d'une mère irrités qui veulent les sacrifier plutôt à la passion qu'à la justice. Le nom de mariage est un nom si puissant, que son ombre seule suffit pour purifier en faveur des enfants le principe de leur naissance. L'Etat tient compte aux parents de l'intention qu'ils ont eue de lui donner des enfants légitimes ; ils ont formé un engagement honnête ; ils ont cru suivre l'ordre prescrit par la loi pour laisser une postérité légitime, on ne laisse pas de récompenser en eux le vœu, l'apparence, le nom de mariage, et l'on regarde moins ce que les enfants sont, que ce que les pères et mères ont voulu qu'ils fussent. » Ce langage trouvait un écho dans l'esprit des magistrats, alors même qu'ils se croyaient obligés d'annuler les mariages. Ils accordaient alors des dommages-intérêts considérables à celle des parties contre laquelle la nullité était demandée [1]. En tous cas, ce n'était qu'à regret qu'ils appliquaient la lettre des ordonnances. « Je n'oublierai jamais, rapporte Malesherbes, une occasion où celui qui avait gagné un de ces indignes procès à une chambre du parlement de Paris, alla remercier ses juges ; il y en eut un qui ne put s'empêcher de lui dire qu'il rejetait avec horreur les assurances de sa reconnaissance ; que c'était bien assez de l'avoir jugé, mais qu'il ne pouvait plus soute-

[1] Pour toute cette jurisprudence, v. le *Répertoire* de Merlin, v° religionnaires § VI.

nir sa présence : il ne fut pas tenté d'aller remercier les autres [1]... »

Quelque pénible que fût cette alternative où se trouvaient les magistrats, de rendre une justice arbitraire, et n'ayant d'autre fondement que l'équité, ou de prononcer des arrêts dont les résultats soulevaient leur conscience, le parlement de Paris refusa, en 1778, de demander au roi une forme légale de mariage pour les réformés.

« Tous les yeux sont fixés sur le parlement, s'était écrié un conseiller, M. de Brétinières ; c'est de lui, c'est de ce sénat auguste, l'appui des malheureux et le père de la patrie, qu'on attend un remède efficace au plus criant des abus [2] ! » — Ce n'est que le 9 février 1787, que l'assemblée générale des Chambres arrêta, après un éloquent discours d'un autre conseiller, M. Robert de Saint-Vincent [3], que sa Majesté serait très humblement suppliée de vouloir bien peser dans sa sagesse les moyens les plus sûrs de donner un état-civil aux protestants [4]. »

Le 23 mai suivant, un bureau de l'assemblée des notables adoptait presque à l'unanimité une motion par laquelle le roi était supplié de faire cesser « cette sorte de mort civile » dont étaient frappés un grand nombre

[1] 2e *Mémoire*, p. 2.

[2] Merlin, *Répertoire*, v° religionnaires. — Anquez, *Etat-civil*, p. 108 et s.

[3] C'était le petit-neveu de l'abbé Robert, dont il a été question ci-dessus, pag. 206 « Pour lui, dit M. Anquez (ibid. p. 194) la défense des dissidents était donc une tradition de famille. »

[4] *Histoire, actes et remontrances des parlements*, de Dufey... t. II, p. 422-423. — Anquez, p. 199.

de Français. Lafayette était l'auteur de cette motion, et M. de la Luzerne, évêque de Langres et neveu de Malesherbes, l'avait appuyée [1].

VII

L'Edit de 1787, et la déclaration civile de mariage.

« A peine arrivé au ministère, disait un jour Malesherbes à M. Hue, l'ancien valet de chambre du Dauphin [2], je m'occupai de rendre au Roi le cœur d'une partie de ses sujets, et aux protestants la jouissance de l'état-civil. J'eus, à cet égard, plusieurs entretiens avec lui.... mais malgré mes tentatives fréquemment réitérées, je n'obtins du roi, en faveur des protestants, que la suppression des dispositions pénales portées contre eux. Le cardinal de Loménie, sans doute par l'ascendant de l'état qu'il professait, fut plus heureux que moi. Sous son ministère, les protestants ont recouvré la jouissance de l'état civil. »

[1] Anquez, *Etat-civil des réformés*, p. 205-207.

[2] Cette conversation avait lieu dans les premiers jours de l'année 1794, dans la prison de Port-Libre (Port-Royal), où M. de Malesherbes et sa famille et M. Hue étaient retenus prisonniers par le tribunal révolutionnaire. Malesherbes n'en devait sortir que pour monter sur l'échafaud, le 24 avril 1794. — V. *Dernières années du règne et de la vie de Louis XVI.* (3e édit., Paris, 1860, p. 425 et suiv.) par M. Hue.

Ce fut, en novembre 1787, onze ans après que Malesherbes eût quitté le ministère, que fut rendu le célèbre édit qui organisait une nouvelle forme de mariage pour les non-catholiques. Ce que Malesherbes ne disait pas, et ce que personne n'ignorait à cette époque, c'est que nul n'avait eu plus de part que lui à ce grand événement, qu'il avait préparé le succès de cette réforme et qu'il avait rédigé lui-même le nouvel édit, que son nom, en un mot, mériterait de demeurer toujours attaché à cet acte remarquable de réparation et de justice [1]. En prenant à son tour, de la manière la plus efficace, la défense des protestants, « il cédait, disait-il un jour, au désir de réparer envers eux, le mal que leur avait fait en Languedoc, M. Lamoignon de Bâville, son oncle, quand il était intendant de cette province [2]. »

Il avait donc, dès 1785, fait lire au Conseil, puis publié un mémoire, où, à l'aide de documents certains, *quoique encore incomplets* [3], il s'efforçait de rétablir, dans toute sa vérité, l'histoire du mariage des protestants, depuis la révocation de l'édit de Nantes. C'était mettre, en quelque sorte, les pièces mêmes du procès

[1] Déjà en 1782, un Edit était intervenu, qui avait défendu aux curés de donner sur leurs registres de baptême aucune qualification injurieuse aux enfants issus de parents mariés hors de l'église — Isambert, tome XXVII, p. 190. — Anquez, *Etat-civil*, p. 183.

[2] Soulavie. — *Mémoires historiques et politiques sur le règne de Louis XVI*, Paris, an X, tome II, p. 318 et s. — Conversation de Malesherbes avec l'auteur.

[3] Rulhière, en sa qualité de secrétaire du baron de Breteuil, a pu consulter les archives publiques. Ainsi plus d'un fait, dont le secret avait échappé à Malesherbes, est-il éclairé par lui d'une vive lumière.

sous les yeux du gouvernement. — Puis l'année suivante, il écrivait un nouveau mémoire, où cette fois il dressait le plan de la nouvelle ordonnance, destinée à régler l'état des protestants, et en général de tous les sujets non-catholiques du Roi. Avec infiniment d'adresse, il s'efforçait de rattacher le présent au passé, ne voulant pas que cette réforme présentât, ne fût-ce que les apparences d'un acte révolutionnaire. Il importait au succès de l'entreprise qu'elle ne pût choquer personne. Aux admirateurs, encore nombreux, d'un passé sur lequel planait la grande ombre de Louis XIV[1], il montrait ce prince accordant aux protestants le droit de se marier devant leurs ministres et les juges royaux. Aux yeux des magistrats, qui s'étaient si longtemps servi de la déclaration de 1724 comme d'une arme terrible contre les protestants, il couvrait sa réforme du nom des magistrats les plus illustres qui l'avaient

[1] Le premier de tous était Louis XVI. — « J'ai plus d'une fois remarqué, rapportait Malesherbes en 1794, dans sa prison de Port-Royal, que dans les changements proposés au roi, rien ne l'arrêtait autant que son respect pour les anciennes institutions, et surtout pour la mémoire de Louis XIV. « Sire, reprenais-je (au sujet des protestants), les temps et les circonstances demandent d'autres mesures. Ce qui fut jugé utile par Louis XIV peut aujourd'hui devenir nuisible. D'ailleurs l'utilité ni la politique ne prescrivent jamais contre la justice. — Où est donc, répliqua le Roi, l'atteinte portée à la justice ? Le salut de l'Etat n'est-il pas la suprême loi ?... Louis XIV, en éloignant de la grande famille quelques membres turbulents, a voulu ramener la paix dans son sein ; comme roi c'était son devoir... » — « La loi qui statue sur le sort des protestants est une loi de l'Etat, disait-il encore, *Louis XIV en est l'auteur*. Les Cours souveraines sont d'avis de la maintenir. Ne déplaçons pas les bornes anciennes. La sagesse les a posées. » (Hue. *Dernières années*... p. 425 et suiv.)

appelée de leurs vœux. Il faisait mieux encore. Il allait chercher au milieu des adversaires les plus déclarés, semble-t-il, de la tolérance religieuse, celui-là même qui avait rédigé la déclaration de 1724, et qui vingt-six ans plus tard, spectateur impassible des abus qu'elle avait engendrés, n'y trouvait d'autre remède que la confirmation et la rigoureuse application de cette loi. Il excusait ses actes en rappelant les circonstances au milieu desquelles ils s'étaient produits. Il parlait en souriant de « l'effet naturel de la tendresse paternelle d'un auteur pour son ouvrage », et expliquait ainsi « l'attachement de M. Joly de Fleury pour une loi qu'il avait rédigée dans un temps où il semblait que son exécution n'était plus possible ». Il rendait hommage « à la pureté de ses vues, à sa prudence à détourner les coups, à gagner du temps, à ménager des réserves pour en faire usage dans des temps plus heureux ».

La loi nouvelle devait, de l'aveu de son auteur, reposer sur les trois principes suivants : — I. Il est nécessaire de donner aux protestants sujets du roi, un état-civil et les droits communs de tous les citoyens, celui de jouir tranquillement de leurs biens, et de transmettre leur nom et leur succession à leurs enfants. II. Les hérétiques ne doivent être qu'une secte dans l'Eglise, et non un parti dans l'Etat. III. En donnant aux sujets du roi non catholiques un état-civil certain, ce qui est de justice, le roi peut, sans injustice, employer les moyens de grâce et de faveur pour attirer les hérétiques à la religion catholique[1].

[1] Malesherbes, 2e *mémoire*, p. 90.

L'application la plus remarquable de ces principes sera la création au profit des non-catholiques d'une double forme de mariage légal. Ces derniers pourront, à leur choix, contracter leur union soit devant le juge de leur domicile[1], soit devant le curé de la paroisse où ils résident. Au second cas, la célébration du mariage sera purement civile : elle s'accomplira dans la maison curiale, et non à l'église[2]. Les publications qui ont un caractère purement civil seront toujours faites le dimanche, à la sortie de la messe paroissiale, la publicité de l'audience paraissant insuffisante. Enfin, ces dispositions trouveront leur complément dans celles relatives à l'établissement et à la conservation de la preuve de ces mariages.

Telles étaient les assises du projet de Malesherbes. En même temps qu'il les posait dans son second mémoire, le baron de Breteuil, alors ministre de la maison du roi, lisait au conseil le remarquable mémoire que nous avons si souvent cité au cours de cette étude. C'était le projet de Malesherbes que le baron de Breteuil soumettait à l'approbation royale. Ce fut lui qui, signé du roi, fut enregistré, le 29 janvier 1788 par le parlement de Paris, après avoir subi quelques modifications[3], puis par tous les parlements de France dans le courant de la même année[4].

[1] Le premier officier de la justice des lieux, soit royale, soit seigneuriale. Art. 14 de l'Edit. Isambert, t. XXVIII, p. 472 et s.

[2] Quant aux mariages déjà contractés par les protestants, ils devaient être réhabilités dans les mêmes formes.

[3] Voir les remontrances du parlement du 18 Janvier 1788, dans Dufey, op. cit. II, 422.

[4] Anquez, *Etat-civil*, p. 219-249.

Voici celles de ses dispositions qui nous intéressent le plus :

Art. 2. — « Pourront ceux de nosdits sujets ou étrangers domiciliés dans notre royaume, qui ne seraient pas de la religion catholique, y contracter des mariages dans la forme ci-après prescrite ; voulons que lesdits mariages puissent avoir dans l'ordre civil, à l'égard de ceux qui les auront contractés dans ladite forme, et et de leurs enfants, les mêmes effets que ceux qui seront contractés et célébrés dans la forme ordinaire par nos-dits sujets catholiques[1]. »

Art. 8 à 15. — Les publications seront faites soit par les curés ou vicaires, soit par le greffier de la justice principale du lieu, au choix des parties, le dimanche, à la sortie de la messe paroissiale.

Art. 14 et 16. — La *déclaration du mariage* devra être faite, au choix des parties, soit par devant les curés ou vicaires, soit par-devant le premier officier de la justice des lieux.

Art. 17. — « Pour faire ladite déclaration, les parties contractantes se transporteront, assistées de quatre témoins, en la maison du curé ou vicaire du lieu où l'une desdites parties aura son domicile, ou en celle dudit juge, et y déclareront qu'elles se sont prises et se prennent en légitime et indissoluble mariage, et qu'elles se promettent fidélité. »

Art. 18. — « Ledit curé ou vicaire, ou ledit juge, déclarera aux parties, au nom de la loi, qu'elles s· ..nies

[1] Voir les articles pour tout ce qui concerne les conditions de domicile, les oppositions, les dispenses de bans. — Isambert, XXVIII, 476.

en légitime et indissoluble mariage; inscrira lesdites déclarations sur les deux doubles du registre destiné à cet effet, et fera mention de la publication des bans sans opposition, ou de la mainlevée des oppositions, s'il y en a eu, des dispenses... ; signera le tout, et fera signer par les parties contractantes si elles savent signer, et par les témoins. »

21. — « Et quant aux unions conjugales qu'auraient pu contracter aucuns de nos sujets ou étrangers non catholiques, établis et domiciliés dans notre royaume, sans avoir observé les formalités prescrites par nos ordonnances, voulons et entendons qu'en se conformant aux dispositions suivantes, dans le terme et espace d'une année, à compter du jour de la publication et enregistrement de notre présent édit, ils puissent acquérir pour eux et leurs enfants la jouissance de tous les droits résultant des mariages légitimes, à compter du jour de leur union, dont ils rapporteront la preuve, et en déclarant le nombre, l'âge et le sexe de leurs enfants. »

22. — « Seront tenus lesdits époux et épouses de se présenter en personnes, et assistés de quatre témoins, devant le curé ou le juge royal du ressort de leur domicile, auxquels *ils feront leur déclaration de mariage, qu'ils seront tenus de réitérer*, dans la même forme devant le curé ou le juge du ressort du domicile qu'ils auraient quitté depuis six mois, si c'est dans le même diocèse, ou depuis un an, si c'est dans un diocèse différent[1]. »

Tel est le texte de loi, auquel aboutissait la série de faits historiques ou juridiques dont nous avons suivi le

[1] Isambert, XXVIII, p. 472 et s.

développement. Il suffit d'en consulter les termes, pour mesurer d'un coup d'œil la portée de la réforme qu'il introduit dans le droit. Le mariage devient, pour les non-catholiques, un contrat solennel, passé devant un officier public qui le constate verbalement, et en dresse acte.

« L'édit de 1787, dit Rabaut Saint-Étienne, avait tout aussitôt répandu la joie et la consolation dans toutes les familles des réformés. Son exécution suivit de près sa promulgation, et l'on vit bientôt les réformés accourir en foule chez les juges royaux pour faire enregistrer leurs mariages... [1] »

C'est ainsi que l'histoire du mariage des protestants nous a conduits jusqu'à la Révolution française. Si, parvenu à ce point, le lecteur tourne un instant ses regards en arrière, il sera frappé d'un triple fait qui résume en quelque sorte et caractérise cette histoire. A trois reprises différentes, le législateur français a dû s'occuper de la formation du mariage des protestants, à la fin du XVIe siècle, lors de l'édit de Nantes, à la fin du XVIIe, sous Louis XIV, à la fin du XVIIIe, sous Louis XVI. Chaque fois il établit ou consacre une forme nouvelle de mariage. Or, pour peu qu'on étudie l'édit de Nantes, l'arrêt de 1685, et l'édit de 1787, on y retrouve l'expres-

[1] En 1788, l'Académie française donna comme sujet de concours pour le prix de poésie, l'éloge de l'édit relatif aux non-catholiques. Fontanes remporta le prix. On trouvera sa pièce de vers dans ses *Œuvres*. Paris, 1839, t. Ier, p. 397 et s.

sion concrète, ou, si l'on veut, la manifestation pratique et législative des idées juridiques, dont nous avons déjà constaté l'existence au chapitre précédent.

A la fin du XVIe siècle, on ne pense pas que la formation du mariage puisse dépendre en quelque manière que ce soit, de la puissance temporelle. Le mariage est alors, aux yeux de tous, un acte essentiellement religieux, mais produisant des effets civils : ces effets seuls sont du domaine de la loi civile. Pour tout le reste, le roi se contente de promulguer la loi religieuse ; qu'on se rappelle l'ordonnance de Blois et le Concile de Trente! Lors donc qu'il s'agira de reconnaître l'existence légale aux protestants, on traitera leurs mariages, comme on fait ceux des catholiques. La loi civile n'en règlera pas la formation. Elle laissera à leurs synodes le soin de prescrire la célébration publique en présence des ministres du nouveau culte. — Moins d'un siècle plus tard, en 1685, les idées se sont singulièrement modifiées. On distingue alors dans le mariage, à côté du sacrement, un contrat civil, qui pour sa formation comme pour ses effets, est soumis à l'empire de la puissance civile. Le mariage apparaît à cette époque comme un acte tout à la fois civil et religieux : le contrat est la matière du sacrement. Aussi en 1685 lorsque le Conseil de Louis XIV voudra donner aux protestants des provinces, où leur culte est prohibé, la faculté de contracter un mariage légal, il imaginera un mariage à double face, célébré par le ministre en présence du juge. Les deux autorités dont dépend le mariage prennent part à sa formation ; que si l'une d'elles venait à manquer, le mariage serait nul.

Enfin en 1787, les esprits, s'enhardissant peu à peu,

en sont venus à ne considérer le mariage que comme un contrat civil ; ils laissent de côté la notion du sacrement, qui n'a plus de valeur juridique. Et, sous le nom de contrat, c'est le mariage tout entier qu'ils revendiquent au profit de la puissance civile. De là à considérer le mariage comme valablement formé, en dehors de toute cérémonie religieuse, il n'y a qu'un pas. La force des circonstances obligea le législateur à le franchir dès 1787 ; il créa pour les réformés la déclaration civile de mariage devant le juge. « Ainsi, dit Malesherbes, il faudra que l'édit prononce que les contractants ne s'en tiendront pas à déclarer qu'ils se sont mariés, mais qu'ils contracteront en présence du juge l'engagement civil.... Ce sera dans les mêmes termes dans lesquels les catholiques s'engagent au pied de l'autel... On sait bien que les protestants, qui aparaîtront devant le juge auront auparavant fait bénir secrètement leurs mariages par leurs ministres, pour la sûreté de leur conscience, mais il n'en faudra pas moins que cet engagement soit réitéré devant le magistrat, pour le rendre légal[1]... »

Le mariage des protestants, par les différents aspects qu'il revêt, peut servir, on le voit, à fixer, à trois époques importantes de notre histoire, les idées relatives à la formation juridique du mariage. Ces idées, ces différents états de l'esprit juridique, nous sont apparus déjà dans un précédent chapitre. L'histoire du mariage des protestants contrôle l'exactitude de nos données. Grâce à elle, on comprend mieux les transformations dont

[1] Malesherbes, 2e *mémoire*, p. 113 et s.

nous avions déjà poursuivi l'étude ; elle en fournit la contre-épreuve.

Ce n'est pas tout. Cette histoire du mariage des protestants présente au point du vue du développement des idées juridiques, un intérêt qui ne peut échapper à l'observateur attentif. Elle montre comment pendant une longue suite d'années toute une partie de la population française a pu se marier valablement, sans qu'aucune loi déterminât la forme de ces mariages. C'est ce qui explique qu'on ait dû entrer dans quelques détails historiques sur ce point. A cette question, qui est celle qu'on s'est posée sans cesse au cours de cette étude : Comment se forme le mariage ? La réponse est aisée à trouver pour les catholiques, puisqu'il existe une loi, et que cette loi est régulièrement appliquée, elle l'est également en ce qui concerne les protestants, jusqu'à la révocation de l'édit de Nantes ; mais depuis cette époque jusqu'à la fin du XVIIIe siècle elle devient des plus obscures, des plus complexes, des plus difficiles à déterminer. Ce sont de simples faits qu'on a dû relever pour en découvrir la solution et il s'est trouvé que l'observation de ces faits devait être subtile pour être aussi exacte que possible.

Au surplus ces faits, bien qu'étrangers, si on les considère en eux-mêmes, à l'ordre purement juridique, ont exercé, dans la sphère du droit pur, une influence incontestable. D'où est venue la conception moderne de la constatation civile du mariage ? — De la distinction établie d'abord, puis développée et appliquée chaque jour par les parlements entre le contrat civil et le sacrement, dira-t-on. Rien n'est plus exact. Et cette idée trouvera une nouvelle confirmation, lorsqu'on étudiera le décret porté par l'assemblée législative en 1792. Peut-elle expliquer à elle seule la sécularisation des formes du mariage ? Nous ne le croyons pas, et c'est l'histoire qui nous oblige à ne pas le croire. Il a fallu, en effet, pour que l'idée vînt au législateur d'établir une forme purement civile de mariage, qu'il y fût contraint par cette circonstance spéciale, qu'il existait dans le royaume un grand nombre de dissidents, et qu'on ne pouvait raisonnablement les obliger à recourir au ministère du curé catholique. Cette nécessité est apparue une première fois au législateur en 1685, il en tint compte, mais ses bonnes intentions n'eurent pas de résultat pratique. Il a fallu, pour vaincre par la suite ses hésitations et ses répugnances, que cette nécessité se traduisît par des faits qui tous se résument en un seul : plus d'un million de sujets français frappés de mort civile au XVIIIe siècle, il a fallu que l'opinion publique, alors toute-puissante, s'en émût, et qu'elle en vînt à dicter ses volontés au législateur, à lui suggérer l'application dernière et pratique de l'idée mise en avant par les parlements. Si l'on ne veut pas tenir compte de ces circonstances, si l'on ne veut pas admettre qu'elles ont exercé sur le développement du droit une influence considérable, on ne peut à bon droit expliquer comment les formes du mariage sont devenues purement civiles en 1787 pour les protestants de France, en 1792 pour tous les Français, et comment cette double réforme a pu être acceptée par l'esprit public. — L'histoire du mariage des protestants ne peut donc se borner à l'analyse matérielle des dispositions émises en 1685 par l'arrêt du Conseil du roi, en 1698 par la déclaration de M. d'Aguesseau, en 1715 et en 1724 par deux célèbres ordonnances, et en dernier lieu en 1787 par l'édit de Malesherbes. Car l'arrêt de 1685 et la déclaration de 1698 ne furent pas appliqués, les ordonnances de 1715 et de 1724 ne faisaient mention que des nouveaux-convertis, et l'édit de 1787, enfin, n'eut qu'une existence éphémère.

CHAPITRE IV

LA RÉVOLUTION ET LE MARIAGE CIVIL

I

Le projet de décret de Durand de Maillanne à l'Assemblée Constituante

L'édit de 1787 avait établi au profit des protestants la constatation civile du mariage. Bientôt, à la faveur de la Révolution de 1789, cette disposition allait s'étendre à tous les Français. La question se posa pour la première fois à l'Assemblée Constituante en 1790. Les circonstances dans lesquelles elle fut introduite méritent d'être relevées. Mieux que toutes les considérations, elles montreront les reproches qu'on pouvait adresser au système en vigueur sous l'ancien régime, et les raisons, bonnes ou mauvaises, qu'on pouvait avoir de le changer.

Le 12 juillet 1790, l'un des secrétaires de l'Assemblée Constituante lisait en séance la pétition suivante :

« J'implore le secours de la loi Constitutionnelle, et je réclame les droits de citoyen qu'elle ne m'a point ravis, puisqu'elle ne prononce aucun titre d'exclusion contre ceux qui embrassent la carrière du théâtre. — J'ai fait choix d'une compagne, à laquelle je veux m'unir par les liens du mariage ; mon père m'a donné son consentement. Je me suis présenté devant M. le curé de Saint-Sulpice [1] pour la publication de mes bans. Après un premier refus, je lui ait fait faire une sommation par acte extra-judiciaire. Il a répondu à l'huissier qu'il avait cru de la prudence d'en déférer à ses supérieurs ; qu'il lui ont rappelé les règles canoniques auxquelles il doit obéir, et qui défendent de donner à un comédien le sacrement de mariage avant d'avoir obtenu de sa part une renonciation à son état. Je me prosterne devant Dieu ; je professe la religion catholique, apostolique et romaine..... J'aurais pu sans doute

[1] Le curé de Saint-Sulpice était depuis 1788, M. de Pancemont, plus tard évêque de Vannes. Quelques mois après, il consentit, après un premier refus, à célébrer le mariage de Camille Desmoulins avec mademoiselle Duplessis, non sans avoir obtenu de lui une profession de foi catholique, et la promesse d'une rétractation publique de ses erreurs, et après avoir reçu sa confession. Camille Desmoulins, imitant Talma, s'était plaint, paraît-il, au Comité ecclésiastique du premier refus qu'il avait essuyé de la part de son curé (Déc. 1790 ou janv. 1791). — V. Lettre de Camille du 11 décembre 1790, à la suite de la réimpression du *Vieux Cordelier*, Paris, 1834. — *Collection des mémoires relatifs à la Révolution Française*, Paris, 1825, tome 56, p. 4 et suiv., p. 164 et s.

faire une renonciation et reprendre le lendemain mon état ; mais je ne veux point me montrer indigne de la religion qu'on invoque contre moi, du bienfait de la Constitution, en accusant vos décrets d'erreur, et vos lois d'impuissance. — Je m'abandonne avec confiance à votre justice [1]. » Cette lettre était signée du nom déjà connu d'un des plus jeunes sociétaires de la Comédie Française, de celui de Talma. Il avait, en effet, remporté, l'année précédente, un immense succès dans le *Charles IX* de Marie-Joseph de Chénier [2], les cabales organisées par Danton à la Comédie-Française l'avaient rendu populaire. On l'appelait Talma, le bon patriote [3] !

La question que soulevait ainsi « l'un des excommuniés ordinaires du roi », comme on disait jadis, était fort grave. « Il s'agit de savoir, disait un député, jusqu'à quel point s'étend la puissance ecclésiastique sur le mariage [4]... » La pétition de Talma fut renvoyée au Comité de Constitution et au Comité ecclésiastique réunis. En réalité, c'était la formation juridique du mariage qui était en jeu, question toujours agitée aux âges précédents, et qu'une génération nouvelle, celle de 1789, s'apprêtait à résoudre à son tour, d'une manière conforme à ses idées et à ses goûts.

Parmi les députés qui composaient alors le Comité

[1] Moniteur universel, du 13 juillet 1790.

[2] Talma, né en 1763, n'appartenait à la Comédie-Française que depuis 1789 (*Mémoires historiques sur Talma*, par Regnault-Varin, Paris, 1827, pages 293 et s.)

[3] Georges Duval, *Souvenirs de la Terreur*, Paris, 1841, t. I, p. 191 et s.

[4] Moniteur, 13 juillet 1790.

ecclésiastique, se trouvaient un certain nombre de légistes, anciens magistrats ou avocats qui, tout en professant un attachement apparent ou sincère aux principes de la religion catholique, revendiquaient hautement ce qu'ils considéraient comme les droits imprescriptibles de l'État en face des prétentions de l'Église. C'étaient Treilhard, Lanjuinais, d'Ormesson, Durand de Maillanne, descendants de ces parlementaires qui depuis plus de trois siècles défendaient avec un soin jaloux « les maximes, les libertés, les franchises de l'église gallicane », qui avaient tour à tour repoussé le Concile de Trente et protesté contre la bulle *Unigenitus* avec l'énergie que l'on sait, ils s'étaient avisés de créer la Constitution Civile du clergé [1], dernier terme et expression finale des principes du gallicanisme parlementaire. « Qu'on ne dise pas, s'écriaient ses auteurs, que l'Assemblée Nationale est incompétente dans ses réformes ecclésiastiques; comme si une grande nation pouvait jamais être incompétente en aucune matière pour opérer le bien ; comme si aucune forme pouvait être supérieure à son vœu, quand il est général, sage et utile ; comme si enfin elle ne pouvait se rendre libre et heureuse par une Constitution qui n'est dans tous ses principes que l'expression même de la raison [2]. »

La pétition de Talma n'allait-elle pas leur fournir l'occasion d'accomplir une réforme à laquelle nul en-

[1] Elle avait été décrétée le jour même où la lettre de Talma était lue à l'assemblée, le 12 juillet 1790 (Moniteur du 13 juillet 1790).

[2] Durand de Maillanne, commissaire du Comité ecclésiastique, rapport sur le projet de décret concernant la forme des mariages (Procès-verbal de l'Assemblée nationale, tome 55, nº 653, page 18).

core n'avait pensé? Il est vrai que l'édit de 1787 avait rendu l'état-civil aux non-catholiques, « mais cet édit, dira Durand de Maillanne, n'avait fait que frayer un chemin dont la nouvelle constitution exigeait l'agrandissement [1]. » Une telle entreprise était bien séduisante. Ceux à qui il serait donné de l'accomplir, auraient l'honneur de faire rentrer l'État en possession d'un droit, dont il avait depuis des siècles, abandonné l'exercice à l'église, celui de présider aux mariages, et de constater l'état des citoyens. Par là « ils feraient cesser cette honteuse et funeste guerre d'autorités qui avait tant fait gémir leurs pères et qui n'aurait jamais dû s'élever entre deux puissances établies de Dieu, chacun, selon leur fin, pour le bonheur des hommes [2]». Enfin ils auraient le suprême avantage (ce n'en était pas un médiocre en 1789) de mettre une fois de plus la loi d'accord avec la raison, en appliquant jusqu'à sa dernière conséquence la doctrine du contrat civil matière du sacrement.

Il n'en fallait pas tant pour décider le Comité. Il prépara immédiatement un projet de loi ; Durand de Maillanne en fit le rapport [3]. Il proposait à l'assem-

[1] Suite et défense du rapport précité, ibid. p. 12.

[2] Durand de Maillanne, ibid. p. 37. — Il ne faut pas perdre de vue que l'édit de 1787, en sécularisant l'état-civil des dissidents, avait rendu impossible le retour de ces abus.

[3] Suum cuique ! Durand de Maillanne et Lanjuinais, auteurs du projet, eurent communication d'un *mémoire très profond* (ce sont les expressions de Durand de Maillanne), composé sur ce sujet par un « professeur en droit de l'Université de Paris, » M. Hardi. Ils en adoptèrent le plan. Ce mémoire avait été distribué à plusieurs membres de l'Assemblée. Voyez Durand de Maillanne, rapport, p. 4.

blée d'établir pour tous les citoyens une déclaration uniforme de mariage qui serait faite devant les officiers municipaux. — « Le mariage en effet, disait-il, peut subsister et doit même subsister comme contrat civil et pour tous les effets civils, indépendamment de la bénédiction ecclésiastique qui en fait un sacrement; c'est à dire que, sans dénaturer le mariage formé déjà par le consentement des parties, cette bénédiction le sanctifie, lui confère les grâces de la loi nouvelle, en sorte que la même cérémonie qui est dans l'Église un sacrement s'exerce sur le mariage déjà contracté [1]. » C'était parler en parfait canoniste et en bon gallican : le savant d'Héricourt, dans ses *Lois Ecclésiastiques*, ou Durand de Maillanne lui-même dans ses *Institutes de droit canon* n'avait pas tenu jadis un autre langage. — « Ceux donc, concluait le rapporteur, qui ne professent pas la religion catholique, se borneront au contrat civil de leur mariage, auquel les lois donneront tous les effets nécessaires au citoyen pour son existence légale et civile. — Les catholiques continueront de recevoir la bénédiction nuptiale de leur curé, en la manière accoutumée, mais ce ne sera qu'après avoir fait, comme les autres, leur déclaration devant les officiers municipaux qui en retiendront l'acte et la minute dans leurs registres. Par ce moyen, l'état légitime de tous les citoyens est certifié par leur propre municipalité; il est consigné dans le centre et le foyer commun de leurs habitations, où, dans l'esprit régénérateur et politique de la constitution, ils doivent vivre comme des frères ou des enfants d'une même famille [2] »

[1] Durand de Maillanne, rapport déjà cité, p. 5.

[2] Durand de Maillanne, rapport p. 6, p. 14. — Avant la fin de

L'assemblée ne semblait pas disposée à laisser venir le projet en discussion, lorsqu'une circonstance imprévue la força d'en aborder l'examen.

La Constitution Civile du clergé avait été décrétée. « Par malheur, en ceci comme dans tout le reste, l'assemblée, dit M. Taine, préoccupée des principes, avait oublié regarder les choses[1].» A côté de l'église nationale demeurée fidèle à son principe, à ses lois, à sa discipline, elle avait établi, par mégarde, une église nouvelle, schismatique et presbytérienne[2]. Celle-ci était seule reconnue par l'Etat, seule elle était en possession du droit de constater l'état des citoyens catholiques... Ceux-ci se trouvèrent alors, par un singulier retour de fortune, dans la situation qui, quelques années auparavant, était faite aux protestants. Seuls, ces derniers jouissaient depuis 1790 d'un état civil régulier. L'immense majorité de la population française n'avait plus le choix qu'entre un mariage sacrilège à ses yeux, et un mariage nul aux yeux de la loi, entre le mariage célébré par « l'intrus » et le mariage célébré devant le « réfractaire »[3] A leur tour, les catholiques durent se marier

1790, ce rapport et le projet de loi qui l'accompagnait étaient imprimés et distribués aux députés, mais tout aussitôt des protestations s'élevèrent. On vit paraître coup sur coup trois brochures qui ne s'attaquaient pas moins à la personne du rapporteur qu'à ses principes sur le mariage. Durand de Maillanne dut se défendre : Il publia une *Suite et Défense de son rapport*, où, non sans quelque habileté, il dissimulait sa propre justification sous une apologie emphatique de l'Assemblée.

[1] Taine, *Origines de la France contemporaine. La Révolution*, t. I, p. 231.

[2] Id. ibid. p. 234-235, 238-239.

[3] Paul Viollet, *Précis de l'Histoire du Droit Français*, p. 265.

et faire baptiser leurs enfants en secret ou « au désert[1]. »

Or il vint à la connaissance de la municipalité de Paris, au mois de mai 1791, « que des citoyens catholiques faisaient ondoyer ou baptiser secrètement leurs enfants dans des maisons particulières, et sans les présenter à l'église paroissiale pour y faire reconnaître et constater le fait de leur naissance dans les formes prescrites par la loi. » Aussitôt le corps municipal de porter à la barre de l'assemblée une pétition, où il demandait, au nom de la tolérance, qu'une loi distinguât et divisât deux fonctions réunies jusqu'alors dans les prêtres catholiques et désormais inconciliables[2]. » Telles furent les conditions dans lesquelles le projet du comité ecclésiastique fut mis en discussion les 17 et 19 mai 1791. Treilhard le soutint, au nom du principe de l'égalité des citoyens devant la loi. Mais Rewbell le combattit : « Tout en convenant de la vérité des principes sur lesquels on s'appuie, disait le futur conventionnel, j'en redoute l'application, *parce qu'elle pourrait servir des factieux.* » L'assemblée prononça l'ajournement[3].

Cet échec ne devait pas décourager les partisans de la nouvelle loi. Trois mois plus tard, lors des dernières discussions de l'acte constitutionnel, le député Desmeuniers proposa d'y introduire une article ainsi conçu : « La loi ne reconnaît le mariage que comme contrat civil. Le pouvoir législatif établira pour tous les habitants, sans distinction, le mode par lequel les naissan-

[1] Anquez, *Etat-Civil des Réformés*, p. 265.

[2] Procès-verbal de l'Assemblée, t. 55, n° 650 (p. 4.) — Moniteur universel du 17 mai 1791.

[3] Moniteur universel, 22 mai 1791.

ces, mariages et décès seront constatés ; et il désignera les officiers publics qui en recevront et conserveront les actes. » Il y avait loin de ce simple énoncé de principe, au projet de loi présenté au mois de mai. C'était en quelque sorte comme une pierre d'attente qu'on trouvait sage de poser, puisqu'on ne pouvait encore élever tout l'édifice [1]. Mais il s'en fallut de peu que ce calcul ne fut déjoué : un évêque constitutionnel [2] vint combattre la proposition. « Nous sommes devenus en quelque sorte votre ouvrage, dit-il à l'Assemblée, nous avons besoin de tout votre appui, et vous avez aussi besoin de toute notre influence... « Cette considération était de nature à emporter une seconde fois le vote de l'assemblée, « mais, fit observer Lanjuinais, ce qu'on propose ne préjuge rien, sinon que le mode qui sera établi, le sera sans distinction pour tous les citoyens ; cette loi n'empêche pas qu'on ne laisse les fonctions entre les mains des ecclésiastiques. » L'Assemblée n'en demandait pas plus : elle se laissa prendre au piège et décréta l'article [3].

[1] Le calcul était juste : « Etablir par une loi un mode uniforme pour constater l'état-civil de tous les citoyens, dira Vergniaud à la Législative, c'est un grand devoir qui nous est imposé par la Constitution, et un beau legs de gloire qui nous est transmis par nos prédécesseurs. » Moniteur du 11 avril 1792.

[2] Charrier de la Roche, ancien grand-vicaire et official métropolitain du diocèse de Lyon, plus tard évêque constitutionnel de Rouen, puis, après le Concordat, évêque de Versailles et grand-aumônier de la Cour sous l'Empire. En 1791 et 1792, il publia plusieurs apologies de la constitution civile du clergé (V. Biographie Michaud. art. Charrier de la Roche).

[3] Moniteur, 28 août 1791. — Constitution du 3 septembre 1791, titre II, art. 7.

C'est ainsi que le principe de la constatation civile du mariage fut écrit dans la loi constitutionnelle. Si l'Assemblée le vota, c'est qu'elle n'en aperçut pas les conséquences ; car de ces conséquences, elle ne voulait à aucun prix. Ainsi faisait Louis XIV, quand, en 1715, il établissait la *présomption de droit*, qui réputait convertis tous les protestants du royaume.

II

Discussions du décret de 1792 à l'Assemblée Législative.

Les espérances de Lanjuinais et de ses collègues du comité ecclésiastique ne devaient pas être trompées. A peine réunie, l'Assemblée législative résolut d'appliquer par une loi l'article de la constitution[1]. Le 15 février 1792, un projet de loi, préparé par le comité de Législation, vint en discussion. Comme celui de Durand de Maillanne, il reposait sur le principe mis en honneur par les parlements, de la distinction du contrat et du sacrement. « Le mariage, disait le rapporteur, n'est qu'un

[1] Décret du 3 novembre 1791 qui ordonne au comité de législation de présenter un projet de décret pour faire constater par des officiers civils les naissances, mariages et morts. -- Procès-verbal de l'assemblée nationale (législative), tome premier, p. 311.

contrat civil, et si c'est un contrat, c'est à la puissance séculière à en régler les formes. De longues usurpations ne peuvent pas servir de prescription contre la souveraineté... Cette loi doit donc porter les derniers coups aux abus de la puissance ecclésiastique, resserrer les ministres du culte dans leurs fonctions, et nous garantir d'une influence dont on a trop senti le danger[1]. »

Il était à prévoir, qu'ainsi présentée la question recevrait une solution favorable. Néanmoins, les considérations qui, un an auparavant, avaient arrêté la Constituante, allaient trouver, devant la nouvelle Assemblée, une expression plus franche encore. Le 17 mars, comme le projet venait en seconde lecture, François de Neufchâteau en demanda l'ajournement indéfini[2]. Un membre du clergé constitutionnel, Gay-Vernon, évêque de la Haute-Vienne, appuya en vain sa proposition[3]. Muraire et Guadet réussirent à la faire écarter.

Aussi le 9 avril suivant, une nouvelle discussion s'engageait-elle sur le projet. Ce jour-là Vergniaud s'en fit l'avocat : « Le mariage, dit-il, a précédé toutes les conventions sociales, il est antérieur à toutes les religions, ou plutôt il est la religion de la nature. Le consentement seul des époux forme son essence. Néanmoins, dans l'état de civilisation, on a distingué avec soin du simple rapprochement des sexes, déterminé par le be-

[1] Moniteur universel, 16 février 1792. — Rapport présenté par Muraire, au nom du comité de Législation.

[2] Voir son discours dans le Moniteur du 18 mars 1792 : « Le peuple n'est pas encore philosophe, avait-il dit, il croira qu'on a détruit le sacrement de mariage ! »

[3] Procès-verbal de l'Assemblée nationale, tome VI, page 238. — L'intervention de Gay Vernon n'est pas signalée au moniteur.

soin ou le caprice, la volonté de confondre toute son existence avec celle de l'objet aimé, de lui donner et d'en recevoir constamment le bonheur, de transmettre la vie à des enfants qui soit le gage et le lien du sentiment qui les fait naître... » Or, dans le mariage « toujours les rois et même les parlements, dont l'orgueil s'associait à la souveraineté, ont distingué le contrat du sacrement; toujours ils ont eu pour principe que la dépendance du sacrement de l'autorité spirituelle ne pouvait porter aucune atteinte à la validité du contrat de la puissance temporelle... Mais, que parlé-je de prêtres, de leurs droits et de puissance spirituelle? Que peuvent avoir de commun telle ou telle croyance religieuse à l'état civil des citoyens, les principes de la politique céleste et ceux de la politique humaine, des dogmes qui n'ont que le ciel pour objet, et le gouvernement des empires? Comment une religion pourrait-elle entraver des délibérations législatives, lorsqu'elle porterait en elle-même un caractère de réprobation, si elle ne faisait pas son premier précepte de la soumission aux lois [1]...? » Ce discours triompha des premières hésitations de l'Assemblée! Le principe de la constatation uniforme de l'état civil par des officiers publics fut adopté le même jour.

Une nouvelle question se posait alors: A qui cette mission allait-elle incomber? Le comité de Législation, comme les comités de la Constituante, voulait en charger les municipalités. Mais ce projet rencontrait beaucoup d'adversaires. Les uns, comme le député Jollivet, proposaient de créer pour cet office des fonctionnaires spéciaux, salariés par l'Etat [2].

[1] Moniteur, 11 avril 1792.

[2] Ces *tabellions*, c'est le nom qu'on voulait leur donner, eussent

Les autres pensaient aux juges de paix [1], certains gardaient leur préférence pour les instituteurs publics [2] d'autres, comme les pères du Concile de Trente, pour les notaires [3]; finalement l'Assemblée en revint à la proposition du comité, et le 22 mai 1792 [4], elle vota un article ainsi conçu : « Les municipalités recevront et conserveront à l'avenir les actes destinés à constater dans l'empire les naissances, mariages et décès. »

La discussion du décret se prolongea jusqu'au dernier jour de la législature, sans cesse interrompue, sans cesse reprise. Bien des fois on a décrit ces délibérations de l'assemblée « où le désordre, dit un historien, s'exagérait jusqu'au tumulte, et le bruit jusqu'au vacarme. [5]»

résidé dans les chefs-lieux municipaux, au centre de nouveaux arrondissements qu'on aurait créés sans modifier le territoire des municipalités et des districts. Cette catégorie de fonctionnaires eût coûté chaque année trois millions au trésor. — Procès-verbal de l'Assemblée nationale (tome VII), séance du 10 avril 1792. — Moniteur, 29 juin 1792 (opinion de Pastoret).

[1] « On aime toujours, disait l'un d'eux, à reposer sa pensée sur les juges de paix. Véritables ministres de la religion sociale, ils ne se présentent au peuple que pour lui épargner des douleurs, pour lui offrir des consolations ou des bienfaits, et il serait doux de les associer aux actes les plus importants de la vie... — Mais il n'y en a qu'un par canton, objectait-on, c'est-à-dire pour sept ou huit communes. Il faudrait venir les chercher ; il faudrait qu'ils se transportassent eux-mêmes jusqu'à deux lieues dans tous les chemins, comme dans toutes les saisons ! » (Moniteur, ibid.)

[2] Opinion de Pastoret, ibid.

[3] Opinion de Reboul. Moniteur, 23 juin 1790. — Journal logographique de Dulos, séance du 22 juin. — Opinion de Gohier, rapportée au Journal logographique, tome XXII, à la suite de la séance du 24 juin 1792.

[4] Opinions de Lagrévol, Moniteur, 23 juin 1792 (séance du 22 juin.)

[5] Taine, *la Révolution*, II, 103 et s.

En vain les orateurs s'efforçaient de ramener l'attention des députés sur le décret en discussion; ils n'y pouvaient parvenir [1]. Au reste, les graves événements qui s'accomplissaient alors, les journées du 20 juin et du 10 août, la chute de la royauté, les massacres de septembre excitaient une émotion plus vive que la discussion d'un décret sur l'état-civil des citoyens. L'assemblée ne consacrait guère à celle-ci que ses loisirs, et on sait qu'il ne lui en était guère laissé. Aussi ne fût-ce que le 20 septembre 1792, au moment de se dissoudre, qu'elle adopta la dernière rédaction de ce décret. Il fut promulgué le 25 [2].

Parmi ces dispositions, il s'en trouvait une, dont nous

[1] V. par exemple, la séance du 7 juillet 1792, où la discussion fut interrompue à diverses reprises, par le *baiser Lamourette*, par la réconciliation théâtrale de Condorcet et de Pastoret qui, la veille, avaient échangé des injures, par la visite rendue par Louis XVI à l'Assemblée. — Voici les transitions auxquelles était réduit le rapporteur du décret, Muraire, qui, ce jour-là, ne put achever son discours : « Au moment de la cessation de toutes les méfiances, disait-il, après l'adoption de la proposition Lamourette, de l'abjuration de toutes les passions et de la réunion franche et loyale de tous les sentiments, il est beau de vous voir tranquilles et calmes passer à la discussion paisible d'une loi intéressante que la nation attend, et qui est déjà regardée comme un bienfait qui vous méritera les bénédictions de tous les citoyens, je veux dire la loi relative à l'union conjugale... » — Moniteur du 8 juillet 1792.

[2] On nous pardonnera de rapporter que Talma n'avait pas attendu jusqu'à ce jour pour se marier. Dès le 19 avril 1791, il avait épousé une femme alors assez connue sous le nom de Julie, dans le salon de laquelle il avait connu les Girondins. Le 19 mai suivant, Durand de Maillanne avait conclu dans un rapport spécial « à ce qu'il fût décrété qu'il n'y avait lieu à délibérer sur l'affaire du sieur Talma (Procès-verbal de l'Assemblée, t. 55, n° 653). — Le curé constitutionnel de Saint-Sulpice qui, le 6 février, avait succédé à M. de Pancemont, avait dû célébrer son mariage.

parlerons tout d'abord, car elle s'occupait du passé. Ce passé n'est pas inconnu, certes, et ce n'est pas la première fois qu'on l'évoque, mais les historiens ne paraissent pas l'avoir toujours mis en lumière, bien qu'il présente un réel intérêt. L'article 9 de la section IV du titre IV du décret était conçu en ces termes : « Si, antérieurement à la publication de la présente loi, quelques personnes s'étaient mariées devant des officiers civils, elles seront tenues de venir, dans la huitaine, déclarer leur mariage devant l'officier public de la municipalité de leur domicile, lequel en dressera acte sur ses registres, aux formes-ci-dessus prescrites. »

Quels étaient ces mariages ? Ce n'étaient pas assurément ceux des protestants. L'édit de 1787 avait été appliqué, de nombreux mariages avaient été contractés par les non-catholiques en présence du juge et même du curé[1], le législateur ne pouvait l'ignorer. Pourquoi eût-il, dès lors, employé cette formule dubitative : « Si, antérieurement... » D'ailleurs, on comprendrait mal cette sorte de réhabilitation de mariages contractés dans les formes légales : pourquoi ne pas l'imposer aussi à tous les catholiques qui s'étaient mariés en présence de leurs curés ? Quels étaient donc ces mariages dont le législateur n'osait qu'à demi avouer l'existence, et devant quels « officiers civils » avaient-ils pu être contractés ?

On se souvient peut-être qu'en 1790, la constitution civile du clergé n'avait laissé aux catholiques sincères qu'une double alternative, celle d'un mariage sacrilège

[1] Anquez, *Etat-civil des réformés*, p. 256.

à leurs yeux[1] et celle d'un mariage nul aux yeux de la loi. Sous la Législative, cette situation s'était encore aggravée. Partout le clergé réfractaire, persécuté par les autorités locales, avait été dépossédé des paroisses où il avait pu jusque-là se maintenir; il ne fut pas remplacé. Faute de prêtres constitutionnels, une grande partie du territoire demeura sans officiers d'état-civil[2]. Il n'exista plus dès lors de forme juridique du mariage. Mais on ne renonça pas, pour cela, à se marier. Voici à quels procédés on eut recours.

On s'empara de cet article de la constitution, en vertu duquel le mariage n'était plus considéré que comme contrat civil et devait être constaté par des officiers civils, et chacun l'interpréta à sa manière. Ici les parties recoururent au ministère d'un notaire, là elles sollicitèrent les bons offices d'un huissier. Ailleurs, elles s'adressèrent à la municipalité, et lui demandèrent acte de leur mariage[3]. Parfois enfin, elles se souvinrent que jadis, avant le concile de Trente, un mariage légal pouvait résulter d'un simple échange de consentement

[1] « Ils appellent faux pasteurs le prêtre ami de la Constitution ; s'était écrié Pastoret le 30 juin 1792 ; — ses discours sont impies, ses actions sacrilèges : le mariage qu'il bénit est un concubinage honteux, dont la malédiction divine frappe d'avance la postérité !... » — Moniteur du 1er juillet 1792 ; — Discours de Pastoret sur la situation actuelle de la France.

[2] Taine, *La Révolution*, I, p. 440, l. III, chap. III, § VIII et IX. — Merlin, *Répertoire de Jurisprudence*, vo Mariage, sect. IV, § II, no XI. Paul Viollet, Précis, p. 365.

[3] P. Viollet, ibid. — Merlin, ibid. — A Paris, deux huissiers, les sieurs Ratry et Loré, s'étaient établis sur le Port au blé et y tenaient « boutique ouverte de mariage. — Ce fait est rapporté par M. Dupin, dans une plaidoirie de 1824 (affaire Soulavie). V. *Biogr. Mich.* art. Soulavie.

Le concile et les ordonnances se trouvaient abrogés en fait. On pouvait donc se marier par simples paroles de présent : on n'y manqua pas[1]. Ce sont tous ces mariages, plus ou moins irréguliers qui, d'après le décret de 1792, devront être régularisés par une déclaration ordinaire de mariage faite à la municipalité.

On peut d'ailleurs se demander quelle était la portée de cette disposition ? Tous ceux qui n'y avaient pas satisfait dans le délai très court donné par la loi, allaient-ils voir leur mariage annulé ? A vrai dire, la question était fort grave, car ces unions irrégulières étaient nombreuses, et fort peu de personnes se soucièrent de les réhabiliter. Le législateur, au surplus, ne pouvait s'en prendre qu'à lui-même. « Il avait, comme dit Merlin, abrogé le passé avant d'organiser l'avenir. » En 1803, le gouvernement consulaire crut devoir provoquer un avis du Conseil d'Etat sur cette question ; sa décision fut « que les mariages ainsi contractés avant 1792 étaient valables, et que le défaut de déclaration ne pouvait les rendre nuls » ; « cette déclaration, ajoutait-il, était exigée moins pour valider les mariages que pour en constater plus authentiquement l'existence[2]. » Résul-

[1] V. un arrêt de la Cour d'appel de Paris du 27 mars 1824. S. 1825, 2, 193. — Le sieur Soulavie et la demoiselle Maynaud avaient ainsi contracté mariage à Caen, en rédigeant un acte sous-seing privé où ils déclaraient « s'épouser en légitime mariage. » Ce Soulavie était un ancien vicaire-général, auquel Fauchet, l'évêque constitutionnel du Calvados avait refusé de bénir son mariage. En l'an II, il fit la déclaration prescrite par le décret de 1792, et la Cour de Paris reconnut, longtemps après, en 1824, la validité de son mariage.

[2] Cet avis fut approuvé le lendemain. Il porte la date du 17 germinal, an XI. *Collection des lois* de Rondonneau, IX, 295. — Merlin, v° Mariage, sect. IV, § II, n. XI, in fine.

tat bizarre, mais nécessaire des décrets portés par les assemblées révolutionnaires, deux Français purent, à la fin du XVIIIe siècle, comme au moyen âge, contracter un mariage valable, en l'absence de toutes formes.

III

Dispositions du décret de 1792.

Le décret de 1792 avait tout au moins l'avantage de mettre fin à cet état de choses. Il rendait tout à la fois une forme de mariage et un état-civil à ceux qui s'en étaient vu priver plutôt par l'imprudence que par la volonté formelle du législateur.

Nous devons maintenant relever les principales dispositions par lesquels il s'efforça d'y pourvoir, en étudier l'esprit et la portée juridique.

A vrai dire, celles-ci ne sont que le développement de deux idées qui nous sont bien connues, car nous les avons vues naître et grandir. Le législateur se les est approprié en 1787. La Constituante, à son tour, les a inscrites dans la Constitution, les orateurs de la législative les ont plus d'une fois proclamées. Ces deux idées sont les suivantes : Le mariage est un contrat civil. Sa constatation doit appartenir à des officiers civils. La section IV du titre IV du décret était intitulé. *Des for-*

mes intrinsèques de l'acte de mariage. Elle contenait les articles suivants :

1. L'acte de mariage sera reçu dans la maison commune du lieu du domicile de l'une des parties.

2. Le jour où les parties voudront contracter leur mariage, sera par elles désigné, et l'heure indiquée par l'officier public chargé d'en recevoir la déclaration.

3. Les parties se rendront dans la salle publique de la maison commune, avec quatre témoins majeurs, parents ou non parents, sachant signer, s'il s'en peut trouver aisément dans le lieu qui sachent signer.

4. Il sera fait lecture en leur présence, par l'officier public, des pièces relatives à l'état des parties, et aux formalités du mariage, telles que les actes de naissance, les consentements des père et mère, l'avis de la famille, les publications, oppositions et jugement de main levée.

5. Après cette lecture, le mariage sera contracté par la déclaration, que fera chacune des parties à haute voix, en ces termes : *je déclare prendre* (le nom) *en mariage*.

6. Aussitôt après cette déclaration faite par les parties, l'officier public, en leur présence et en celle des mêmes témoins, prononcera au nom de la loi qu'elles sont unies en mariage.

7. L'acte de mariage sera de suite dressé par l'officier public, il contiendra : 1°... 2°... 6° la mention des déclarations des parties, et de la prononciation de l'officier public.

8. Cet acte sera signé par les parties... par les quatre témoins, et par l'officier public[1].

[1] *Collection des lois*, de Rondonneau, III, 863. Cparer Edit de 1787, dont le texte est rapporté à la fin du chapitre précédent.

Est-ce là le mariage civil, tel que nous l'entendons de nos jours? on pourrait le croire, à s'en tenir au texte du décret: mais ce serait mal comprendre la pensée du législateur de 1792.

Celui-ci en effet ne prétendait qu'une chose, c'était mettre enfin d'accord la législation et la doctrine. Depuis plus d'un siècle, celle-ci proclamait que le mariage est un contrat civil : n'était-il pas logique de permettre enfin à tous les citoyens de passer ce contrat dans des formes civiles, devant un officier civil, d'après les conditions établies par la seul loi civile? On s'en était souvenu sous la royauté, lorsqu'il avait fallu rendre aux non-catholiques un mariage légal. C'étaient aussi les principes énoncés par Malesherbes, que l'Assemblée législative se flattait d'appliquer à tous les Français, c'était l'édit de 1787 qui devenait la loi commune de « l'Empire. » La séparation était consommée entre le contrat et le sacrement. Le mariage était sécularisé.

Le mariage devient, il est vrai, de par le décret de 1792 un contrat solennel, mais ce mot même ne doit pas faire illusion. C'est d'une solennité purement juridique et non d'une autre qu'il s'agit ici. La donation aussi, dans notre droit, et la constitution d'hypothèque sont des contrats solennels. Mais, si l'on y regarde de près, on constatera sans peine que les formalités exigées pour la validité de ces dernières ont même une portée juridique qu'on ne saurait attribuer au premier. De ce que des formalités sont prescites pour la donation ou la constitution d'hypothèque « ad solemnitatem, » comme disent les jurisconsultes, et non « ad probationem, » on tire cette conséquence que la preuve de leur existence ne pourrait être administrée, même au moyen de l'aveu ou du serment. Or, pour le mariage la question ne saurait même se poser. Sa preuve c'est un point incontestable, ne pouvait pas plus, sous l'empire du décret de 1792 que de nos jours, résulter de l'aveu ou du serment[1]. Par suite, le but du législateur de 1792 apparaît clairement : toutes les formalités qu'il prescrit, la double déclaration des parties intéressées, le prononcé de l'union par l'officier public, n'ont d'autre objet que de conduire à la preuve certaine et authentique d'un contrat librement et publiquement consenti par deux personnes. Le texte même de son décret, si on l'examine attentivement, dévoile cette pensée : la rubrique de la section, l'ordre même des articles, les expressions qui s'y rencontrent ne laissent aucun doute sur ce point[2]. Et au lendemain de sa promulgation, le langage vul-

[1] Le principe était fort ancien. La possession d'état ne constituait dès la fin du XVIIe siècle qu'une *fin de non-recevoir*. Voir un mémoire de d'Aguesseau, cité ci-dessus, chapitre II, in fine. Or, la possession d'état est une sorte d'aveu. La preuve normale du mariage résultait de l'acte de mariage inscrit sur les registres paroissiaux. V. les ordonnances de 1579, 1667, 1736, à leur date dans Isambert.

[2] V. ci-dessus le texte des articles du décret : — la rubrique, *Des Formalités intrinsèques de l'acte du mariage*, puis l'article premier : L'acte de mariage sera reçu..., puis les art. 7, 8, 9. D'après le dernier article, la réhabilitation des mariages antérieurement contractés a lieu dans les mêmes formes, bien que ces mariages fussent déjà valables. L'Edit de 1787 allait plus loin encore. D'après son article 22, la déclaration de mariage pouvait être faite à deux reprises différentes, et dans les mêmes formes, or, il serait impossible de comprendre la décision qui ordonnerait de *célébrer, par deux fois, le mariage*, au lieu qu'il est très naturel d'exiger, pour plus d'authenticité, une double constatation de mariage. Nous ferons observer que, dans tous ces cas, l'officier public, agent municipal, juge ou curé, devait « déclarer, au nom de la loi, que les époux étaient unis en mariage. » On ne saurait donc attribuer à cette déclaration la valeur d'une sorte de cérémonie civile (Vide infra.)

gaire traduisit cette pensée ; on peut lire dans le Moniteur du 23 octobre 1792 une « exhortation fraternelle du citoyen Chaumette, président de la commune de Paris, aux époux dont il a reçu les *déclarations de mariage*[1]. »

L'idée sur laquelle repose à proprement parler le mariage civil, c'est-à-dire celle d'une célébration d'un caractère à la fois moral et juridique, avait du reste trouvé des partisans sur les bancs de la Législative. Un moment même, on avait pu croire que l'Assemblée allait s'engager à leur suite dans une voie bien différente de celle qu'elle a suivie. Le 19 juin 1792, elle avait décrété « comme le principe d'une loi dont elle chargeait son comité d'instruction publique de lui présenter les développements, qu'il y aurait dans chaque commune un *autel à la patrie*, et que provisoirement les déclarations de naissances, mariages et décès, seraient reçues dans le lieu des séances de la municipalité[2]. »

— « Ce ne sont point, s'était écrié Gohier aux applaudissements unanimes de l'Assemblée, de simples formalités judiciaires qu'il faut introduire, de petits procès-verbaux qu'il faut ordonner, mais des cérémonies vraiment civiques qu'il faut créer.... Que dans toutes les communes de l'empire, un autel formé d'une pierre sur laquelle sera gravée la Déclaration des droits de

[1] Moniteur du 23 octobre 1792. L'exhortation mérite d'être lue. Parmi les nouveaux époux se trouvaient deux couples, antérieurement séparés, mais *que la loi du divorce avaient réunis*. — On sait que par la suite, le décret du 20 sept. 1792 sur le divorce produisit de tout autres résultats. V. Glasson, *le mariage civil et le divorce*, p. 259 et s.

[2] Moniteur du 27 juin 1792.

l'homme, soit élevé à la patrie... que devant cet autel, le citoyen soit traduit à chaque époque intéressante de sa vie, que parvenu à l'âge viril il y contracte le doux lien qui doit l'unir encore plus étroitement à la société, qu'il y obtienne le nom d'époux, et l'espoir d'acquérir celui de père.....[1] ! » L'Assemblée demeura néanmoins fort en deça de ces conceptions, et le décret de 1792 n'ordonna pas, comme l'aurait souhaité Gohier, que le vœu matrimonial fût scellé au cri de : « Vivre libre ou mourir ! » Mais la notion plus simple et toute juridique, à laquelle elle s'était arrêtée, celle d'un contrat civil publiquement constaté, allait bientôt dévier, sous l'empire des circonstances, de sa signification primitive pour aboutir à l'idée même du mariage civil, telle que l'a consacrée le législateur de 1804. C'est là un point d'histoire juridique qu'on a presque toujours laissé dans l'ombre. Il mérite cependant de retenir un instant l'attention de ceux qui étudient la genèse de nos institutions modernes.

[1] *Journal logographique* de Ducos, t. XII. Il reproduit en entier l'opinion de Gohier : « Les applaudissements qu'elle a reçus nous font un devoir de la donner en entier » disait Ducos, t. XXI (Séance du 19 juin 1792). — « C'est devant l'autel de la patrie, disait encore Gohier, que les publications doivent être faites, que l'engagement des deux époux doit être contracté pour annoncer que le mariage est un des premiers devoirs du citoyen ; que la définition du mariage soit puisée dans l'acte constitutionnel, et non dans le droit romain (?), et que la formule dans laquelle doit consister l'engagement, caractérise l'heureuse union de deux êtres libres. Que les deux époux, dans ce moment intéressant annoncent eux-mêmes que les plus doux sentiments de la nature ne leur font point oublier qu'avant d'être l'un à l'autre, ils appartiennent à la patrie, et que le vœu matrimonial soit scellé au cri de : Vivre libre ou mourir !... » Ibid.

IV

La célébration civile du mariage sous la Révolution. Le Code civil.

Le dernier article du décret de 1792 était ainsi conçu : « L'Assemblée nationale, après avoir déterminé le mode de constater désormais l'état-civil des citoyens, déclare qu'elle n'entend ni innover ni nuire à la liberté qu'ils ont tous de consacrer les naissances, les mariages et décès par les cérémonies du culte auquel ils sont attachés, et par l'intervention des ministres de ce culte. » Cette liberté était devenue, sous la Législative, purement illusoire. Sous la Convention, et sous le Directoire, on sait ce qu'il en coûtait à ceux qui prétendaient s'en prévaloir[1], fût-ce même en recevant dans un grenier, comme Danton en juin 1793, la bénédiction nuptiale des mains d'un prêtre réfractaire[2]. La persécution dura,

[1] Taine, *La Révolution*, I, p. 436 et s. — III, 83 et s. (*Le programme jacobin*).

[2] Michelet, *Histoire de la Révolution*, éd. 1878, t. VII, p. 260. — « Où donc était-il, s'écrie Michelet, cet autel consacré par nos assemblées à la Religion de la Loi, sur les ruines du vieil autel de l'arbitraire et de la Grâce ? Où était-il l'autel de la Révolution, où le bon Camille, l'ami de Danton, avait porté son nouveau-né, donnant le premier l'exemple aux générations à venir ? »

sans relâche et sans répit, jusqu'au Consulat. La France demeura dès lors, sinon sans religion, du moins sans prêtaes et sans autels. L'église constitutionnelle avait elle-même succombé : aussi bien, « une telle église n'était point solide » et il avait suffi « d'une poussée pour l'abattre[1]. » De là ce fait important et incontestable : durant toute cette période, il n'y eut plus, pour l'immense majorité des Français, de célébration religieuse du mariage.

Le mariage religieux n'existait plus, mais il avait vécu quinze siècles, et pendant ces quinze siècles, il avait marqué dans les esprits et dans les mœurs une empreinte ineffaçable : pouvait-elle disparaître en un jour ? Les juristes avaient beau s'écrier depuis deux cents ans : le mariage est un contrat. Le peuple, lui, n'y voyait qu'un sacrement, c'est-à-dire un acte auguste et solennel, dont les belles cérémonies charmaient ses yeux, touchaient son cœur et frappaient son imagination. Le peuple n'en demandait pas plus. Il n'était pas initié, et il n'avait cure de l'être, aux arcanes de la théologie et aux mystères du droit canon. Aux avocats et aux thélogiens il laissait volontiers les subtiles distinctions et les délicates controverses sur le mariage, son essence et son ministre, sa matière et sa forme.

Pouvait-on transformer ce peuple en un jour, et lui persuader que ce qu'il appelait sacrement n'était rien de plus qu'une vente ou un cheptel ? pouvait-on lui met-

[1] Taine, *la Révolution*, III, 86. — Le 22 janvier 1793, une proclamation du conseil exécutif provisoire lui avait interdit de faire aucune publication de bans de mariage et de tenir des registres. — *Collection des Lois* de Rondonneau, IV, 130-131.

tre un bandeau sur les yeux, supprimer les besoins de son cœur, arrêter les élans de son imagnination? Non ; Aussi, lorsque le législateur eut fait du mariage un contrat semblable aux autres contrats, quelque sèches et juridiques que fussent les formes de ce nouveau contrat, ne put-il empêcher le bon sens populaire d'y voir de nouvelles cérémonies qui avaient remplacé les anciennes. L'officier de l'état-civil ne fut pas, à ses yeux, un simple magistrat, tenu d'enregistrer les contrats ; ce fut une sorte de prêtre qui, comme jadis le curé, *célébra* les mariages. Le mariage avait pu être sécularisé : il était demeuré sacrement [1]. Et lorsque deux patriotes échangeaient, sous la Terreur, leurs serments devant l'officier de la municipalité, ce n'était pas un simple contrat qu'ils passaient, c'était un mariage solennel et formaliste comme celui du Concile de Trente qu'ils entendaient célébrer. L'Assemblée Législative n'avait voulu qu' « ordonner de petits procès-verbaux, » comme le lui reprochait Gohier en 1792, comme le lui reprochera La Réveillère-Lépeaux cinq ans plus tard [2], — et voilà que le sentiment populaire, auquel les petits procès-verbaux ne donnaient pas complète satisfaction, transformait des « formalités judiciaires » en « cérémonies civiques [3]. »

A Paris, cependant, ces cérémonies, surtout au début, manquèrent un peu de prestige. « Je n'ai assisté qu'une seule fois, dit un contemporain, à un mariage

[1] « Les trois grands *sacrements* de la vie, dira plus tard le premier consul, sont la naissance, le mariage et le décès. » Locré, III, 114.

[2] Vide infra.

[3] Expression de Gohier

dans la commune de Paris : je n'ai de ma vie rien vu qui m'ait choqué à ce point. L'avenue de la salle où se tenait l'officier public était obstruée de mille grossiers personnages, dont les dégoutants propos et les gestes cyniques blessaient les hommes les moins délicats. Figurez-vous ensuite une salle sans propreté, sans décoration, où tout était entassé pêle-mêle et sans ordre sur des bancs de taverne, mariés, mariées et témoins (je ne dis pas pas parents, car les jeunes époux, qui étaient en assez grand nombre, n'en avaient ni les uns ni les autres), un officier public en cheveux roulés et en chétive redingote de matin, une grande vilaine statue de l'Hymen, ayant en main deux vieilles couronnes de fleurs d'Italie toutes décoloriées, quelques scribes pour tenir les registres, tout cela monté sur une antique estrade d'un vieux bois enfumé, un appel de chaque couple, la prononciation en quatre mots de je ne sais quelle formule, la signature des époux et des témoins au bas de l'acte, et voilà vingt, trente mariages terminés !.... Point de cérémonies, point de discours, point de chants, point d'emblême, point de réunion des deux familles et des amis..... » Ainsi s'exprimait La Réveillère-Lépeaux dans un mémoire lu le 12 floréal an V à l'Académie des Sciences morales et politiques[1]. Ne peut-on lui reprocher d'avoir volontairement accusé les ombres de son tableau ? Il compte pour rien la statue de

[1] *Réflexions sur le culte, les cérémonies civiles et les fêtes nationales*, par La Réveillère-Lépeaux. Paris, an V, p. 26 et s. — En province, si l'on en croit, MM. de Goncourt, *Histoire de la Société Française pendant la Révolution*, Paris, 1875, p. 405. — Le mariage civil était plus poétique : « Il se célébrait sur la place, au pied de l'autel de la patrie enguirlandé... »

l'Hymen, les couronnes de fleurs d'Italie, les « exhortations fraternelles du citoyen Chaumette[1]... » Mais c'est que La Rèveillère est l'un de ces utopistes fort nombreux qui s'imaginaient de bonne foi, sous la Révolution, avoir fait table rase du passé de la France, qui croyaient en toute sincérité que l'homme est un argile que le législateur peut pétrir à son gré, de ces rêveurs qui disaient en 1789 : « Nous pourrions, si nous voulions changer la religion[2] » et en 1793 : « Le jour où je serai convaincu, qu'il est impossible de donner au peuple français des mœurs douces, énergiques, sensibles, inexorables pour la tyrannie et l'injustice, je me poignarderai[3]. » « Or ces hommes, moins que personne, échappaient à l'influence secrète mais inévitables des idées, des mœurs, des institutions qui avaient fait l'ancienne France. Tout son passé pesait sur eux, sans qu'ils s'en doutassent. « A la religion, interprétée et servie par l'Eglise » avait succédé « la Raison, interprétée et servie par l'Etat[4]. » Au baptême catholique, au mariage religieux, ils voulaient substituer le baptème et le ma-

[1] Moniteur du 23 octobre 1792.

[2] Mot de Grégoire à la Constituante.

[3] Mot de Saint-Just (*Fragments posthumes sur les Institutions républicaines* de Saint-Just. Paris, 88 pages sans date.) — Saint-Just ne partageait pas, d'ailleurs sur le mariage, les idées de Gobier et de la Réveillère. Voici ce qu'on lit dans cette sorte de programme des institutions républicaines. « L'homme et la femme qui s'aiment sont époux. S'ils n'ont point d'enfant, ils peuvent tenir leur engagement secret ; mais, si l'épouse devient grosse, ils sont tenus de déclarer aux magistrats qu'ils sont époux... Les époux qui n'ont point eu d'enfant pendant les sept premières années de leur union, et qui n'en ont point adopté, sont séparés par la loi et doivent se quitter. »

[4] Ce mot est de M. Taine.

riage civiques [1]. Toutes les fantaisies du nouveau culte viendraient orner, agrandir et poétiser aux yeux de la foule le simple contrat civil de 1792. « La loi doit tout faire, disait La Réveillère, en parlant du mariage, pour imprimer un caractère sacré à cette union auguste. » C'est ainsi qu'à peine mort, le mariage religieux devait renaître sous une forme nouvelle; de là est sortie la moderne conception du mariage civil. Elle fût venue d'en haut, si les législateurs de 1792 ne s'étaient arrêtés en chemin, et ils ne s'étaient pas contentés de copier Malesherbes qui lui-même se flattait de copier Louis XIV. Faute d'un décret, elle est venue d'en bas, et s'est bientôt imposée au Législateur, par une de ces réactions dont l'histoire juridique n'offre que trop d'exemples.

Pendant plusieurs années, ce revirement des idées ne se traduisit dans la législation, que par un mot, celui de *célébration* du mariage. A partir de l'an II [2], cette expression est la seule par laquelle le législateur désigna les formalites qui, auparavant, ne constituaient à ses yeux qu'une « déclaration de mariage. » Plus tard, l'influence des idées nouvelles s'affirme d'une façon plus précise encore, dans la loi du 13 fructidor an VI [3]. Pour donner plus de solennité aux mariages, on ne craindra

[1] Voir le mémoire de La Réveillère, p. 25 et s. — Le discours de Gohier à la Législative, dans le *Journal logographique* de Ducos, tome 22.

[2] V. un décret relatif à la publication et à la célébration du mariage du 25 vendémiaire an II. — Rondonneau, t. IV, p. 714.

[3] Collection des lois de Rondonneau, t. VII, p. 50. — V. art. 3 et 4 de la loi. Joindre une loi complémentaire du 26 prairial, an VII (ibid. p. 357.)

pas d'en entraver la liberté. Ce n'est que le décadi, jour de repos et de fête civique, qu'ils pourront être célébrés. Les parties se transporteront au chef-lieu de canton, où la cérémonie s'accomplira avec plus d'éclat, que dans la commune de leur domicile. Ce n'est plus en effet l'agent municipal, modeste officier d'état-civil, mais le président de la municipalité de canton créée par la Constitution de l'an III, qui en sera le ministre.

Trois ans plus tard, ces règles arbitraires et gênantes disparaîtront, lorsqu'on rédigera le Code civil. Mais l'esprit qui les avait dictées, continuera d'inspirer le législateur. Dès les premières dicussions, elle trouvera dans le premier consul un avocat plus puissant encore qu'éloquent. « Le vice de nos législations modernes, dira-t-il, est de n'avoir rien qui parle à l'imagination. On ne peut gouverner l'homme, que par elle : sans l'imagination, c'est une brute.... Un contrat ne contient que des obligations géométriques, il ne contient pas de sentiments...[1] » Etait-ce donc à la religion seule qu'il allait demander, en restaurant le culte catholique, de parler à l'imagination des époux, et d'éveiller leurs sentiments ? non pas. « Le mariage, dira-t-il plus tard, est un contrat purement civil ; et lorsque les parties ont paru devant un magistrat, et qu'en présence des témoins, elles ont pris un engagement, elles doivent êtres considérées comme mari et femme... Si elles le veulent, *elles peuvent aller ensuite à l'église et faire répéter les cérémonies par un prêtre*[2]... » Une cérémonie civile, telle est donc la forme que doit revêtir à ses yeux le mariage légal. Il ne s'agit

[1] Thibaudeau, *Le Consulat et l'empire*, t. III, p. 216.
[2] *Napoléon en exil*, par O'Méara, 1822, I, p. 58.

pas « que de constater le mariage, dit-il encore, autrement il suffirait d'employer le ministère d'un notaire public ; un contrat qui crée une nouvelle famille doit être formé avec solennité [1]. » Le projet du Code s'en tient aux modestes déclarations prescrites par le décret de 1792. Ce n'est pas assez. Il faut « que la femme déclare qu'elle reconnaît son époux pour chef de la famille », et le mari « qu'il la prend pour sa compagne. » Il faut « énoncer les droits et les devoirs des époux et leur faire connaître les engagements qu'ils prennent l'un envers l'autre. » Il faut, en un mot, que l'officier de l'état civil (c'est ce qu'il dira plus tard, parlant du Corps législatif, à propos de l'adoption,) agisse ici « comme pontife de morale et d'une institution sacrée. » Le mariage civil se suffira de la sorte à lui-même : il se substituera au mariage religieux du temps passé : « Lorsque les mariages étaient contractés devant les ministres du culte, dit le conseiller d'état Réal, dans cette même discussion, les déclarations que demande le premier Consul entraient dans les cérémonies de la célébration ; on pourrait de même aujourd'hui, les insérer dans la formule. » — « Mais on peut ordonner, suggère alors Tronchet, que l'officier de l'état-civil fera lecture aux futurs époux mariés du Titre sur les *Devoirs des Epoux,* et leur fera prononcer la promesse de les remplir. » Cette idée séduit le premier consul. Il s'y rallie et d'autant plus volontiers que « la lecture proposée laissera dans l'esprit des époux, des souvenirs qui les porteront à interroger la loi comme leur régulatrice, lorsque, pendant le cours de leur ma-

[1] Séance du Conseil d'Etat du 14 fructidor, an IX. — Locré, t. III, p. 89.

riage, il surviendra entre eux quelques difficultés. »

L'amendement du premier consul fut adopté dans la même séance, et surtout grâce à lui, le nouveau code, dépassant la portée du décret de 1792, consacra définitivement l'idée qui avait germé, pendant les dernières années de la Révolution, celle du mariage civil. Pour s'en convaincre, il suffit de s'ouvrir, de jeter les yeux sur la section qui porte ce titre significatif: « *Des formalités relatives à la célébration du mariage,* de lire l'article 75 qui consacre l'innovation due au premier consul, de parcourir enfin les innombrables articles où le législateur parle de *célébration du mariage*. La loi de 1792, non plus que l'édit de 1787, ne contenait rien de semblable. Il y a là plus, beaucoup plus qu'un changement dans les mots [1].

Le « contrat de mariage, » au sens où l'entendaient Pothier et ses contemporains, était mort ; on ne célèbre pas un contrat, même solennel. A ceux qui parlaient encore de contrat civil, dans les premières années de ce siècle, Bonaparte eût pu lancer cette apostrophe qu'il laissait tomber un jour en plein Conseil d'Etat, alors qu'on discutait le titre de l'adoption, dont on voulait aussi faire une sorte de contrat : « On ne traite pas la question : on fait de la géométrie, on l'envisage en faiseurs de lois et nous en hommes d'état [2]. »

[1] Code civil : Art. 63-65, 68, 72, 74, 75, 152, 153, 155-157, 165, 170-172, 1395, 1396, etc. Cette transformation des idées apparaît surtout et s'impose, lorsque l'on compare le texte de la loi de 1792 et celui du Code civil, les travaux préparatoires de l'une et les discussions de l'autre. — Sauf la lecture des articles du Code, la forme du mariage demeure au surplus la même que sous l'empire du décret de 1792.

[2] Thibaudeau, *le consulat et l'empire,* t. III, p. 217.

V

L'article 54 de la loi du 18 germinal an X et les articles 199 et 200 du code Pénal.

Parmi ces « faiseurs de lois » qui ne parvenaient pas toujours à s'accorder avec le général Bonaparte, il s'en trouvait un, le plus remarquable de tous peut-être, qui ne partageait nullement sa manière de voir sur le mariage. C'était Portalis. « L'homme est le ministre de la nature, disait-il un jour dans un langage digne du XVIIIe siècle, la société vient s'enter sur elle. On lit dans les livres le *pacte social,* je n'entends pas cela : l'homme est sociable, et le mariage est dans la nature. » — « Je nie cela, réplique le premier consul ; le mariage ne dérive point de la nature, mais de la société et des mœurs. La famille orientale est entièrement différente de la famillle occidentale. La première est composée de plusieurs épouses et de concubines ; cela paraît immoral, mais cela marche ; les lois y ont pourvu[1]. » Mais Portalis n'était pas homme à modifier son opinion sur un mot du premier consul. Tel nous l'avons rencontré, encore tout jeune en 1770, lorsque avocat au parlement d'Aix, il plaidait la Cour des protestants, tel nous le retrouvons trente ans

[1] Thibeaudeau, *le consulat et l'empire,* t. III, p. 203.

plus tard, conseiller d'état puis directeur des affaires ecclésiastiques, lors de la discussion du Code civil, des négociations du concordat et de la rédaction des articles organiques. Ses idées sur le mariage n'ont pas varié. Pour lui, comme pour Pothier, comme pour tous les parlementaires d'autrefois, le mariage est d'abord, « ce qu'il a toujours été, un acte naturel, nécessaire, institué par le Créateur[1] » ; puis, c'est un contrat civil, « qui, comme tous les autres contrats, est du ressort de la puissance séculière, à laquelle seule il appartient de régler les contrats[2]. » Enfin, c'est un sacrement aux yeux des catholiques. « Les lois civiles ne doivent donc pas contrarier les lois religieuses : on peut concilier les unes avec les autres. Le principe religieux est en effet que le sacrement bénit le mariage, et que le contrat civil est tellement la matière du sacrement, que le sacrement ne peut pas être administré, s'il n'y a pas de contrat civil : la loi doit donc former d'abord le contrat[3]. » C'est le 3 fructidor an IX que Portalis exposait ainsi ses principes. Encore quelques mois, et il allait trouver une dernière occasion de les appliquer.

Le Concordat venait d'être signé. Portalis reçut la mission de rédiger la loi organique sur la police des cultes. Il prit le parti d'y introduire une disposition ainsi conçue : « Les curés ne donneront la bénédiction nup-

[1] Exposé des motifs sur le titre du Code civil, relatif au mariage. — Locré, t. IV, p. 482.

[2] Rapport sur les articles organiques. — *Discours, rapports et travaux inédits sur le concordat de* 1801, par Portalis, publiés par le vicomte Fr. Portalis. Paris, 1845, p. 88 et s.

[3] Séance du Conseil d'Etat du 14 fructidor, an IX. — Locré, t. III, p. 81.

tiale qu'à ceux qui justifieront, en bonne et due forme, avoir contracté mariage devant l'officier de l'état-civil[1]. » Ce n'était là qu'une mesure de police, puisque la loi civile méconnaissait le sacrement. Néanmoins, ce fut en se réclamant de l'antique doctrine du contrat civil, matière du sacrement, et en invoquant la lettre écrite en 1712 par le chancelier de Pontchartrain au parlement de Besançon, que Portalis crut devoir la justifier dans son rapport au premier consul[2]. La doctrine était, on le sait, fort contestable en bonne théologie, l'autorité de Pontchartrain n'avait que peu de valeur en l'espèce, mais la mesure que l'une et l'autre inspiraient à Portalis était sage.

Le culte catholique venait d'être restauré. Les églises étaient rouvertes. Il était vraisemblable que les catholiques allaient s'y porter en foule pour y célébrer leurs mariages. Pendant près de dix ans, ils s'étaient vus priver du mariage religieux, et on ne leur avait laissé qu'un mariage civil : ils avaient usé de ce dernier, forcés qu'ils étaient de s'en contenter. Maintenant tout était changé ! N'allaient-ils pas, comme par le passé, demander à leurs curés la bénédiction nuptiale ? Tout les y invitait. Leur conscience d'abord, si leurs sentiments religieux étaient sincères. L'église leur disait alors comme maintenant : Il n'est qu'un mariage, institué de Dieu, élevé par Jésus-Christ à la dignité de sacrement, et ce sacrement n'est valable que s'il s'accomplit dans les formes prescrites par le concile de Trente.

[1] Loi du 18 germinal, an IX, art. 54. — Collection des Lois de Rondonneau, t. VIII, p. 776.

[2] Voyez ce rapport, déjà cité.

Leurs sentiments les plus profonds et les plus intimes ensuite, auxquels les touchantes cérémonies de l'église répondaient mieux que toute autre. Elles n'étaient pas nées de la veille, ces cérémonies : leur origine se perdait dans la nuit des temps, puis elles s'étaient transmises de génération en génération et de siècle en siècle. Leur simplicité toute primitive n'était-elle pas capable d'éveiller chez ceux-là mêmes qui n'avaient pas la foi, les plus douces émotions ! L'habitude enfin ; croit-on que dix ans d'engourdissement avaient pu l'endormir pour jamais? C'était l'homme lui-même que les Jacobins avaient entrepris de transformer[1] par les procédés que l'on sait : Vaine tentative Ils n'y fussent pas parvenus, même en « faisant de la France un cimetière, » selon le mot sinistre de l'un d'eux[2]. Leur règne sanglant était passé. Le masque, un instant posé sur tous les visages par la Terreur, était sur le point de tomber. Pendant qu'au lendemain de la Révolution, les régicides s'apprêtaient à devenir sénateurs et comtes de l'empire, le simple patriote, qui la veille encore portait carmagnole et bonnet phrygien allait se retrouver français comme devant, et qui plus est, chrétien.

Un fait était donc certain, dès 1801 : c'est qu'à l'avenir les futurs époux auraient à cœur de se marier devant un prêtre. Ce qui le démontrait d'une façon péremptoire, c'était la foule innombrable de ceux qui s'en allaient déjà demander à l'église de bénir après coup les mariages qu'ils avaient civilement contractés dans

[1] Taine, *la Révolution*, t. III, livre II.
[2] Le mot est de Carrier, ibid. p. 80.

les dernières années[1]. Mais une question plus délicate se posait alors : ne se contenterait-on pas, comme avant la révolution, du mariage religieux, et qu'allait devenir la loi du mariage civil?

Le peuple français ne manque pas de sens: comment leur faire admettre que pour être bien et dûment marié, il faut par deux fois célébrer son mariage? Si vous vous adressez à des hommes éclairés, ils vous comprendront peut-être ; en tous cas, ils vous obéiront, car c'est leur intérêt. Ils reconnaitront volontiers que leur personne appartient en somme à deux sociétés, la société religieuse et la société civile, que jadis ces deux sociétés furent étroitement unies, mais qu'aujourd'hui elles sont séparées au point que chacune d'elles ignore volontairement les actes de l'autre, que par suite, fût-on valablement marié au regard de l'une, on ne l'est pas au regard de l'autre. Ils sentiront surtout qu'il ne sert de rien de se révolter contre la loi, qu'elle est telle, et qu'il coûte peu de s'y soumettre, pour le grand profit qu'on en doit retirer. Ils se résigneront de bonne grâce à célébrer ces deux mariages, dont l'un, nul à leurs yeux, peut seul produire tous les effets civils qu'ils sont en droit d'attendre du mariage et dont l'autre, nul aux yeux de l'Etat, leur permettra seul de se considérer comme légitimement mariés. — Mais si vous vous adressez à des hommes du peuple, en sera-t-il de même? Essayez donc de persuader à des gens de la campagne qui se sont mariés après publications solennelles des bans au prône de

[1] V. l'Instruction du cardinal Caprara sur la réhabilitation des mariages, dans l'*examen du pouvoir législatif de l'Eglise sur le mariage*, par M. Boyer, p. 312.

leur paroisse, en présence de tous leurs parents, de leurs amis, au vu et au su de toute une population, qui ont fêté leur mariage, essayez de leur persuader qu'ils ne sont pas mariés, qu'ils vivent en concubinage, que leurs enfants sont bâtards... vous n'y parviendrez pas [1].

Les esprits clairvoyants pouvaient donc, dès 1801, prédire que, si l'on n'y avisait, le mariage civil disparaîtrait bientôt des mœurs de la plus grande partie de la population, et qu'en même temps l'état légal d'une foule de citoyens allait être compromis [2]. Il s'était trouvé dès le début des gens assez déshonnêtes pour abuser de cette situation. « Il arrive souvent, écrivait alors Portalis, qu'un séducteur adroit conduit devant un prêtre la personne qu'il feint de choisir pour sa compagne, vit maritalement avec elle, et refuse ensuite de paraître devant l'officier civil. Quand ce séducteur est fatigué d'une union qui lui devient importune, il quitte sa prétendue femme, et la livre au désespoir, car cette infortunée n'a aucune action pour réclamer son état ni celui de ses enfants [3] ». Il n'y avait qu'un moyen d'obvier à

[1] « Il arrive, dit Portalis, dans son rapport, que des époux abusés ou peu instruits, négligent d'observer les lois de la République, se marient devant le prêtre sans se présenter à l'officier civil, et compromettent ainsi par des unions, que les lois n'avouent pas, l'état de leurs enfants et la validité de leurs propres contrats » (Rapport déjà cité, p. 88. Le premier consul prévoit le même fait dans une discussion au Conseil d'Etat. Locré, t. III, p. 80.

[2] Des peuples fort voisins de nous, en ont fait l'expérience de nos jours. C'est l'Espagne et l'Italie (Voy. l'Etude de législation comparée de M. Glasson sur le mariage civil et le divorce).

[3] Portalis. Exposé des maximes et des règles consacrées par les articles organiques (dans le volume publié par M. Fréd. Portalis, déjà cité). — Par la suite, la Jurisprudence a parfois accordé des

ces dangers, et Portalis le trouva sans peine : c'était de défendre aux prêtres de donner la bénédiction nuptiale sans s'être assurés que les époux qui la demandaient avaient déjà contracté mariage devant l'officier civil [1]. Tel est l'objet de l'article 54 de la loi du 18 germinal an X.

Cette loi ne contenait qu'une simple défense : ce n'était pas assez. Dès 1804, le premier consul et Bigot-Préameneu reconnaissaient incidemment la nécessité d'y ajouter une sanction pénale [2]. Ce fut l'œuvre du Code de 1810. Ses articles 199 et 200 « prononcèrent (ce sont les termes mêmes du rapport lu au Corps Législatif) un juste châtiment contre les ministres de la religion qui par une criminelle usurpation, voudraient substituer leur ministère à celui des seuls officiers reconnus par l'autorité publique, et remplacer par des cérémonies religieuses des actes qui, aux yeux de la loi, sont des actes purement civils [3] ». Ce juste chatiment, ce fut l'amende pour la première contravention, puis la prison, en cas de récidive, et enfin la déportation [4], c'est-à-dire une peine afflictive et infamante, en cas de seconde récidive.

Le mariage civil devenait ainsi la condition néces-

dommages-intérêts à la femme Bastia, arrêt, 3 févr. 1834. Sirey, 34, 2, 355. — Ce fait s'était assez fréquemment produit à Paris, pour que le clergé lui-même s'en plaignît. Jauffret, *examen des articles organiques*, Paris, 1817 (p. 88).

[1] Portalis, ibid.

[2] Séance du Conseil d'Etat du 24 pluviôse, an XII. — Locré, IV, 570 et suiv.

[3] Rapport de M. *Noailles* (16 février 1810). — Locré, XXX, 292.

[4] La loi du 28 avril 1832 a changé cette peine en celle de la détention.

saire du mariage religieux. Et ceux-là mêmes contre qui la loi du mariage civil avait été faite et qui, par conséquent, pouvaient susciter le plus d'obstacles à son observation, furent chargés, sous leur responsabilité personnelle, de veiller à ce qu'elle fût strictement exécutée. Rarement législateur se montra plus habile. Sa prévoyance devait être couronnée de succès. Grâce aux articles 199 et 200 du Code Pénal, le mariage civil est entré dans nos mœurs. Il y a si bien conquis sa place, que beaucoup de Français ne parviennent pas à s'imaginer de nos jours qu'on ait jamais pu se marier autrement.

Si l'on jette maintenant un coup d'œil d'ensemble sur les faits qui viennent d'être passés en revue dans ce chapitre, voici les données très simples auxquelles on sera forcé de s'arrêter. Il faut soigneusement distinguer ce qu'on appelle la sécularisation du mariage et l'idée d'une célébration civile du mariage. La sécuralisation du mariage, c'est-à-dire sa constatation par un officier civil, date du décret de 1792 ; l'idée d'une célébration civile lui est postérieure de quelques années. Sous l'empire de certaines circonstances, grâce à la proscription de tout mariage religieux, celle-ci est venue s'ajouter à celle-là. Mais l'idée de la célébration civile du mariage a survécu au rétablissement des cérémonies religieuses. Aussi bien que la sécularisation, elle s'est imposée aux auteurs du Code Civil ; mais ceux-ci semblent n'avoir obéi qu'à regret au sentiment public. Ils ont été plus loin que les législateurs de 1787 et de 1792, et ils ont reculé devant les conceptions utopiques d'un Gohier ou d'un La Réveillère-Lépeaux. D'autre part, la lecture des articles du Code relatifs aux droits et aux devoirs des époux n'a pas suffi à donner dans la pratique [1], au mariage civil, la solennité, le prestige qui lui faisait défaut au début. Il est résulté de là un fait bizarre, mais incontestable : le législateur prescrit une célébration solennelle du mariage, mais, si on laisse de côté la lecture des articles du Code, on voit que cette célébration se ramène aux formalités indispensables à la seule constatation du mariage [2]. Ce fait serait inexplicable, si l'on ne savait comment l'idée de la célébration civile du mariage a pris naissance et comment elle s'est développée. Et d'autre part, il permet de comprendre comment le mariage civil, imposé à *tous* par les mesures peu libérales mais très prudentes du Code Pénal, ait pu survivre aux idées mêmes qui lui avaient donné naissance, pénétrer peu à peu dans nos mœurs, et recueillir les suffrages d'une foule d'hommes aussi sages qu'éclairés.

[1] On sait que la plupart des officiers de l'état-civil abrègent cette lecture, et qu'elle se fait le plus souvent *du même ton* que la lecture des pièces relatives aux formalités, telles qu'actes de naissance ou de décès... — C'est fort mal interpréter la pensée du Législateur, mais donner satisfaction à celle des parties intéressées ; c'est en effet dans leur conscience, et non dans le texte des articles 212 et s. du Code civil, qu'ils trouvent le fondement de leurs devoirs conjugaux.

[2] Quant au prononcé de l'union, on n'y saurait attribuer une grande importance. L'Edit de 1787 et le décret de 1792 le prescrivaient dans la même forme que le Code civil. (Edit de 1787, art. 18. — Décret de 1792, t. IV, s. IV, art. 6).

CONCLUSION

La législation française relative à la formation du mariage, n'a pas subi de modification depuis le commencement de ce siècle[1] : et il est vraisemblable qu'elle n'en subira pas de longtemps. Faut-il en conclure qu'elle touche à la perfection, au point que l'homme, ordinairement si peu respectueux de ses œuvres, redoute d'y porter la main ? Beaucoup de personnes, et des plus autorisées, paraissent le penser. D'autres au contraire ne lui ménagent pas les critiques, mais le plus souvent elles s'inspirent d'un dogme religieux, qu'on

[1] En 1817, un député, M. Lachèze-Murel déposa un projet de loi qui avait pour but de restituer la constatation de l'état-civil des catholiques au clergé, et par suite le droit de former leurs mariages. Cette proposition, adoptée par la Chambre des Députés, ne fut pas votée par la Chambre des Pairs. — Viel. Castel, *Histoire de la Restauration*, IV, 487. P. Viollet, *Précis*... p. 387. — Cette proposition fut l'occasion du livre de M. Tabaraud, *Principes sur la distinction du contrat et du sacrement* — et de la réponse qui y fut faite par l'abbé Boyer, sous ce titre : *Examen du pouvoir législatif de l'Eglise sur le mariage*. Paris, 1817.

peut, qu'on doit même respecter, mais devant lequel nulle conscience ne saurait être contrainte de s'incliner[1]. C'est assez dire que cette dernière préoccupation ne saurait être la nôtre et que notre seul but, en poursuivant l'examen qu'on va lire, est de rechercher si la loi, telle que nous la possédons est sage et libérale, et si dans ses applications elle ne méconnaît les droits et ne sacrifie les intérêts de personne. Nous placerons donc en regard ses avantages et ses inconvénients, afin qu'on puisse juger, en toute impartialité, l'œuvre du législateur. Sur les premiers, nous n'insisterons pas longtemps, car si l'on a parcouru l'étude qui précède, on les a vus se produire un à un, au fur et à mesure des progrès de la législation. Chacun d'ailleurs a pu les apprécier, au cours même de son existence, et nul ne les conteste. Quant aux inconvénients, ils n'ont pu échapper jusqu'à ce jour à l'œil vigilant de plus d'un observateur attentif, mais tous n'accordent pas qu'il soit opportun d'y remédier. Nous devrons donc préciser les faits par lesquels ils se manifestent.

[1] Nous ne citerons donc que pour mémoire, les actes nombreux par lesquels l'Eglise a sans cesse protesté contre l'institution du mariage civil, on pourra consulter notamment le *Mariage chrétien* et le *Code Napoléon* du P. Daniel, chap. XII et XIV, où quelques-uns de ces actes sont résumés. Ces revendications ont trouvé place en dernier lieu dans la Lettre encyclique de Léon XIII *sur le mariage chrétien* en date du 10 février 1880. — Une foule d'écrivains ou de jurisconsultes catholiques les ont défendues dans ces dernières années. Nous citerons seulement : A. Ravelet. *Du mariage religieux et du mariage civil* (Revue du monde catholique. Janvier et Février 1870, tome XXVIII, p. 161 et s., p. 649 et s.) — A. Gairal, avocat à la Cour d'appel de Lyon. *Le mariage civil et le mariage religieux* (Revue catholique des Institutions et du Droit, Janvier et Août 1875, Septembre 1877, Avril 1880, t. IV, p. 129, t. V, p. 129, t. IX, p. 281, t. XIV, p. 259.)

I

Le mariage se forme de nos jours par une célébration solennelle et publique[1]. C'est là, on le sait, un moyen fort efficace, d'assurer le respect des empêchements de mariage. Par l'ingénieux procédé des publications de bans et des oppositions, ces empêchements viendront à la connaissance de l'officier public dont le concours est nécessaire à la formation du mariage; il refusera de procéder à sa célébration. S'agit-il dès lors d'un empêchement dirimant, c'est-à-dire de celui que sanctionne la nullité du mariage? le législateur, avec sagesse, prévient les violations de la loi, au lieu de les réprimer. Il rend à peu près impossibles des procès toujours scandaleux. S'agit-il au contraire d'un empêchement prohibitif, c'est-à-dire de celui qui ne porte pas atteinte à la validité du mariage? Le législateur s'y prend encore de si habile manière, que sa loi, quoique à peu près dépourvue de sanction, ne demeurera pas néanmoins lettre morte, et que les mariages prohibés quoique valables, ne pourront se multiplier.

Grâce à la célébration, la preuve du mariage peut être aisément administrée, et sa date se trouve fixée d'une façon certaine. Enfin la nécessité d'y recourir oblige les parties à réfléchir sur l'importance de l'engagement

[1] V. Code civil, art. 63 et suiv., 165 et suiv.

qu'elles prennent, en leur montrant que, dans une certaine mesure, la loi pourra les contraindre à le respecter. La publicité qui l'entoure leur interdit en fait de contracter une nouvelle union, tant que la première n'a pas été brisée[1].

Tous les inconvénients qui résultent du système contraire, violation fréquente des empêchements, défaut de publicité du mariage, incertitude de sa preuve, mariages contractés à la légère ou sous l'empire de la passion, doubles mariages, tous ces inconvénients s'étaient fait sentir au moyen âge, alors que le droit canon, comme autrefois le droit romain, n'avait exigé, pour la formation du mariage, que l'échange de deux volontés libres. Ils disparurent, non pas en un jour, mais peu à peu, lorsque les efforts combinés de l'Eglise et de l'Etat, servis par la jurisprudence ferme et persévérante des parlements, eurent réussi à imposer à tous la loi de la célébration publique du mariage[2] ; de nos jours, plusieurs d'entre eux ne sont plus guère qu'un souvenir.

La forme légale du mariage moderne est accessible à tous. Quelle que soit la religion à laquelle on appartienne, n'eût-on pas de convictions religieuses, on peut contracter une union qui produise aux yeux de la loi tous les effets civils qu'on est en droit, dans notre état social, d'attendre du mariage. La loi respecte la conscience de chacun : elle n'impose plus, avant le mariage, ni profession de foi, ni abjuration. On se rappelle peut-

[1] La bigamie, si commune en France au moyen âge, est devenu un fait très-rare. On a remarqué récemment deux cas assez curieux, qui ont excité plutôt l'hilarité que l'indignation générale. Le *bigame d'Alfortville* a eu quelques jours de célébrité.

[2] V. ci-dessus chap. I et II.

être qu'il n'en fut pas toujours ainsi. Il n'y a guère plus d'un siècle, tous les protestants de France se sont vu refuser une forme de mariage qui tout à la fois fût légale et laissât leurs consciences en repos. C'était comme on disait alors, la mort civile pour un vingtième de la population française. L'opinion publique s'en émut. Et en 1787, un édit réparateur consacra, pour tous les dissidents, le droit de se marier valablement en dehors de l'Eglise catholique[1].

Il semblait dès lors que la législation du mariage donnait satisfaction à toutes les exigences de l'état social et de la conscience publique. Fallait-il aller plus loin, et réaliser au profit de l'Etat, l'unité que l'ancien régime avait rêvé d'établir au profit de l'Eglise? Nul doute que cette unité pût avoir des conséquences heureuses, mais ne pouvait-elle en entraîner aussi de funestes?

Les premières sont faciles à énumérer. Un procédé unique pour les publications de mariage et les opposition aux bans; une célébration dont les formes sont toujours les mêmes, quelles que soient les parties intéressées; un seul et même officier public pour tous, et cet officier ne tenant sa fonction que de l'Etat, ayant sans cesse la loi civile, et elle seule, devant les yeux; les conflits d'autorité devenus impossibles, puisque deux fonctions différentes, l'une religieuse, et l'autre civile ne se rencontrent plus dans une même personne: voici ces avantages. Il faut ajouter que l'office du juge est simplifié; il n'est plus besoin pour lui de posséder les principes du droit canon; quelques articles d'un Code qui lui est familier sont la seule règle à laquelle il

[1] V. ci-dessus chap. III.

puisse et doive conformer toutes ses décisions, sans s'arrêter à des considérations de morale ou de religion, étrangères au droit civil. Enfin le mariage doit être plus aisé que jamais à contracter : quelques formalités très-simples, destinées seulement à en assurer la validité et la publicité, seront seules exigées par la loi [1].

Le législateur de 1792, comme celui de 1804 ne vit que ces avantages [2], et s'empressa, on se le rappelle, de consacrer une réforme, que la jurisprudence des parlements avait préparée de longue main, que le mouvement des esprits au XVIIIe siècle avait précipitée. Le décret de 1792 réduisit la formation du mariage pour tous les citoyens à la passation d'un contrat devant un officier public. Le Code civil, allant plus loin, créa le mariage civil, célébré comme jadis le mariage religieux, mais par un officier civil. Ses auteurs, acceptant tout entière la succession déclarée vacante par la Révolution du pouvoir que l'ancien régime avait laissé aux mains de l'Eglise, furent amenés à régler, à leur tour, les principes de morale qui devaient présider aux rapports conjugaux, et à les enseigner aux époux le jour de leur mariage [3].

[1] V. ci-dessus chap. IV.

[2] Encore n'est-il pas bien sûr qu'il les aperçut. Il s'agissait surtout de déposséder l'Eglise, de faire cesser ce qu'on appelait un abus. « Je vous invite à renverser en entier le gothique édifice de nos institutions relatives au mariage, ou plutôt c'est la nature elle-même qui veut que nous nous rapprochions d'elle... et il faut le dire, Messieurs, rien de ce qui subsistait dans l'ancien régime ne peut convenir au nouveau,... car nos lois, nos usages contribuent d'une manière puissante à l'anéantissement de tout principe de morale.. » Ainsi s'était exprimé le député Oudot, le 24 juin 1742 (*Journal de Ducos* t. XXIII, p. 362). — Ces considérations étaient celles qui exerçaient le plus d'influence sur les décisions de l'assemblée.

[3] Code civil art. 75 — art. 212 et s.

La législation, dès lors, se trouvait pourvoir à tous les besoins moraux et juridiques de l'ordre social. Elle pouvait ignorer le mariage religieux, sans le prohiber, ce qui n'eût été qu'une inutile oppression. Mais elle dut l'ignorer, sous peine de créer une antinomie constante. Entre deux lois, il en fallait choisir une, et ce n'était pas celle qu'il avait pris la peine de faire, que le législateur allait répudier.

Telle est la conception moderne et française du mariage civil. Tout notre travail se ramène à l'étude historique de ces trois idées sur lesquelles il repose : une célébration publique du mariage, le mariage accessible à tous les citoyens, un mode unique de formation du mariage.

Nous pouvons maintenant aborder, en toute liberté d'esprit, le dernier problème qui nous reste à résoudre et qui peut se formuler ainsi : Le mariage civil a-t-il justifié toutes les espérances que ses auteurs avaient fondées sur lui ?

II

On a fait deux reproches au législateur. le premier, c'est de méconnaître dans certains cas les droits de la conscience, le second c'est d'apporter parfois des entraves regrettables à la liberté des mariages. Tous deux sont mérités.

Une espèce s'est présentée à diverses reprises devant

les tribunaux qui a provoqué l'attention de plusieurs éminents jurisconsultes[1]. La voici : Un homme et une femme avaient contracté mariage dans les formes prescrites par l'article 75 du Code civil. Puis le mari avait refusé de recevoir avec sa femme la bénédiction nuptiale. Comment les juges devaient-ils régler la situation de ces deux époux? Ils ne pouvaient évidemment obliger le mari à recevoir la bénédiction nuptiale. Mais devaient-ils contraindre la femme à remplir ses devoirs d'épouse? Oui, car le texte et l'esprit de la loi leur imposaient cette solution. « La femme est obligée d'habiter avec le mari, et de le suivre partout où il juge à propos de résider » dit l'article 214 du Code civil. Or, par ces mots « la femme le mari, » il entend désigner deux personnes qui ont solennellement contracté mariage dans les formes prescrits par la loi. Au moment même de cette célébration, l'officier public a fait lecture aux époux de cet article. La femme ne peut même dire qu'elle ait élé prise au dépourvu ; on lui a dit publique-

[1] Elle a donné lieu à de célèbres controverses d'abord en 1846, entre MM. Bressolles, professeur à la Faculté de droit de Toulouse, Thiéret, professeur à la Faculté de Strasbourg, et Marcadé, avocat à la Cour de cassation. (*Revue de Législation et de Jurisprudence*, de Wolowski, XXVI, 149 et s. ; XXVII 161 et s. ; 342 et s. ; XXVIII, 370 et suiv.) — puis en 1853, entre MM. Sauzet (*Réflexions sur le mariage civil et le mariage religieux en France et en Italie*, Lyon 1853) et Coin.-Delisle (*Revue critique de Législation et de Jurisprudence* III, 175 et s. — puis de 1866 à 1870 entre MM. Batbie et Duverger (*Revue critique de Législation et de Jurisprudence*, XXVIII, 129 et s. ; 315 et s. ; XXX, 50 et s. ; 123 et s. ; 213 et s. ; 322 et s.). Joindre des observations de M. Huc, professeur à la Faculté de Toulouse (*Revue de l'Académie de Législation de Toulouse*, t. XIV, p. 396 et s. — *Revue critique...* t. XXX, p. 346 et s. — et un livre du Père Daniel, de la Cie de Jésus, *Le Mariage Chrétien et le Code Napoléon*. Paris, 1870, etc.

ment, avant le mariage, quelles seraient ses obligations de femme mariée et elle a su que ces obligations prendraient naissance au moment même de la célébration [1].

Dira-t on que tel n'est pas l'esprit de la loi, qu'elle ne méconnaît pas le mariage religieux, que Portalis y a fait allusion dans son exposé des motifs ? Nous répondrons qu'il n'a été question du mariage religieux, lors de la confection de la loi, que pour affirmer la pleine indépendance du mariage civil a son égard, peut-on s'en étonner ? Le législateur civil à tout prévu tout réglé, tout défini : empêchements de mariage, formation et constation de l'union conjugale, règles de morale qui doivent présider aux rapports des époux, dissolution du mariage, — et sa loi s'impose uniformément à tous les citoyens. Il a créé de toutes pièces un nouveau mariage, et n'en reconnaît pas d'autre. Toute union, qui n'est pas ce mariage, est concubinage à ses yeux ; et par contre, ce mariage légal fût-il concubinage aux yeux de ceux qui le contractent, est

[1] « Si la femme vient me consulter, écrivait M. Thiériet en 1846, je lui dirai : « Vous êtes valablement mariée selon la loi civile, mais il faut reconnaître que cette loi des hommes ne peut avoir la puissance de forcer le sanctuaire inviolable de la conscience et les convictions religieuses, c'est-à-dire la loi divine. Refusez hardiment de cohabiter avec un homme que vous ne pouvez considérer comme votre mari. » — Voilà alors ce qui suivra : cet homme actionnera la femme devant les tribunaux pour le faire condamner à venir habiter avec lui (Cod. civ. art. 214). *Si j'étais juge, je prononcerais cette condamnation*, obligé par devoir d'appliquer la loi du pays. Mais je m'arrêterais là, car le Code civil ne va pas plus loin et n'en exige pas davantage. En un mot, il ne porte aucune sanction pénale, et ne détermine aucun moyen particulier pour contraindre la femme à exécuter le jugement. » Rev. de Lég. XXVII, p. 171.

toujours pour lui une « union sacrée ». En un mot, la loi civile se suffit à elle-même.

Objectera-t-on encore que le mari est tenu « de fournir à sa femme tout ce qui est nécessaire pour les besoins de sa vie, selon ses facultés et son état », et que cette obligation ne se limite pas aux besoin matériels, mais s'étend à tous les besoins matériels, mais s'étend à tous les besoins moraux de la femme; dira-t-on que le mari manque au devoir de protection que la loi lui impose? Mais ce dernier répond qu'il est disposé à recevoir sa femme avec tout le respect et l'honneur dont la loi entend qu'une époue légitime soit entourée, qu'il lui gardera « fidélité » qu'il lui fournira « secours, assistance et protection » que peut-on lui demander de plus? D'ailleurs si le mari venait à soutenir que sa femme n'a pas plus que lui de convictions religieuses, que son refus est l'effet d'un pur caprice, les juges devront-ils ouvrir une enquête pour arriver à connaître quelles sont les habitudes religieuses de cette femme, et si, oui ou non, ce sera pour le mari la « recevoir avec honneur » ou lui faire injure, que de la forcer à cohabiter avec lui, sans recevoir la bénédiction nuptiale? Ce sont toutes ces difficultés que le législateur a voulu prévenir. En aborder l'examen, c'est méconnaître sa pensée, c'est décider que l'union qu'il qualifie de mariage, peut passer aux yeux mêmes des juges pour une union réprouvée par les mœurs[1].

[1] « Il est trop évident, écrivait M. Charles Ballot en 1859, que la loi d'un pays qui a proclamé la liberté des cultes, et qui a en même temps déclaré le mariage parfait par le seul fait de la célébration devant l'officier de l'état civil, n'a pu, sans se contredire, regarder

C'est cependant ce que les juges ont prononcé [1]. Ils ont appelé, contre la loi, au secours de la morale et du bon sens, toutes les ressources de l'esprit juridique [2] ; et ils ont accordé à la femme sa séparation de corps. Les jurisconsultes ont applaudi, à leur décision [3] et quelques-uns, allant plus loin, ont cru voir dans cette hypothèse un cas de nullité de mariage pour cause d'erreur sur la personne [4]!

comme un outrage à la morale, et une violation de ses dispositions, l'omission de la célébration religieuse, et permettre, en se fondant sur cette omission, de briser le mariage ou d'en relâcher les liens par la séparation de corps. *Revue pratique de Droit français*, 1859, t. VIII, p. 194. — Cpr. M. Duverger, *Etudes de Législation*, p. 26 et suiv.

[1] Montpellier, 4 mai 1847. — Sirey, 47, 2, 418. Angers, 29 janv. 1859. — Sirey, 59, 2, 77. — Dans cette dernière espèce, la Cour d'Angers a décidé que « *le mari refusait, en y mettant des conditions inadmissibles, de recevoir sa femme à son domicile conjugal* », alors que celui-ci déclarait consentir à la recevoir, en se refusant à la célébration religieuse ! De qui venait la condition, du mari ou de la femme ?

[2] « J'admire, écrit M. Batbie, *le tour de force* par lequel la Jurisprudence de la Cour d'Angers et l'éminent jurisconsulte de Caen (M. Demolombe) ont trouvé là un cas de séparation de corps pour injure grave ! » *Revue critique*, XXVII, 130, n. 1. — Sic M. Thiériet, art. cité.

[3] M. Demolombe, *Traité du mariage*, n° 390, t. II, p. 461. — M. Duverger, *Etudes de Législation*, Paris, 1867, p. 22 et s. — « Que la femme attende avec confiance la décision du juge. Le juge déclarera qu'à la conscience de la femme répond la conscience publique » — dit M. Duverger, en termes éloquents auxquels nous nous empressons de souscrire. Mais en prenant une telle décision, le juge, croyons-nous, dépasse évidemment la pensée de la loi.

[4] M. Bressolles, art. cité. Revue de Législation, XXVI, 149 et s. — M. Marcadé estime que le mariage est annulable, pour erreur sur les qualités de la personne, ibid. XXVII, p. 342 et s. Il refuse de dire comme M. Bressolles. « L'époux hypocrite, venant à jeter le masque, se fait connaître tel qu'il est, après la célébration civile du mariage,

Que conclure de toutes ces discussions ? Rien, sinon que le législateur de 1804, en déniant toute valeur juridique au mariage religieux, a méconnu les droits de la conscience publique. On a proposé plus d'un moyen d'y remédier. Il faut, ont dit les uns, établir comme en Espagne ou en Angleterre, l'équivalence du mariage civil et du mariage religieux[1]. Il faut, ont dit les autres, permettre la célébration religieuse avant la célébration civile. Suivant certains jurisconsultes[2], il faudrait décider que le mariage civil ne produirait ses effets qu'après la célébration religieuse, toutes les fois que les parties manifesteraient l'intention d'y recourir. Suivant d'autres, la séparation de corps serait un remède suffisant. Toutes ces solutions ont leurs inconvénients. La première bouleverserait toute la théorie de la formation juridique du mariage, en vue d'une hypothèse, somme toute, assez rare; elle remettrait en vigueur des dispositions du droit canon, depuis longtemps disparues de nos lois, et donnerait lieu à des conflits sans nombre entre le pouvoir civil et le pouvoir religieux. La seconde ne ferait que reculer la difficulté. L'usage s'est établi de célébrer le mariage religieux après le mariage civil; *il*

il n'est plus le même que celui que sa femme a voulu épouser. » (p. 155). M. Thiériet combat ces deux opinions (art. cit.) — *La femme*, dit-il, pourrait opposer au jugement rendu contre elle la *force d'inertie... mais je reconnais tout ce qu'un tel résultat a de peu satisfaisant et même de honteux* pour notre civilisation. » Revue de Lég. XXVII, p. 172.

[1] C'est ce que demandent surtout les auteurs qui défendent les intérêts de la religion catholique.

[2] M. Batbie, *Mémoire sur la révision du Code Napoléon*, dans la Revue critique *XXVIII*, 129 et s.

se maintiendrait peut-être. Nulle jeune fille, en tous cas ne ferait à son fiancé l'injure de penser qu'il aurait la déloyauté de lui refuser après coup le mariage religieux[1]. La troisième crée une sorte de mariage conditionnel[2], dont la réalisation pratique serait dangereuse. Les difficultés mêmes auquelles elle donnerait lieu ont peut-être effrayé ceux qui l'avaient d'abord proposée. Enfin, la séparation de corps n'est pas un remède[3].

Il y aurait lieu, suivant nous, de faire de cette hypothèse un nouveau cas de divorce[4]. Il importerait que le divorce put être accordé de plein droit, sur la constatation du refus par le mari de procéder à la célébra-

[1] Tel est l'avis de M. Duverger. *Etudes de Législation,* p. 129 et s.

[2] M. Duverger et M. Huc ont développé tous les inconvénients qui pourraient en résulter (art. cit.)

[3] « Elle empêche l'oppression, dit M. Batbie, mais comme une médecine pire que le mal empêche la maladie. » *Revue crit.* XXX, 214 et suiv.

[4] Cette proposition n'implique pas de notre part une approbation quelconque de la loi qui, en 1884, a rétabli le divorce. Mais il serait, ce semble, assez légitime, de demander que cette loi qui, dans plusieurs de ses applications, viole d'une façon flagrante les droits les plus respectables de la conscience, servît au moins, dans quelques autres, à les faire respecter. Que si, du reste, la loi du divorce est dans certains cas oppressive, nous croyons en trouver la véritable raison dans la manière dont le Législateur de 1804 après celui de 1792 a compris la législation du mariage, et il se pourrait que celle-ci prêtât à quelques critiques d'un intérêt plus général et d'un ordre plus élevé que celles que nous pouvions nous permettre dans cette modeste étude. Il ne serait pas impossible, au surplus, que cette législation ait exercé sur la pratique même du mariage une influence quelque peu dissolvante, et qu'un jour on ne vienne à lui en faire le reproche. Mais ce sont là de graves allégations, que nous n'avons guère le droit d'apporter ainsi sans les justifier — quelques lignes, écrites au sujet du divorce par M. P. Viollet. (Précis, p. 378) à la suite d'une courte citation de Portalis, méritent, croyons-nous, d'être longuement méditées.

tion religieuse, et que le droit de le demander fût restreint dans un délai très court, on éviterait ainsi au juge la nécessité toujours regrettable de se livrer à une sorte d'inquisition sur les convictions religieuses de la femme, et on n'aurait pas à craindre de rétablir sous un nouveau nom, une sorte de divorce pour cause d'incompatibilité d'humeur. On aurait pu hésiter à demander le rétablissement du divorce pour cette seule hypothèse, mais, puisque la loi l'a rétabli, ne devrait-on pas l'admettre dans des cas, où il ne peut blesser personne, ni porter atteinte à aucun principe ?

Il est un autre fait que les moralistes ont signalé [1], dont les juriconsultes, au contraire, ne paraissent pas peut-être avoir assez tenu compte jusqu'à ce jour. C'est la multiplication rapide dans les grandes villes des unions illégitimes. Or lorsqu'on s'est avisé d'en découvrir les causes, voici ce qu'on a constaté. La prévoyance

[1] V. notamment un article publié par M. le Comte d'Haussonville dans la Revue des Deux-Mondes du 1er Janvier 1887. *Le combat contre le vice. I. L'Inconduite*, p. 154 et s. On pourra consulter aussi *La Réforme sociale, bulletin de la Société d'Economie sociale* du 15 avril 1887, p. 465 et s. — Un éminent jurisconsulte, M. Alix, s'est élevé avec force, dans une réunion de cette société, contre les entraves apportées à la liberté des mariages par le Code civil. M. P. Viollet, qui assistait à cette réunion, applaudit à la communication de M. Alix. « Il est indispensable, ajoutait-il, de créer une agitation qui force la main à nos législateurs. Il faudrait faire des conférences, lancer la question dans la presse quotidienne de toutes nuances, par des rédacteurs d'occasion à défaut de la rédaction ordinaire, qui ne leur refuserait certainement pas une bienveillante hospitalité, puisque l'esprit de parti ne peut trouver à mordre sur un pareil sujet » — Voir aussi — P. Viollet, *Précis*, p. 347 note 2. — Lawrence, *Etude de Législation comparée et de droit international sur le mariage*. Gand, 1870, p. 61, note 1.

du législateur a entouré la formation du mariage d'une série de formalités qui rendent à peu près impossibles les mariages clandestins, mais qui entravent aussi d'une manière fâcheuse, la volonté des parties contractantes. On connaît toutes ces formalités, et il n'est guère besoin de les rappeler ici. Les publications doivent être faites dans un certain nombre de communes, qui peut aller jusqu'à quatre pour chacun des conjoints. D'un autre côté, les parties doivent requérir le consentement de plusieurs ascendants, leur adresser au besoin des actes respectueux, réunir parfois un conseil de famille, toutes précautions fort sages en elles-mêmes, mais dont le régulier accomplissement n'est pas sans entraîner quelques inconvénients. Les futurs époux doivent, pour en justifier, rapporter un nombre de pièces de toute sorte et de toute nature qui est souvent considérable : certificats de publications, certificats constatant qu'il n'a pas été fait d'opposition, actes de naissance des contractants, actes de décès des ascendants défunts, actes notariés constatant le consentement des ascendants vivants, procès-verbaux d'actes respectueux... Si l'on réfléchit à toutes les démarches que nécessitent les formalités, aux correspondances multiples qu'elles occasionnent pour les parties qui ne sont pas domiciliées au lieu où elles doivent être remplies, aux frais qu'elles entraînent (car chaque certificat se paie), on s'expliquera sans peine que dans les classes inférieures de la société française, une foule d'ouvriers ou de petits employés se trouvent n'avoir eu ni le temps ni les ressources nécessaires pour pouvoir contracter un mariage légal[1]. Ils

[1] « Le mariage est un luxe, écrit M. d'Haussonville, luxe de temps,

en sont quittes pour vivre en concubinage, jusqu'au jour, où, surchargés d'enfants, ils abandonnent à la misère et à la honte, la femme qu'ils ont associée à leur vie, celle que jadis, ils auraient volontiers épousée, si les exigences de la loi, trop bien servies souvent par ceux qui veillent à son accomplissement, ne les en avaient détournés.

De nos jours, les mariages clandestins ne sont plus guère à redouter. Ne serait-il pas temps de préserver, autant qu'il est possible, un abus, autrement grave, car on ne peut le réprimer, celui des faux ménages? il importerait, pour cela, de simplifier les formalités prescrites par le Code[1]. Ne pourrait-on, par exemple, supprimer quelques-unes des publications, ramener dans des limites raisonnables la nécessité d'obtenir le consentement des ascendants[2], supprimer les actes respec-

luxe d'argent qui n'est pas à la portée de tous et cela, grâce à qui? J'oserai le dire : grâce aux auteurs du Code civil. » — « La loi française, dit M. Viollet, et les procédés des administrateurs qui l'appliquent, sont en partie la cause du grand nombre d'unions illicites qui existent chez nous dans les classes inférieures, les exigences paperassières des bureaux rebutent les pauvres gens qui reculent devant les formalités et ne se marient pas. Le mal a été signalé dès 1826; mais on s'en est trop peu préoccupé. J'ai pu constater par moi-même combien sont exactes les observations de Lawrence, dans son *Etude de Législation comparée et de droit international sur le mariage.* » Précis, p. 347, note 2.

[1] Cette réforme a été réclamée dès 1872 à l'Assemblée Nationale, au cours de l'enquête ouverte sur la condition des classes ouvrières. (*La Réforme soc. art. cit.* p. 467). — On a remarqué qu'en Bavière, la suppression des formalités restrictives concernant la formation des mariages a fait diminuer la proportion des naissances illégitimes de 10 % en dix ans. Communication de M. E. de Commières de Marsilly (ibid. p. 259).

[2] « Une loi de 1850 (10 Décembre) a bien, il est vrai, chargé chez

tueux, délivrer gratuitement et sans frais de timbre la plupart des actes que les parties sont dans l'obligation de produire[1].

Telles sont les indispensables réformes que les esprits les plus modérés doivent souhaiter. On pourrait en outre demander la suppression des formalités de la célébration qui n'ont pas pour but d'arriver à la simple constatation du mariage, telles que la lecture des articles du code relatifs aux droits et aux devoirs des époux, et le prononcé de l'union par l'officier de l'état-civil. Ces formalités n'ont pas, d'ailleurs, d'inconvénient pratique. Chacun est libre d'en sourire, s'il le juge à propos, ou d'y voir, au contraire, la solennelle intervention de la société dans un acte, où, s'il faut en croire des hommes éminents, elle est « en quelque sorte partie[2]. »

nous l'officier de l'Etat civil de rechercher les pièces nécessaires aux futurs époux indigents ; mais cette loi n'est-elle pas restée lettre morte? Seule, la Société de St-François-Régis s'occupe, semble-t-il, de ces recherches et arrive à d'excellents résultats, bien insuffisants cependant dans nos grandes villes, malgré le zèle admirable de ses membres. » M. P. Viollet. (*La Réforme sociale*, art. cit. p. 468). — Les actes, délivrés en vertu de cette loi, sont visés gratis pour timbre.

[1] Il faudrait permettre aux parties de suppléer au besoin au consentement des parents, par une autorisation judiciaire, en cas de refus injuste et non motivé des parents. Ce droit appartenait jadis aux contractants : l'autorisation de justice pouvait, sous l'ancien régime, suppléer au défaut de consentement des parents (Pothier, éd. Buguet, t. VI, p. 146 n° 332. — Merlin, répertoire, v° Empêchements de mariage, § v, art. II, n. VIII.

[2] Ainsi s'exprime M. Demolombe, Code civil, III, 282. — « Le mariage, avait dit Portalis, est un engagement stipulé au profit de l'Etat, au profit de la Société générale du genre humain ». Locré, IV, 498.

Et maintenant, s'il faut, en terminant, chercher dans l'étude du passé une leçon pour l'avenir, on devra se rappeler qu'à chaque époque de l'histoire du mariage, une réforme heureuse est venue corriger les défauts de la législation antérieure. Il en fut ainsi en 1579 lors de l'ordonnance de Blois, en 1787, lors de l'édit des non-catholiques. On sera donc en droit de penser, si l'on a bonne opinion de ses contemporains, qu'à chacun des vices du système actuel, correspondra dans l'avenir un nouveau progrès. Le prédire serait imprudent, le demander serait inutile, l'espérer nous est seul permis.

POSITIONS

—

I. POSITIONS PRISES DANS LA THÈSE

Droit romain.

— La distinction des deux puissances, paternelle et maritale, considérées comme effets du mariage, a pu résulter de l'institution, antérieure à la loi des Douze-Tables de *l'usus* et de *l'usurpatio*.

— A l'époque du droit classique, la loi ne règle pas le mode de formation du mariage.

Droit canon.

— Même au temps de Gratien, le mariage peut se former par un simple échange de consentement, non suivi de la consommation de l'union.

— Avant le concile de Trente, la célébration du mariage devant le propre curé était prescrite en France sous peine d'excommunication.

Droit français.

— La nullité des mariages clandestins résulte des dispositions réunies du concile de Trente et de l'ordonnance de Blois.

— A partir de la fin du XVIIe siècle, la présence active et volontaire du curé à la célébration du mariage est exigée par la jurisprudence à peine de nullité.

— Les protestants ont pu jusque vers 1744 contracter un mariage valable, quoique dépourvu de formes juridiques depuis 1685.

— La sécularisation de l'état-civil des non-catholiques et par suite la constatation civile du mariage a été provoquée par un mouvement de l'opinion publique, qui s'est particulièrement manifesté de 1753 à 1787.

— De 1790 à 1792, la formation du mariage a pu résulter d'un simple échange de consentement, en dehors de toutes formes légales.

— L'idée du *mariage civil*, c'est-à-dire d'un mariage *célébré* par un officier civil, est postérieur à l'édit de 1787 et à la loi de 1792.

II. POSITIONS PRISES EN DEHORS DE LA THÈSE

Droit civil.

— L'art. 196 du Code civil doit être interprété comme il suit : lorsqu'un homme et une femme ont une possession d'état d'époux légitimes, et qu'un acte régulier constatant la célébration de leur mariage est représenté, chacun d'eux est non-recevable à attaquer cet acte au moyen de l'inscription de faux.

— Un don manuel peut être fait avec réserve d'usufruit ou de nue-propriété.

— Le droit de rétention ne doit être étendu qu'aux cas où l'obligation de restituer la chose et celle d'indemniser le détenteur sont corrélatives.

— Le créancier qui a saisi un immeuble et qui a fait transcrire la saisie ne peut se prévaloir du défaut de transcription, conformément à l'art. 3 de la loi du 23 mars 1855.

Droit romain.

— La stipulation de peine ne peut intervenir en vue de déterminer au mariage.

— Les Romains ont connu des immeubles par destination.

— L'arrivée du terme ne met pas, en règle générale, le débiteur en demeure.

— L'exception de dol peut entraîner tantôt l'absolution de celui qui l'oppose, tantôt une simple diminution de la condamnation.

Droit international.

— Lorsqu'un individu qui a été extradé, conteste la régularité ou la validité de son extradition devant la Cour d'Assises, celle-ci ne peut surseoir au jugement, jusqu'à ce que l'autorité compétente ait statué sur cette réclamation.

— Les lois étrangères doivent être appliquées dans un pays toutes les fois qu'elles n'y contreviennent pas à l'ordre public.

Droit coutumier.

— L'origine de la communauté entre époux remonte aux lois barbares qui accordent à la femme une part dans les acquets.

— La signification de la maxime « meubles n'ont pas de suite par l'hypothèque » a varié en droit coutumier.

Vu par le doyen,
CH. BEUDANT.

Vu : Le Président,
CH. LEFÈBVRE.

VU ET PERMIS D'IMPRIMER

Le vice-recteur de l'Académie de Paris,

GREARD.

TABLE DES MATIÈRES

Droit Romain.

AVANT-PROPOS VII
CHAPITRE I. — Historique de la formation du mariage à Rome . 1
CHAPITRE II. — De la formation du mariage d'après les textes juridiques 37

Droit Français.

AVANT-PROPOS 73
CHAPITRE I. — Le mariage canonique 77
I. — De la formation juridique du mariage en droit canon 78
II. — De la célébration du mariage en France avant le Concile de Trente 98
CHAPITRE II. — Le Concile de Trente et les ordonnances. 117

I. — Le Concile de Trente et les mariages clandestins 117

II. — L'article 40 de l'ordonnance de Blois 124

III. — La publication ecclésiastique du Concile . . . 129

IV. — Les mariages clandestins et la jurisprudence. L'édit de 1606 134

V. — Infractions à la loi. — La déclaration de 1639. — Les mariages « à la Gaulmine » 143

VI. — La bénédiction nuptiale exigée par la jurisprudence à peine de nullité. Dernières ordonnances, 1697. — Aperçu de la jurisprudence au XVIIIe s 154

VII. — La théorie des « parlementaires » ; le contrat civil matière au sacrement 172

CHAPITRE III. — Le mariage des protestants. 183

I. — Le mariage des protestants au XVIIe siècle . . . 185

II. — Le mariage des protestants après la Révolution de l'édit de Nantes 190

III. — La déclaration de 1698 et les ordonnances de 1715 et de 1724 197

IV. — Jurisprudence des parlements après 1744 sur le mariage des protestants 207

V. — Discussions des évêques et des magistrats sur le mariage des protestants 211

VI — Le mariage des protestants devant l'opinion publique pendant la seconde moitié du XVIIIe siècle. 219

VII. — L'édit de 1787 et la déclaration civile de mariage. 231

CHAPITRE. IV. — La Révolution et le mariage civil. 244

I. — Le projet de décret de Durand de Maillane à l'Assemblée Constituante 244

II. — Discussion du décret de 1792 à l'Assemblé Législative. 253

III. — Disposition du décret de 1792 261

IV. — La célébration du mariage civil sous la Révolution. — Le Code Civil 267
V. — L'article 54 de la loi du 18 germinal an X et les articles 199 et 200 du Code Pénal 276

Conclusions.

I. — 285
II. — 291
Positions 303

Saint-Amand (Cher). — Imprimerie de Destenay.

www.ingramcontent.com/pod-product-compliance
Ingram Content Group UK Ltd.
Pitfield, Milton Keynes, MK11 3LW, UK
UKHW020600230726
13926UKWH00005B/2128

9 782016 190265